Couvertures supérieure et inférieure manquantes.

Victor Hugo
le philosophe

A LA MÊME LIBRAIRIE

Victor Hugo, le poète, par M. Ch. Renouvier. 1 vol. in-18 jésus, broché. 3 50

La Nouvelle Monadologie, par MM. Ch. Renouvier et L. Prat. 1 vol. in-8, broché. . . . . 12 »

Droits de traduction et de reproduction réservés pour tous les pays, y compris la Hollande, la Suède et la Norvège.

CH. RENOUVIER

Victor Hugo

le philosophe

Armand Colin et Cie, Éditeurs

Paris, 5, rue de Mézières

1900

Tous droits réservés.

A

PAUL MEURICE

AU POÈTE

A L'AMI DE VICTOR HUGO

VICTOR HUGO
LE PHILOSOPHE

CHAPITRE PREMIER

Avant l'exil. — La tristesse lyrique.

Deux courants de sens contraire ont entraîné, d'un côté la littérature, de l'autre la politique et l'esprit des penseurs, à travers toute la suite des révolutions et des réactions qui se sont succédé pendant le cours du xix⁰ siècle. Le parti des réformes sociales, pacifiques ou violentes, n'a cessé d'affirmer sa vitalité après ses défaites. L'optimisme a régné en philosophie avec la doctrine du progrès indéfini de l'humanité. La foi au progrès, descendue dans le peuple, est devenue pour lui l'attente du bonheur promis. Mais les imaginations et les sentiments tristes ou sombres ont presque toujours dominé dans les œuvres des poètes et des romanciers, même, à la fin, dans le théâtre. Les écrivains et les artistes ressentent vivement l'ébranlement et le désordre des idées, à chaque époque de perturbation morale liée à une révolution politique, en même temps qu'ils ne se détachent pas sans peine d'un régime favorable aux jouissances esthétiques et aux intérêts professionnels de l'art. Ceux qu'a atteints pour un temps la passion des réformes voient leurs espérances trompées, et le spectacle décourageant des lendemains de révolutions assombrit leurs inspirations.

Cette humeur mélancolique croissante des œuvres lyriques de Victor Hugo, après 1830, qui devait passer peu à peu du mode de la tristesse élégante, genre littéraire, au mode philosophique lugubre des révélations de « la Bouche d'ombre », dénotait en sa marche une influence dont l'origine est à reporter au commencement du siècle, au moment où l'inspiration sentimentale changea de nature. Venu trente ans plus tard que les Sénancour et les Chateaubriand, le poète se trouva d'abord très éloigné, grâce au « père vieux soldat », à la « mère vendéenne » et à une éducation catholique, de l'esprit des hommes qui avaient traversé la Révolution. Il y vint par d'autres impressions, après la foi perdue, et il éprouva alors à la fois, et de plus en plus, sans leur permettre de se mêler, les effets de l'anarchie morale de son temps et ceux de la contagion de l'optimisme philosophique et social.

L'optimisme des premiers grands initiateurs socialistes, et le pessimisme de sentiment des hommes de poésie étaient des effets contraires d'une même cause : l'évanouissement de la confiance humanitaire exaltée que la philosophie, depuis cinquante ans, et la grande révolution durant sa phase ascendante avaient fait concevoir. L'Empire fut un assommoir de toute noble pensée ; la Restauration, un temps pour se reprendre après le délire des guerres ; les élans de 1830 et de 1848, une ardeur bientôt suivie de l'abattement des hommes de sentiment désillusionnés. Tandis que la vision d'un avenir de félicité était au bout des systèmes historiques et philosophiques, la littérature d'imagination, individualiste, égoïste et portée à la recherche des sujets excentriques, travaillait, sciemment ou non, à la ruine des anciennes croyances et des mœurs.

L'utopie, en des projets de reprise à neuf des fondements sociaux, s'offrait pour résoudre le problème de l'État, dont on voyait l'empirisme politique, de constitution en constitution, manquer pitoyablement la solution. Deux penseurs, H. Saint-Simon, Ch. Fourier, dès le commencement du siècle, ont fourni sur des plans différents la matière des idées qui, mêlées aux éléments moraux du panthéisme de Hegel et de sa philosophie de l'histoire, ont régné sur les esprits, en France, jusqu'à l'avènement de l'évolutionisme, et préparé l'évolutionisme lui-même. Ils proposaient d'établir la société sur des bases de science pure, ou déduites de la marche de l'histoire. Au même moment les écrivains à tempérament poétique, sans goût et sans aptitude pour les systèmes, inauguraient l'ère de la littérature ennuyée ou désolée.

Le cas le plus intéressant, à cause de l'époque, et par la singularité morale d'un auteur qui éprouva successivement l'illusion et le désenchantement du remède souverain à apporter aux maux de l'humanité, nous est fourni par Sénancour, quoique le type d'Obermann, qu'il a créé, n'ait pu devenir aussi populaire que celui de René, dont la conception est plus simple et plus romanesque. Sénancour a traversé dans une demi-obscurité presque toute la première moitié du xix° siècle ; nous pouvons le prendre pour le représentant du sentiment pessimiste persévérant, avec un mélange des traditions intellectuelles et réformatrices du XVIIIe, en regard de la grande expansion de l'optimisme panthéiste et de l'anarchie littéraire.

« J'ai vu, écrit Sénancour, la nature mal interprétée, j'ai vu l'homme livré à de funestes déviations : j'ai cru entendre la nature, j'ai désiré ramener l'homme. Au milieu des dégoûts et de l'apathie où ma raison détrompée retenait mon cœur aimant », — on était en 1798 et l'auteur avait vingt-huit ans, — « mes plus fréquentes impressions étaient la réaction chez moi des misères de mes semblables. Je cherchai leurs causes, et je vis qu'à l'exception de quelques douleurs instantanées, tolérables ou mortelles, qui dès lors ne pouvaient constituer un état de malheur, tous les maux de l'humanité découlaient d'erreurs locales ou accidentelles... que les habitudes malheureuses ne faisaient point partie de la nature essentielle de l'homme. J'osai donc concevoir un grand dessein. Soit sensibilité, soit génie, soit orgueil, je voulus tenter de ramener l'homme à ses habitudes primitives. »

Disciple de Rousseau, en ce point de la bonté native de l'homme, Sénancour, venu après la Révolution, croit que le caractère humain peut être réformé. Il attribue à l'abattement où il est tombé la nécessité de réduire son plan. Toutefois son projet demeure, si ce n'est de rendre l'humanité au bonheur, au moins de chercher « quelles institutions peuvent convenir à l'homme social de la nature, c'est-à-dire quelle est, des formes possibles à l'homme, la plus facile et la plus heureuse.

« Je ne me suis jamais dissimulé combien un pareil dessein était au-dessus de mes moyens, et peut-être du génie d'un homme. Que l'on ne m'accuse point d'être le jouet des prestiges de la vie en méprisant ses vanités. L'espoir de servir le genre humain n'aura été pour moi qu'une illusion sans doute ; mais l'illusion est nécessaire à la vie, et celle-là seule restait à la mienne... Supposer une vie sans desseins, dit-il à un autre endroit, un être actif sans volonté, ou qui ne se propose point de but aux actes de cette volonté, c'est admettre des sensations sans résultat, une série de causes productives par leur nature, et pourtant stériles par le fait. Il est donc contradictoire qu'un homme qui possède ses facultés naturelles agisse absolument sans choix et vive sans aucun projet, quelque peu passionné, quelque désabusé qu'il soit, quelque persuadé qu'il puisse être que le cours de toutes choses est déterminé par une invariable nécessité. »

Cette illusion inséparable de l'existence consciente, Sénancour la transportait à l'espèce humaine par l'effet de la « réaction sur *lui* des misères de *ses* semblables ». Il disait alors, parlant de l'humanité : « Avançons le terme de sa maturité nécessaire, et que cent siècles de déviation lui suffisent enfin pour l'expérience d'elle-même.

« La folie des temps écoulés ne pourra-t-elle instruire des temps meilleurs? et faudra-t-il que, dans des mutations inconsidérées, cette espèce toujours avide et toujours trompée perde sa durée tout entière à s'essayer à vivre? Répétons-lui la leçon terrible, proférée par toutes les contrées et transmise par tous les âges; qu'elle suive la filiation de toutes ses misères, qu'elle en reconnaisse la source commune dans l'abus du besoin de jouir; qu'elle abjure enfin le désir trop extensif de l'inexpérimenté, l'avidité des extrêmes, et la vénération de l'inconnu, et l'amour du gigantesque, et l'habitude des passions ostensibles, et l'orgueil des vertus austères, et la manie des abstractions, et la vanité de l'intellectuel, et la crédulité pour l'invisible, et le préjugé universel de la perfectibilité. »

L'illusion à demi consciente qui permettait ces exhortations naïves était incapable de les soutenir; elle se dissipait quand le philosophe réfléchissait au « néant des choses » et à l'inanité de chaque existence individuelle, inanité semblable à celle dont il avait le sentiment pour son moi propre.

« Triste et indéfinissable opposition du tout permanent et sublime à l'individu souffrant et mortel!... Pour quelle intelligence suprême et indéfinissable fut donc préparé ce spectacle à la fois rapide et durable, toujours varié et toujours le même? Acteur misérable formé pour un rôle pénible, esclave jeté sur l'arène pour être immolé au spectateur impassible, n'apprendrai-je pas du moins quel est cet être qui eut besoin de moi pour me détruire, qui me donna les désirs pour me donner les regrets, et l'intelligence pour que je connusse ma misère?

« Si tout passe ainsi, et que nul être ne jouisse immuable de cette succession de vie et de mort, concevrai-je davantage cette terrible nécessité qui forme pour dissoudre, qui produit sans relâche pour consumer toujours, qui fait toutes choses et n'en maintient aucune, dont les lois sont inintelligibles, dont la cause n'est qu'elle-même, dont la fin n'est encore qu'elle-même!...

« Tout choix et toute prudence, tout art et tout effort, toute science et toute moralité sont anéantis par ce résultat de toute étude, par cette interprétation de la nature universelle, par ce dernier pas de l'intelligence, cette unique vérité, TOUT EST NÉCESSAIRE [1]...

« Quand la passion de la vérité a conduit au doute universel, quand le doute a dévoilé les biens et stérilisé les désirs, le silence du cœur devrait du moins régner sur ces ruines éteintes : mais des cœurs mortels nul n'est plus déchiré que celui qui conçoit un monde heureux et n'éprouve qu'un monde déplorable, qui toujours incité ne peut rien chercher, et toujours consumé ne peut rien aimer; qui, refroidi par le néant des choses humaines, est arraché par une sensibilité invincible au calme de sa propre mort. Il s'attache

---

[1]. Sénancour, à la fin de sa vie, était devenu moins affirmatif, moins dogmatique, sur le néant de l'individualité. C'est plutôt le simple doute qu'il exprimait alors, en des jugements hypothétiques singulièrement bien formulés, et en partie fort justes : « Si un grand avenir suit la vie présente, ce qu'elle renferme de maux a peu d'importance; s'il en est ainsi, cette vie n'est rien; s'il en est autrement, nous ne sommes rien nous-mêmes. Cela est sans réplique et soutient la pensée jusqu'à un certain point; mais des consolations positives il n'y en a point. » Et encore : « Chacun de nous peut se dire : *Si nous devons vivre après la vie présente, elle n'est rien; autrement nous ne sommes rien nous-mêmes.* » Sénancour se peint, à cette époque (en 1837), comme dans le même état de cœur qu'il était autrefois : « découragé, parce que tout est vain ici, mal résigné parce que tout est incertain,... comme il y a quarante ans demandant à vivre, et comme il y a quarante ans demandant à mourir; espérant avoir formé ou saisi un grand ensemble de probabilités, mais ne voyant que du probable; songeant à des choses qu'on pourrait arranger sur la terre,

à la nature inanimée pour devenir indifférent comme elle, pour reposer dans sa paix impassible : il la voulait muette, mais il l'entend encore, il la sent, il l'interprète tout entière et demande à chacun de ses accents une expression indicible pour des douleurs inénarrables. Il voit la terre agitée dans la vague qui se brise contre le roc, et la destinée humaine dans celle qui vient mourir sur la grève. »

Il serait aisé de montrer, en multipliant les citations, que le pessimisme raisonné, qui n'était pas moins théorique pour être ainsi pratique et

mais sentant que le siècle n'est pas venu, et supposant de plus que, quoi que l'on fasse, *la somme des biens et des maux changera peu, les hommes ne pouvant s'entendre, excepté dans ce qui est routine* ». Le dogmatisme nécessitaire de Sénancour était assez affaibli, pour qu'il regardât la prière comme admissible à la rigueur, si elle s'adressait à des *intelligences intermédiaires*, à des *génies gardiens* dont l'existence *n'est pas impossible.* « Précisément parce que l'abîme entre Dieu et un mortel ne peut être franchi, notre avenir se conçoit comme perpétuel, *si la mort ne nous éteint pas, si un mort est transformable.* » (Extraits de lettres de Sénancour à Mme A. Dupin, publiés par Sainte-Beuve dans *Chateaubriand et son groupe,* 14° leçon.)

Sainte-Beuve a cité, dans cet ouvrage, quelques-uns des morceaux des *Rêveries* de Sénancour que nous rapportons, plus un ou deux autres qui lui étaient recommandés par leur mérite littéraire. Mais sa répugnance bien connue à toucher à la philosophie lui a fait laisser de côté ceux qui renferment des vues métaphysiques. Nous prenons les plus remarquables dans la deuxième édition (an X) des *Rêveries sur la nature primitive de l'homme,* p. 24 et 37.

vécu, a eu une origine propre en France, immédiatement après la Révolution et avant l'apparition du René des *Natchez* et du *Génie du Christianisme*. Mais l'école littéraire qui a admiré et célébré ce René, type de l'ennui de la vie et du vague des passions[1], n'a adopté et remis en honneur, de toute l'œuvre de Sénancour, que son seul Obermann, plus exclusivement poétique, moins entaché de métaphysique. Le René philosophe, plus sincère que le René catholique à qui Sainte-Beuve reproche, non sans raison, d'être devenu un glorieux et un poseur, vécut jusqu'en 1846. Il assista au défilé des doctrines et des littératures, vit la propagande des utopies de Saint-Simon et de Fourier, l'invasion de l'optimisme et de la philosophie de l'histoire de Hegel, les imitations françaises de Byron et de Gœthe, la naissance et le développement du romantisme, l'apothéose de la passion, les attaques contre le devoir et les lois sociales dans le roman et le théâtre; et il put à la fin, si du

---

1. Ce sont deux états liés : « C'est déjà une passion, dit Sénancour, et la plus irrémédiable peut-être, que cette soif vague et intarissable d'en sentir une plus déterminée. » Et puis : « Que faire et qu'aimer au milieu de la folie des joies et de l'incertitude des principes? Je désirai quitter la vie, bien *plus fatigué du néant de ses biens* qu'effrayé de tous ses maux. Bientôt, mieux instruit par le malheur, je le trouvai *douteux lui-même*, et je connus *qu'il était indifférent de vivre ou de ne vivre pas*. Je me livrai donc sans choix, sans goût, sans intérêt au déroulement de mes jours. » (*Rêveries*, p. 111 et 128.)

moins il se plut à suivre le mouvement des écoles philosophiques, être presque le témoin de ce commencement de substitution des idées de Schopenhauer à celles de Hegel, qui allait, se joignant plus tard à l'impression causée par les belles œuvres des romanciers russes, faire entrer les penseurs et les poètes dans des voies à peu près semblables à celles qu'il suivait depuis sa jeunesse. Ce n'est pas qu'une certaine inspiration pessimiste, encore que moins profonde et très mêlée, ne soit restée constamment sensible dans cette littérature de la première moitié de ce siècle, si différente en cela de celle des siècles précédents, et qu'on n'en trouve les fortes marques chez Lamartine à ses débuts, chez Victor Hugo dans sa première jeunesse, dans ses romans, chez Alfred de Musset, chez George Sand, chez Balzac, chez le joyeux Alexandre Dumas père, chez Alfred de Vigny, qui longtemps ne la montra qu'atténuée, mais finit par la laisser éclater. Il y avait un courant dominant de *perfectibilisme*, ou *optimisme d'avenir*, pour ainsi parler, qui cachait le sentiment réel de tristesse dans le présent. Mais ce sentiment n'a cessé de se traduire de tous côtés par les plaintes qu'on entendait sur la perte de l'ancienne foi, l'ébranlement de toutes les traditions, et l'état désolé des âmes sans croyances.

Les deux tendances de l'esprit de Sénancour, quoique chez lui si inégales, — d'une part, un effort de confiance en une meilleure destinée future des hommes, un effort même pour découvrir, pour faciliter s'il se pouvait cette destinée ; — de l'autre, une désespérance motivée par l'état des choses présentes, et par une vue sinistre de l'ordre naturel et universel ; — nous les retrouverons chez Victor Hugo, au moment de son complet développement moral, dans l'exil et dans la solitude. La contradiction sera cette fois éclatante, parce que l'intensité ni de l'un ni de l'autre sentiment, optimisme, pessimisme, n'y paraîtra diminuée par leur rapprochement, dans un esprit que ne gouverne point la logique.

Nous avons vu Victor Hugo, dans la période des recueils poétiques de 1830-1840, opposer la nature, son calme et sa beauté, aux désordres et aux misères de l'homme [1] ; mais ce dernier aspect des choses était déjà bien plus pessimiste, chez lui, qu'il ne convenait à ses contemporains de le remarquer. Déjà même, dans les *Odes et Ballades*, la note sombre est très accusée dans certaines pièces, comme *le Nuage*, *l'Épitaphe*. Un accent personnel les distingue de celles dont les lieux

---

1. Voir *Victor Hugo, le poète*, p. 207-218.

communs de la religion officielle lui fournissent ailleurs la matière. Dans *l'Ame,* de beaux traits partent d'une émotion visiblement sincère. Dans *le Repas libre,* l'imagination du poète s'attache au contraste de la vie de chants et de fêtes des rois, naïvement comparée au dernier repas des confesseurs et des martyrs (la pièce est de 1823), avec le « cri sourd du tigre populaire qui les attend demain ». Dans *le Chant de fête de Néron,* on est frappé de la force avec laquelle est rendue l'idée satanique : « Oh! que n'ai-je aussi, moi, des baisers qui dévorent, des caresses qui font mourir! » Mais il faut dire que le côté sombre des choses humaines paraît intéresser l'imagination plus qu'il ne touche le cœur du poète, encore jeune, dont la fantaisie *romantique* est peut-être aussi peu accompagnée de réelle émotion dans la grande pièce des *Orientales, les Fantômes,* où le lugubre et le bizarre se mêlent au charmant et à l'ingénu, que dans les ballades comme *la Ronde du Sabbat, les Deux archers.* La sensibilité n'est pas beaucoup ce qui se montre dans les horreurs systématiques des romans d'avant la vingtième année, mais les couleurs noires n'en sont pas moins celles qui dominent dans l'imagination de l'auteur. Ces créations où l'intensité des effets et des contrastes est demandée à un grossissement des figures poussé jusqu'au monstrueux, Victor Hugo s'y est toujours complu. De Han d'Islande à Quasimodo et à Triboulet, de là aux grands fourbes et aux tyrans *énormes* de *la Légende des siècles*, à plusieurs des personnages des *Misérables*, de *l'Homme qui rit*, etc., le même goût se soutient, il s'attache de plus en plus au moral des caractères, il s'étend aux oppositions gigantesques des phénomènes naturels et leur prête un sens moral. C'est peu à peu, et définitivement dans la période de production qui suit l'exil du poète, qu'un sentiment exalté et profond est chez lui l'inspirateur des grandes images, en même temps que la pensée philosophique entre dans ses conceptions.

Bien avant cette dernière époque, et dès sa jeunesse, Victor Hugo montrait dans un autre genre d'ouvrages, qui portent un caractère de réalité fort opposé au goût des fictions et du fantastique froid, un sentiment vif et sincère des misères humaines : douleur, méchanceté, insuffisance de la protection sociale, ignorance ou sottise du législateur. *Le Dernier jour d'un condamné*, *Claude Gueux*, sont d'un philosophe, si la philosophie ne défend pas aux arguments de revêtir une forme vivante. Et c'était aussi une préparation aux vues philosophiques sur l'homme et sur la destinée, pour le jour où l'âme serait envahie par quelque grand problème moral, que ces poésies élégiaques à sujets personnels, intimes, qui conduisent à la contemplation de la vie en général et au sentiment de la profondeur du mal dans l'humanité.

Le titre seul est déjà significatif, dans *les Feuilles d'automne*, le premier des recueils lyriques où Victor Hugo détourne les yeux de l'éclat du dehors et des images dont il s'est enchanté jusqu'alors, et commence à faire de l'autopsychologie. La morte saison symbolise l'invasion de l'âme par le jugement triste de la vie. C'est l'instabilité des passions qui produit cette *illumination de l'ombre que nous sommes*, en nous montrant ce que sont en eux-mêmes les sentiments, décolorés et flétris maintenant, qui furent notre amour et notre vie. « A présent j'ai senti, j'ai vu, je sais... », dit-il :

> Oh! quand ce doux passé, quand cet âge sans tache,
> Avec sa robe blanche où notre amour s'attache,
>   Revient dans nos chemins,
> On s'y suspend, et puis que de larmes amères
> Sur les lambeaux flétris de vos jeunes chimères
>   Qui vous restent aux mains!
> Oublions! oublions! Quand la jeunesse est morte,
> Laissons-nous emporter par le vent qui l'emporte
>   A l'horizon obscur.
> Rien ne reste de nous; notre œuvre est un problème.
> L'homme, fantôme errant, passe sans laisser même
>   Une ombre sur le mur [1].

---

1. *Les Feuilles d'automne* : « O mes lettres d'amour... »

La vue sombre s'étend du passé et de l'obscur avenir de la personne aux illusions et aux incertitudes de la vie en général :

> Naître, et ne pas savoir que l'enfance éphémère,
> Ruisseau de lait qui fuit sans une goutte amère,
> Est l'âge du bonheur et le plus beau moment
> Que l'homme, ombre qui passe, ait sous le firmament!
> Plus tard, aimer...
> Voir, aux feux du midi, sans espoir qu'il renaisse,
> Se faner son printemps, son matin, sa jeunesse,
> Perdre l'illusion, l'espérance, et sentir
> Qu'on vieillit au fardeau croissant du repentir;
> Effacer de son front des taches et des rides;
> S'éprendre d'art, de vers, de voyages arides,
> De cieux lointains...
> Vieillir, enfin, vieillir! comme des fleurs fanées
> Voir blanchir nos cheveux et tomber nos années,
> Rappeler notre enfance et nos beaux jours flétris,
> Boire le reste amer de ces parfums aigris,
> Être sage, et railler l'amant et le poète,
> Et, lorsque nous touchons à la tombe muette,
> Suivre en les rappelant d'un œil mouillé de pleurs
> Nos enfants, qui déjà sont tournés vers les leurs!
> Hélas! naître pour vivre en désirant la mort!
> Grandir en regrettant l'enfance où le cœur dort,
> Vieillir en regrettant la jeunesse ravie,
> Mourir en regrettant la vieillesse et la vie!
> Où donc est le bonheur, disais-je? — Infortuné!
> Le bonheur, ô mon Dieu, vous me l'avez donné [1]!

Le dernier mot de la pièce en exprime le sentiment philosophique. Le poète n'ignore pas qu'il est un *homme heureux*. La vie, qui lui est échue,

---

1. *Les Feuilles d'automne* : « Où donc est le bonheur? » avec cette épigraphe : *Sed satis est jam posse mori.*

avec son passé, avec son avenir à prévoir d'après les conditions communes de la destinée humaine, cette vie sur laquelle il jette un regard si attristé est une de celles qu'on peut envier dans le monde. Mais que vaut la vie sans l'idéal? et l'idéal est une déception :

> Restons loin des objets dont la vue est charmée.
> L'arc-en-ciel est vapeur, le nuage est fumée.
> L'idéal tombe en poudre au toucher du réel.
> L'âme en songes de gloire ou d'amour se consume.
> Comme un enfant qui souffle en un flocon d'écume,
> Chaque homme enfle une bulle où se reflète un ciel!...
>   Rêver, c'est le bonheur; attendre, c'est la vie.
> Courses, pays lointains, voyages, folle envie!
> C'est assez d'accomplir le voyage éternel.
> Tout chemine ici-bas vers un but de mystère.
> Où va l'esprit dans l'homme? Où va l'homme sur terre?
> Seigneur! Seigneur! où va la terre dans le ciel?...
>   Que faire et que penser? Nier, douter ou croire?
> Carrefour ténébreux! triple route! nuit noire!
> Le plus sage s'assied sous l'arbre du chemin,
> Disant tout bas : J'irai, Seigneur, où tu m'envoies.
> Il espère, et, de loin, dans les trois sombres voies,
> Il écoute, pensif, marcher le genre humain [1]!

Dans la pièce du même recueil intitulée *la Pente de la rêverie*, la pensée du poète est sensiblement plus approfondie et plus sombre. Ce ne sont plus les sentiments de l'inquiétude et du doute, dont le terme de mélancolie exprimerait

---

1. *Les Feuilles d'automne* : « A mes amis L. B et S. B. », mai 1830.

suffisamment le caractère. Le lecteur au courant des révélations de *la Bouche d'ombre* au temps de l'exil reconnaît, dans la *rêverie* des années voisines de la révolution de 1830, des traits où perce déjà l'effroi du monde et de la destinée, mais qui ne parurent pas attirer particulièrement, hormis leur beauté, l'attention des contemporains.

Le sujet est une vision où, comme en une chambre noire, merveilleuse, embrassant le temps avec l'espace, on aurait le tableau de la multitude des êtres et de leurs tourbillons sans fin :

> C'était comme un grand édifice
> Formé d'entassements de siècles et de lieux;
> On n'en pouvait trouver les bords ni les milieux;
> A toutes les hauteurs, nations, peuples, races,
> Mille ouvriers humains laissant partout leurs traces,
> Travaillaient nuit et jour, montant, croisant leurs pas,
> Parlant chacun leur langue et ne s'entendant pas;
> Et moi je parcourais, cherchant qui me réponde,
> De degrés en degrés cette Babel du monde...
>
> Bientôt autour de moi les ténèbres s'accrurent,
> L'horizon se perdit, les formes disparurent;
> Et l'homme avec la chose, et l'être avec l'esprit
> Flottèrent à mon souffle, et le frisson me prit.
> J'étais seul. Tout fuyait, l'étendue était sombre.
> Je voyais seulement au loin, à travers l'ombre,
> Comme d'un océan les flots noirs et pressés,
> Dans l'espace et le temps les nombres entassés!
>
> Oh! cette double mer du temps et de l'espace
> Où le navire humain toujours passe et repasse,
> Je voulus la sonder, je voulus en toucher
> Le sable, y regarder, y fouiller, y chercher,

> Pour vous en rapporter quelque richesse étrange,
> Et dire si son lit est de roche ou de fange.
> Mon esprit plongea donc sous ce flot inconnu,
> Au profond de l'abîme il nagea seul et nu,
> Toujours de l'ineffable allant à l'invisible...
> Soudain il s'en revint avec un cri terrible,
> Ébloui, haletant, stupide, épouvanté,
> Car il avait au fond trouvé l'éternité [1].

Après 1830, à l'époque des poésies élégiaques dont *les Feuilles d'automne* sont le premier recueil, Victor Hugo avait perdu la foi religieuse ; il en exprimait encore et comme par une sorte de foi poétique, de vagues sentiments conformes au goût des *néo-chrétiens* de ce temps ; mais il ne laissait pas d'écrire :

> L'intérieur de l'homme offre un sombre tableau.
> Un serpent est visible en la source de l'eau,
> Et l'incrédulité rampe au fond de notre âme...
> Je vous dirai qu'en moi je porte un ennemi,
> Le doute, qui m'emmène errer dans le bois sombre,
> Spectre myope et sourd, qui, fait de jour et d'ombre,
> Montre et cache à la fois toute chose à demi.
> Je vous dirai qu'en moi j'interroge à toute heure
> Un instinct qui bégaye, en mes sens prisonnier,
> Près du besoin de croire un désir de nier,
> Et l'esprit qui ricane auprès du cœur qui pleure...
> Nous portons dans nos cœurs le cadavre pourri
> De la religion qui vivait dans nos pères [2].

Le dernier mot des sentiments du poète, en ces années de doute, est donné dans une pièce [3] où il

---

1. *Les Feuilles d'automne* : « la Pente de la rêverie ».
2. *Les Chants du crépuscule* : « Que nous avons le doute en nous ».
3. *Les Rayons et les Ombres*, XLIV : « A Mlle L. B. »

prête la parole à *trois voix*, qui tour à tour s'adressent à son âme et, ne pouvant l'entraîner, se la partagent. La première de ces voix se plaint de la foi perdue, de la croix qui chancelle et du respect qui s'en va : « Le livre était la loi, le prêtre était l'exemple. Livre et prêtre sont morts. » L'homme est mauvais. La seconde voix relève et conseille ; il faut, dit-elle, aimer et respecter la création et la créature. « Que cet ensemble auguste où l'insensé se blase, tourne de plus en plus ta vie et ton extase vers l'œil mystérieux qui nous regarde tous ! Invisible veilleur ! témoin intime et doux ! » Cette voix est déiste, elle veut qu'on « démontre l'âme et Dieu ». La troisième, au contraire, se fait l'organe d'un panthéisme naturaliste porté jusqu'à l'indifférence pour tout ce qui est individuel et transitoire :

> Aimer? haïr? Qu'importe!
> Qu'on chante ou qu'on maudisse, et qu'on entre ou qu'on sorte,
> Le bien, le mal, la mort, les vices, les faux dieux,
> Qu'est-ce que tout cela fait au ciel radieux?...
> Non, Pan n'a pas besoin qu'on le prie et qu'on l'aime...
> Que te font, ô Très Haut! les hommes insensés,
> Vers la nuit, au hasard l'un par l'autre poussés,
> Fantômes dont jamais tes yeux ne se souviennent,
> Devant ta face immense ombres qui vont et viennent!

La consultation des voix se termine au parti pris sceptique de laisser faire les idées : « J'écoute ces trois voix. Si mon cerveau fragile S'étonne, je persiste; et sans peur, sans effroi, Je laisse s'accomplir ce qu'elles font en moi... Et de ce triple aspect des choses d'ici-bas, De ce triple conseil que l'homme n'entend pas, Pour mon cœur où Dieu vit, où la haine s'émousse, Sort une bienveillance, universelle et douce. » Au fond, sans préjudice pour la bienveillance, c'est la foi religieuse et politique morte qui ouvre la place à ce jugement pessimiste sur l'homme et sur la société, dont nous avons reconnu l'origine, chez les âmes esthétiques, à l'issue des révolutions qui font concevoir l'espérance d'une ère de justice et de bonheur. La contradiction entre les splendeurs de la nature et le désordre humain éclate pour l'esprit affranchi du poète. L'admiration, sentiment vif et profond chez Victor Hugo en tout temps, plaide en la cause du bien :

> La plaine brille, heureuse et pure;
> Le bois jase, l'herbe fleurit.
> — Homme! ne crains rien! *la nature*
> *Sait le grand secret, et sourit.*

Puis il se demande à quoi servent le spectacle sublime des cieux et toutes les merveilles de la création, « Si c'est pour que le peuple... aussi bien que les rois, Ait la brutalité pour dernière raison, Et réponde, troupeau qu'on tue ou qui lapide, A l'aveugle boulet par le pavé stupide;... Pour qu'on s'entre-déchire à propos de cent rêves ; Pour que tout soit tyran, même la liberté,...

> Si c'est pour que le prêtre, infirme et triste apôtre,
> Marche avec ses deux yeux, ouvrant l'un, fermant l'autre,
> Insulte à la nature au nom du verbe écrit,
> Et ne comprenne pas qu'ici tout est l'esprit,
> Que Dieu met comme en nous son souffle dans l'argile,
> Et que l'arbre et la fleur commentent l'Évangile !...
> Car l'humanité, morne et manquant de prophètes,
> Perd l'admiration des œuvres que vous faites ;
> L'homme ne sent plus luire en son cœur triomphant
> Ni l'aube, ni le lis, ni l'ange, ni l'enfant,
> Ni l'âme, ce rayon fait de lumière pure,
> Ni la création, cette immense figure !
> De là vient que souvent je rêve et que je dis :
> Est-ce que nous serions condamnés et maudits [1] ? »

L'opposition de l'ordre et de la beauté, dans la nature, au vice et à la laideur dans l'homme est le vrai caractère philosophique de la poésie lyrique de Victor Hugo, si l'on ne consulte que les recueils publiés avant l'exil. Des pièces restées alors en portefeuille sont inspirées déjà d'un esprit tout différent. Mais la pensée maîtresse du dernier de ces recueils peut encore se résumer ainsi : Si l'on regarde le ciel, *Dieu remplit tout, le monde est son temple, on écoute de ses deux extrémités monter confusément une louange immense*, tandis que, dans l'âme humaine : « Comme dans les étangs assoupis sous les bois », on peut voir

---

1. *Les Rayons et les Ombres*, VII et XVII (pièces datées de 1839).

> Le ciel qui teint les eaux à peine remuées,
> Avec tous ses rayons et toutes ses nuées,
> Et la vase, fond morne, affreux, sombre et dormant,
> Où des reptiles noirs fourmillent vaguement [1].

Une révolution s'est accomplie dans l'âme du poète, vers l'époque dont ces pièces sont datées; il séparera désormais le jugement moral du jugement esthétique. Sous le brillant des sensations, les profondeurs de mort lui sont dévoilées. L'univers lui apparaîtra, comme il nous le montre presque partout dans ses *Contemplations*, sous l'aspect le plus désolant de la nature qui se dévore elle-même. Un esprit qui vient de l'abîme des cieux lui apprend que ce monde sans fond est, comme le nôtre, *un tombeau* :

> Hélas! tout est sépulcre. On en sort, on y tombe :
> La nuit est la muraille immense de la tombe.
>   Les astres, dont luit la clarté,
> Orion, Sirius, Mars, Jupiter, Mercure,
> Sont les cailloux qu'on voit dans ta tranchée obscure,
>   O sombre fosse éternité!
>
> Une nuit, un esprit me parla dans un rêve,
> Et me dit : — Je suis aigle en un ciel où se lève
>   Un soleil qui t'est inconnu.
> J'ai voulu soulever un coin du vaste voile;
> J'ai voulu voir de près ton ciel et ton étoile;
>   Et c'est pourquoi je suis venu;
>
> Et quand j'ai traversé les cieux grands et terribles,
> Quand j'ai vu le monceau des ténèbres horribles

---

[1]. *Les Rayons et les Ombres*, X, XXIX (de la même date). Conf. *les Feuilles d'automne* : « Pan ».

Et l'abîme énorme où l'œil fuit,
Je me suis demandé si cette ombre où l'on souffre
Pourrait jamais combler ce puits, et si ce gouffre
Pourrait contenir cette nuit!

Et moi, l'aigle lointain, épouvanté, j'arrive.
Et je crie, et je viens m'abattre sur ta rive,
Près de toi, songeur sans flambeau.
Connais-tu ces frissons, cette horreur, ce vertige,
Toi, l'autre aigle de l'autre azur? — Je suis, lui dis-je,
L'autre ver de l'autre tombeau [1].

Ces étranges ou plutôt ces impossibles images de l'ombre incapable de combler le puits, et du gouffre trop petit pour contenir la nuit, accusent l'effort que peut faire un tel poète pour rendre l'effroi des espaces infinis. Ce n'est pas leur « silence éternel » qui le trouble, comme Pascal; c'est la terrible pensée objective du gouffre et de l'ombre. L'infini ne lui paraîtra jamais une beauté.

1. *Les Contemplations*, VI, 18 (pièce datée de 1855).

CHAPITRE II

La vue pessimiste de la nature.

Le plus grand intérêt que nous offre ici la révolution des idées du poète est le changement complet qui se fit de son point de vue sur l'univers matériel : il se produisit à la fois philosophiquement, et dans l'ordre imaginatif et pittoresque, pour mettre fin aux adorations naturalistes et à l'éblouissement des sensations superficielles du monde de la vie. L'hymne banal des splendeurs de la nature et de l'immuable harmonie des cieux est remplacé par le tableau des phénomènes instables, des phénomènes subversifs, et des métamorphoses de la matière « affreuse ». Victor Hugo est entré, le premier des hommes d'imagination, dans cette forme de contemplation des « grands abîmes étoilés » qui, depuis les découvertes de l'astronomie physique, s'impose à la raison, et condamne au ridicule, pour un avenir qui tarde trop, les vieilles rêveries des poètes et les billevesées des spiritistes.

> Quelques-uns de ces globes meurent ;
> Dans le semoun et le mistral
> Leurs mers sanglotent, leurs flots pleurent ;
> Leur flanc crache un brasier central.
> Sphères par la neige engourdies,
> Ils ont d'étranges maladies,
> Pestes, déluges, incendies ;
> Tremblements profonds et fréquents ;
> Leur propre abîme les consume ;
> Leur haleine flamboie et fume ;
> On entend de loin dans leur brume
> La toux lugubre des volcans...

L'abîme semble fou sous l'ouragan de l'être.
Quelle tempête autour de l'astre radieux !
Tout ne doit que surgir, flotter et disparaître,
Jusqu'à ce que la nuit ferme à son tour ses yeux ;
Car, un jour, il faudra que l'étoile aussi tombe ;
L'étoile voit neiger les âmes dans la tombe,
L'âme verra neiger les astres dans les cieux !...

Qui, dans l'ombre vivante et l'aube sépulcrale,
Qui, dans l'horreur fatale et dans l'amour profond,
A tordu ta splendide et sinistre spirale,
Ciel, où les univers se font et se défont ?
Un double précipice à la fois les réclame.
« Immensité », dit l'être, « éternité », dit l'âme,
A jamais ! le sans fin coule dans le sans fond [1].

---

1. *Les Contemplations*, III, 30 : « *Magnitudo parvi* ». Toutes les pièces de ce 3ᵉ livre sont datées de 1835 à 1846, la plupart de 1843 (année de la catastrophe de Villequier), et la moitié environ (contentons-nous de citer *Melancholia, Saturne, Explication, Joie du soir, J'aime l'araignée*) sont inspirées par le

La pièce où le monde physique est peint sous cet aspect lugubre, quoique publiée pour la première fois dans *les Contemplations* (1856), est datée d'*Ingouville*, 1839, et appartient, par conséquent, à l'époque de la composition du recueil *les Rayons et les Ombres*, et prouve que Victor Hugo avait dès ce moment changé le commun point de vue esthétique du ciel étoilé contre l'effroi qui peut naître du spectacle médité d'une projection de mondes naissants et mourants en des périodes de temps incalculables, sans que ni ordre ni raison puissent être aperçus dans leur multitude indéfinie et dans leur inconcevable dispersion. Mais l'esprit général de cette pièce la rapproche encore, en quelques points, de celles des recueils lyriques antérieurs à l'exil, tandis que la terreur de l'infini et l'*ingens numinis horror* deviennent, quinze ans plus tard, le sentiment exclusif du poète. En fait d'astronomie, il oppose l'idée de l'instabilité profonde, et des possibles contre lesquels il n'est pas de garantie, au lieu commun de l'ordre éternel de la sphère : « Ah ! fantômes

même esprit que les pièces du 6ᵉ livre (*Au bord de l'infini*), où la théorie de la chute, de l'expiation et des métamorphoses reçoit seulement tout son développement. Une partie des pièces du 5ᵉ livre étaient écrites à la même époque. Victor Hugo pouvait, avant 1848, publier un recueil lyrique supérieur pour la forme et pour l'idée à ceux de 1831-1840.

humains, courbés sous les désastres! Qui donc a dit : — C'est bien, Éternel. Assez d'astres. N'en fais plus. Calme toi! »

> Donc ne nous disons pas: « — Nous avons nos étoiles. » —
> Des flottes de soleils peut-être à pleines voiles
>   Viennent en ce moment;
> Peut-être que demain le Créateur terrible,
> Refaisant notre nuit, va contre un autre crible
>   Changer le firmament...
>
> Peut-être en ce moment, du fond des nuits funèbres,
> Montant vers nous, gonflant ses vagues de ténèbres
>   Et ses flots de rayons,
> Le muet Infini, sombre mer ignorée,
> Roule vers notre ciel une grande marée
>   De constellations [1]!

Ceci ne regarde que le monde des astronomes. Le monde de la vie apparaît sous un aspect plus noir :

« Toute la nature que nous avons sous les yeux est mangeante ou mangée. Les proies s'entre-mordent. Selon les savants, tous les êtres rentrent les uns dans les autres! Pourriture c'est nourriture. Nettoyage effrayant du globe. L'homme, carnassier, est, lui aussi, un enterreur. Notre vie est faite de mort. Telle est la loi terrifiante [2].

---

[1]. *Les Contemplations*, VI, 9 : « A la fenêtre pendant la nuit » (1854). L'idée d'une apparition d'astres nouveaux est venue à Charles Fourier, mais dans une vue optimiste. Victor Hugo a pu l'emprunter pour un autre usage.

[2]. *Les Travailleurs de la mer*, 2ᵉ partie, IV, 2.

Sous terre :

> Laisse-moi. — Non. — O griffe sombre,
> Bouche horrible! ô torture! ô deuil!
> Pourquoi te glisses-tu dans l'ombre
> Par les fentes de mon cercueil?
>
> — Il faut renouveler ma sève,
> O mort, voici le doux été.
> Toute la nature qui rêve,
> Spectre, a besoin de ma beauté!...
>
> Et pendant que l'aube m'arrose,
> Ma racine vers toi descend.
> — Qui donc es-tu? — Je suis la rose.
> — Et que veux-tu? — Boire ton sang [1].

L'idée de cette loi terrible du monde, la dévoration mutuelle des êtres, occupe une place considérable dans le poème de Victor Hugo qui a pour titre *Dieu* :

> L'atome est un bandit qui dévore l'atome;...
> La rosée en sa perle a Typhon et Satan;
> Ils s'y tordent tous deux à jamais; l'éphémère
> Est Moloch; l'infusoire, effroyable chimère,
> Grince, et si le géant pouvait voir l'embryon,
> Le Béhémoth fuirait devant le vibrion.
> Le moindre grain de sable est un globe qui roule
> Traînant comme la terre une lugubre foule
> Qui s'abhorre, et s'acharne, et s'exècre, et sans fin
> Se dévore; la haine est au fond de la faim...
>
> Toute gueule est un gouffre, et qui mange assassine.
> L'animal a sa griffe et l'arbre a sa racine,...
> Tout se tient et s'embrasse et s'étreint pour se mordre;
> Un crime universel et monstrueux est l'ordre...

---

1. *Les Quatre Vents de l'esprit*, III, 23.

Quelle vaste douleur! Les hyènes bancales
Rôdent; sur la perdrix le milan tombe à pic;
La martre infâme mord le flanc du porc-épic;
La chèvre, les deux pieds de devant dans la haie,
Voit la couleuvre et bêle avec terreur;...
L'éléphant marche avec un fracas d'épouvante...
Le loup montre sa gueule et l'homme son visage,
Le désert frémit...

Tout souffre! Grand, petit, le hardi, le prudent,
Tout rencontre un chasseur, une griffe, une dent!
Une sorte d'horreur implacable enveloppe
L'aigle et le colibri, le tigre et l'antilope.
L'eau noire fait songer le grave pélican.
Partout la gueule s'ouvre à côté du volcan;
Partout les bois ont peur; partout la bête tremble
D'un frisson de colère ou d'épouvante; il semble
A celui qui ne voit l'être que d'un côté
Qu'une haine inouïe emplit l'immensité [1].

Ce tableau ne nous présente rien qui n'appartienne à l'*ordre* de la nature, ou à ce *crime* qu'elle a pour ordre, comme le dit le poète dont la foi est perdue; mais les formes moins communes de la vie, les possibles, en leur perspective, ont prise sur son imagination; il s'en peint qui ne sont point frivoles, tout en résistant à la tentation de leur accorder la réalité.

« Le possible est une matrice formidable. Le mystère se concrète en monstres. Des morceaux d'ombre sortent de ce bloc, l'immanence, se déchirent, se détachent, roulent, flottent, se condensent,

---

[1]. *Dieu*, p. 85 et 197.

font des emprunts à la noirceur ambiante, subissent des polarisations inconnues, prennent vie, se composent on ne sait quelle forme avec l'obscurité et on ne sait quelle âme avec le miasme, et s'en vont, larves, à travers la vitalité... Leur fourmillement est une certitude qui déconcerte notre assurance. L'optimisme, *qui est le vrai pourtant*, perd presque contenance devant eux. Ils sont l'extrémité visible des cercles noirs. Ils marquent la transition de notre réalité à une autre. Ils semblent appartenir à ce commencement d'êtres terribles que le songeur entrevoit confusément par le soupirail de la nuit.

« Ces prolongements de monstres, dans l'invisible d'abord, dans le possible ensuite, ont été soupçonnés, aperçus peut-être, par l'extase sévère et par l'œil fixe des mages et des philosophes. De là la conjecture d'un enfer. Le démon est le tigre de l'invisible... Si en effet les cercles de l'ombre continuent indéfiniment, si après un anneau il y en a un autre, si cette aggravation persiste en progression illimitée, si cette chaîne, *dont pour notre part nous sommes résolu à douter*, existe, il est certain que la pieuvre à une extrémité prouve Satan à l'autre.

« Il est certain que le méchant à un bout prouve à l'autre bout la méchanceté.

« Toute bête mauvaise, comme toute intelligence perverse, est Sphinx.

« Sphinx terrible proposant l'énigme terrible, l'énigme du mal.

« C'est cette perfection du mal qui a fait pencher parfois de grands esprits vers la croyance au dieu double, vers le redoutable bi-frons des manichéens[1]. »

Et quelle conclusion? Il n'y en a pas d'autre ici, après les réserves soulignées ci-dessus, que la recommandation : « Tâchons que la mort nous soit progrès. Aspirons aux mondes moins ténébreux. » Nous retrouverons plus loin le dualisme manichéen. Insistons encore sur la face du mal. Aucun poète, en aucun temps, ne l'a présentée sous un aspect aussi violent, aussi terrible. Des citations de quelque étendue ne seront pas de trop, parce que nous ne connaissons pas de plus beaux vers que ceux-là, et que nous les empruntons à l'un de ces poèmes des dernières années de Victor Hugo que beaucoup même de ses admirateurs sont assez disposés à regarder comme une partie à sacrifier de son œuvre.

> O rêves! vision des vagues paradis!
> Crois-tu que l'inconnu soit quelque chose, dis,

---

[1]. *Les Travailleurs de la mer*, loc. cit.

Dont ton cerveau chétif puisse se faire idée ?
Créature par l'être absolu débordée,
Homme étonné d'un grain germant dans le sillon,
Ébloui d'une pourpre au dos d'un papillon,
Tremblant d'un choc d'écume ou d'un râle d'orfraie,
Déjà ce que tu vois te dépasse et t'effraie,
Pourrais-tu supposer ce que tu ne vois point ?
Le gouffre où le réel aux chimères se joint,
L'aspect de l'insondable et de l'inaccessible,
Le côté ténébreux de l'univers terrible ?...
Connais-tu les deux nuits : la morte et la vivante ;
La vivante, engendrant le monstre, l'épouvante,
L'hydre, les dévorant sans fin et les créant ;
La morte, c'est-à-dire un vide, le néant,
Une ouverture aveugle et par l'effroi formée,
De l'ombre qui n'est plus même de la fumée,
Le silence hideux et funèbre de Rien [1] ?

Remarquons ce curieux emploi réaliste du Rien, qui est la *Nuit morte*, opposée à la *Nuit vivante* génératrice des monstres, et l'idée plus curieuse encore de l'*Effroi*, personnifié pour *former* l'ouverture aveugle de cette ombre qui est le néant. Le rôle d'une passion (l'Effroi) ainsi objectivée rappelle les concepts analogues de la mythologie brahmanique, par exemple, celui de l'Ignorance (Avidya), qui, dans la métaphysique bouddhiste, figure, à la tête de l'*enchaînement des douze causes*, comme le principe réel de l'illusion à laquelle le monde doit son existence. La métaphysique et la poésie se plaisent à un même genre d'abstractions,

---

1. *Religions et Religion*, IV : « Des voix », p. 119.

quand un commun génie réaliste, c'est-à-dire mythologique, les anime.

Mais les formes de la *Nuit vivante* occupent surtout l'imagination du poète; il sent combien elles doivent dépasser tout ce que l'art, imitateur, a pu produire, et la pauvre invention de nos monstres héraldiques :

> Toi-même tu rirais, si tu pouvais connaître
> A quel point tu ne peux, homme, rien faire naître,
> Rien construire en dehors des formes que tu vois;...
> La nature, l'aïeule aux mille sombres voix
> Rugissantes parmi les antres et les bois,
> La nourrice des loups, des ours et des panthères,
> A des dessous profonds peuplés de noirs mystères
> Qui te feraient pâlir si tu les pénétrais,
> Et, dans l'énormité des eaux et des forêts,
> Riche en monstres, n'a pas besoin de tes chimères...
> Ah! pauvre homme inutile et fou sous le ciel bleu,
> Tu ne peux faire un monstre et tu veux faire un dieu!...

> Enfin te rends-tu compte un peu du vaste rêve
> Où ton destin commence, où ton destin s'achève,
> Qu'on nomme l'univers, et qui flotte infini?
> En vois-tu le côté fatal, blessé, puni?
> Le lait coule, et le sang aussi; l'esprit s'effraie.
> Sous la grande mamelle on voit la grande plaie.
> Lucine pleure ayant devant elle Atropos.
> Hélas! hélas! s'il est quelqu'un qui, sans repos,
> Crée, engendre et produit, homme, il est quelque chose
> Qui sans trêve détruit, dévore et décompose.
> Ce fileur ne fait rien que pour ce déchireur.
> Les êtres sont épars dans l'indicible horreur.
> L'ombre en étouffe plus que le jour n'en anime.
> La lumière s'épuise à traverser l'abîme...

> Quant au genre humain, vois! Esclaves et bourreaux,
> Vil tas de cendre ayant pour tisons les héros,

Paille éteinte d'un souffle et d'un souffle allumée,
Foule qu'on voit passer et dans de la fumée
Fuir après qu'on l'a vue un instant se mouvoir !...
Les canons remplaçant les chars armés de faux,
Des trônes, des bûchers, d'affreux arcs triomphaux,
Des profils de césars équestres sous des porches,
De toutes ses lueurs l'homme faisant des torches,
Un reflux d'ombre après un flux de liberté,
De la haine et du bruit, voilà l'humanité...

La science aboutit à l'âme suicide ;
Tout ment ; et les esprits se blessent aux scalpels.
Les sens à la raison font d'obscènes appels ;
Sur la chair croît le vice, infâme parasite ;
Le mal tente l'esprit, l'esprit tremblant hésite...
Est-il une vertu que l'homme dans ses doutes
N'ait flétrie ou niée ? Interroge-les toutes.
Demande au dévouement, au courage, à l'amour,
Ce qu'ils pensent de l'homme, âpre et vil tour à tour.
La justice en a peur quand elle voit sa toge.
Questionne sur lui la sagesse ; interroge
La faiseuse d'ingrats, la mère au sein mordu,
La bonté. Le devoir est un flambeau perdu.
Qui grandit soudain penche, et qui naît périclite...

L'être est un bloc confus de masques et de bouches
Mêlés lugubrement dans des effrois farouches ;
Comme deux oiseaux noirs sans fin se poursuivant
L'éclair étreint la nuit dans la fuite du vent,
Et la nature entr'ouvre au fond de ces alarmes
Son œil mystérieux, noyé de sombres larmes.
L'être est morne, odieux à sonder, triste à voir ;
De là les battements d'ailes du désespoir [1].

Les horreurs de l'abattoir et de la cuisine ont inspiré à Victor Hugo des vers dont la pensée, quoique en une forme étrange, se puise à une

---

1. *Religions et Religion*, II : « Philosophie », p. 58 et 65.

profondeur que n'atteignent pas les plus éloquentes objurgations qui aient jamais été adressées sur ce chapitre à l'humanité sourde :

> Te voilà satisfait dans ta chair,
> Quand, devant un grand feu de fagots, vif et clair,
> Ta broche plie, offrant les lièvres et les cailles
> A la bûche qui rit, monstre aux rouges écailles,
> Et livrant l'humble essaim qui jouait, qui volait,
> Le hallier, et la sauge avec le serpolet,
> L'alouette et les prés, l'étang et la macreuse,
> Aux mâchoires de feu de l'âtre qui se creuse !
> Les charbons dans la cendre ouvrent leurs sombres yeux;
> En voyant ce brasier, riche, éclatant, joyeux,
> Le passant, à travers la vitre illuminée,
> S'empourpre. Et, contemplant ta haute cheminée,
> Tu ne te doutes pas que, toi-même, tu ris
> A la géhenne horrible, et que, rempli de cris,
> D'engrenages hideux et de pinces rougies,
> Ce beau foyer de pierre, espoir de tes orgies,
> Ce réchaud où la mort frémit à pleine voix,
> Où les battements d'aile et les soupirs des bois
> S'en vont, chants des vanneaux et baisers des sarcelles,
> Dans la fumée affreuse aux fauves étincelles,
> Cet antre, où l'on entend, quand on vient s'y pencher,
> Tous les pétillements du rire et du bûcher,
> Où l'oiseau fume, où meurt le nid, où flambe l'orme,
> Est un des trous béants de la fournaise énorme !
> C'est l'autel vil du ventre et du plaisir charnel;
> Et le fond communique au mystère éternel !

L'étonnant mélange mythologique de nature vivante et de nature morte, en ces tableaux, tient à l'espèce d'harmonie douloureuse qui se fait dans l'âme du poète entre les horreurs que lui présentent les phénomènes brutaux et violents du monde inorganique et les douleurs du monde animé :

La création, difforme multitude,
M'apparaît; et j'entends des bruits, des pas, des voix;
Et, dans une clarté de vision, je vois
Ce livide univers, vaste danse macabre,
Où l'astre tourbillonne, où la vague se cabre,
Où tout s'enfuit. Je vois les sépulcres, les nids,
Le hallier, la montagne, et les rudes granits,
Du vieux squelette monde informes ankyloses....

... Le volcan, crête et bouche enflammée,
Vomit un long siphon de cendre et de fumée;...
La marée, immuable et hurlante bascule,
Balance l'Océan dans l'affreux crépuscule;
Et la création n'est qu'un noir tremblement.
On ne sait quelle vie émeut lugubrement
L'homme, l'esquif, le mât, l'onde, l'écueil, le havre;
Et la lune répand sa lueur de cadavre...

Quel est cet univers? Et quel en est l'aïeul?
Ce qu'on prend pour un ciel est peut-être un linceul...
Tout visage qui rit a, dans l'horrible espace,
Derrière lui pour ombre, une tête de mort.
Naître! mourir! — On entre, entrez. — Sortez, on sort.

La matière, chaos, profondeur où s'étale
L'air furieux, le feu féroce, l'eau brutale,
La nuit, cette prison, ce noir cachot mouvant
Où l'on entend la sombre invasion du vent,
Tout est morne! Il n'est pas d'objet qui ne paraisse
Faire dans l'infini des signes de détresse.
Et pendant que, lugubre et vague, autour de lui,
Dans la blême fumée et dans le vaste ennui,
Le tourbillon des faits et des choses s'engouffre,
Ce spectre de la vie, appelé l'homme, souffre,
Leurs deux tragiques voix, Nature, Humanité,
Se font écho, chacune en son extrémité;
La tristesse de l'un sur l'autre se replie;
La pâle angoisse humaine a la mélancolie

Du plaintif univers pour explication ;
Et les gémissements de la création
Sont pleins de la misère insondable de l'homme.

Pourtant vous n'êtes rien que des larves, en somme !
Vous marchez l'un sur l'autre, obscurs, troubles, dormants,
Fuyants, et tous vos pas sont des effacements.
Il ne reste de vous, s'il reste quelque chose,
Que l'embryon, peut-être effet, peut-être cause,
Que les rudiments sourds, muets, primordiaux.
L'être éternel est fait d'atomes idiots [1].

Il ne faut plus qu'ajouter au tableau des misères de la création celui des maux dont la responsabilité pèse sur l'homme. Une des belles pièces datées d'avant l'exil, *Melancholia*, nous donne déjà l'éloquente énumération des douleurs et des vices de la vie humaine : la faim au logis, la débauche au cabaret, la prostitution, le vol, le jeu, les fraudes commerciales, l'impudente plaidoirie du pour et du contre, la justice inique, les infortunes du génie, les servitudes du travail, les sévices envers l'enfant, la dureté, la cruauté envers les animaux, — admirable morceau, l'un des plus beaux sur un sujet où Victor Hugo a trouvé tant de fortes et de touchantes inspirations — et le contraste terrible des fêtes mondaines et de l'échafaud, l'opposition esthétique de la hideur du supplice et du charme de la nature : « Deux

---

1. *Dieu*, p. 196 et 198.

poteaux soutenant un triangle hideux, Qui sortent lentement du noir pavé des villes... — O forêts ! bois profonds ! solitudes ! asiles [1] ! » Les dernières pièces du même recueil lyrique (*les Contemplations*), toutes datées des premières années de l'exil, sont en grande partie nées de la cruelle pensée du mal, plus approfondie, généralisée, poussée même, à un endroit, jusqu'au doute sur la réalité, jusqu'à nommer l'être le *spectre toujours présent* :

> Nous contemplons l'obscur, l'inconnu, l'invisible.
> Nous sondons le réel, l'idéal, le possible,
>   L'être, spectre toujours présent.
> Nous regardons trembler l'ombre indéterminée.
> Nous sommes accoudés sur notre destinée,
>   L'œil fixe et l'esprit frémissant [2].

Dans la pièce intitulée *Horror* :

> Nous avons dans l'esprit des sommets, nos idées,
> Nos rêves, nos vertus, d'escarpements bordées,
>   Et nos espoirs construits si tôt ;
> Nous tâchons d'appliquer à ces cimes étranges
> L'âpre échelle de feu par où montent les anges ;
>   Job est en bas, Christ est en haut.

Nous aimons. A quoi bon ? Nous souffrons. Pour quoi faire ?
Je préfère mourir et m'en aller. Préfère.
    Allez, choisissez vos chemins.
L'être effrayant se tait au fond du ciel nocturne,
Il regarde tomber de la bouche de l'urne
    Le flot livide des humains.

---

1. *Les Contemplations*, III, 2 : « *Melancholia* ».
2. *Ibid.*, VI, 14 : « O gouffre... »

Nous jugeons. Nous dressons l'échafaud. L'homme tue
Et meurt. Le genre humain, foule d'erreur vêtue,
  Condamne, extermine, détruit,
Puis s'en va. Le poteau du gibet, ô démence !
O deuil ! est le bâton de cet aveugle immense
  Marchant dans cette immense nuit [1].
Nous pensons. Après ? Rampe, esprit ! garde tes chaînes...

Dolor et les pièces suivantes : *Spes*, *Voyage de nuit*, mêlent à l'expression d'un espoir obstiné, et d'un appel au dieu de l'abîme, des plaintes et des exclamations, tantôt sublimes, tantôt bizarres, et des images qui entraînent quelquefois, et quelquefois aussi révoltent le lecteur, parce qu'elles lui semblent ou trop violentes ou trop obscures en leur application pour qu'il puisse partager l'émotion réelle du voyant. Ce qui est beau, l'est incomparablement.

Dans le poème intitulé *Dieu*, dont les éditeurs rapportent la date aux premières années de l'exil, les phénomènes naturels et la condition de l'homme sont dessinés sous les traits les plus durs. Un long couplet, composé d'une apostrophe que l'ange adresse à l'homme, dénie à cet orgueilleux les avantages qu'il s'attribue sur l'animal :

> Plus d'un secret étrange entre le monstre et toi
> Palpite ; et parfois l'homme en sent le vague effroi.

---

1. *Les Contemplations*, VI, 16. — *Job est en bas*, dit le texte. Job ou Jacob ? Lapsus étonnant : erreur dans l'allusion, fausse application dans l'idée.

Il est des êtres noirs au-dessous de la bête,
Qui, miasme, poison, peste, aquilon, tempête,
Ouvrant en bas la gueule affreuse des fléaux,
Font à tous les vivants la guerre du chaos.
Quoique sa dent te morde et que ton bras l'assomme,
L'animal est ton frère, et la bête avec l'homme
Contre la nature hydre a souvent combattu ;...
Ah! tu te crois plein jour, et ris du crépuscule!
La pensée est ton lot! Dieu n'a rien réussi
Hors toi! Tu te crois rare et parmi tous choisi,
Parce qu'un vent d'en haut parfois souffle en ta brise!...
Voyons, qu'es-tu? peux-tu toi-même l'affirmer?
A quoi te résous-tu? douter, haïr, aimer?
Que crois-tu? que sais-tu? Tu n'as, dans ta science,
Pas même un parti pris d'ombre ou de confiance...
Faits, chiffres, procédés, classements, tout cela
Contient-il Dieu? Réponds. Ta science est l'ânesse
Qui va, portant sa charge au moulin de Gonesse,
Sans savoir, en marchant front bas et l'œil troublé,
Si c'est un sac de cendre ou bien un sac de blé...

Tu dis : J'ai la raison, la vertu, la beauté...
Allons! mire-toi donc un peu dans les Peaux-Rouges!
Que dis-tu des Yolofs, barbouillés de roucou,
Attachant des colliers d'oreilles à leur cou?...
Mire-toi dans tes goûts, dans tes mœurs, dans tes races,
Dans tes amours brutaux, dans tes instincts voraces,
Dans l'auge où nous voyons boire tes appétits!...

Ah! tes œuvres, vraiment, parlons-en. Meurtre, envie,
Sang! Tu construis la mort, quand Dieu sème la vie!
Et pendant que Dieu fait les chênes sur les monts,...
Tu fais l'arbre gibet, l'arbre croix, l'arbre pal,
L'affreux arbre supplice, énorme, vaste, infâme,...
Dont chaque branche, hélas! porte deux condamnés,
Et penche en frissonnant deux spectres sur l'abîme :
Au soleil, du côté de l'homme, la victime,
Et, du côté de Dieu, dans l'ombre, le bourreau!...
Va! tu sors de la fange, et ta mère malsaine,
C'est la matière infecte et la matière obscène!

Tes sombres légions vermineuses, amas,
Troupeau, tas imbécile adorant des Lamas,
Avec ce qu'elles font et ce qu'elles projettent,
Entre la nourriture et l'excrément végètent [1] !

Le poète ne se peint pas sous des couleurs plus avantageuses les habitants des autres régions de l'espace. Il conçoit l'espace lui-même comme semblable à l'ombre, et absorbant les rayons lumineux, qui tous s'y éteignent à la fin en le traversant. Les terres astrales ne sont pas des séjours de corps glorieux ou d'esprits bienheureux. L'épaisseur du mystère est telle qu'on se demande si aucune intelligence peut le percer, s'il en est aucune qui ne soit fille de la nuit.

Et si nous pouvions voir les hommes,
Les ébauches, les embryons,
Qui sont là ce qu'ailleurs nous sommes,
Comme, eux et nous, nous frémirions!
Rencontre inexprimable et sombre!
Nous nous regarderions dans l'ombre
De monstre à monstre, fils du nombre
Et du temps qui s'évanouit;
Et, si nos langages funèbres
Pouvaient échanger leurs algèbres,
Nous dirions : Qu'êtes-vous, ténèbres?
Ils diraient : D'où venez-vous, nuit?

Sont-ils aussi des cœurs, des cerveaux, des entrailles?
Cherchent-ils comme nous le mot jamais trouvé?
Ont-ils des Spinoza qui frappent aux murailles,
Des Lucrèce niant tout ce qu'on a rêvé,

---

1. *Dieu*, p. 204-210.

Qui, du noir infini feuilletant les registres,
Ont écrit : Rien, au bas de ces pages sinistres,
Et, penchés sur l'abîme, ont dit : L'œil est crevé [1] !

Quelques lignes de prose, exprimant une pensée profonde en son étrangeté, achèveront de nous rendre l'effroi du poète en présence de l'immensité : l'effroi, c'est bien l'impression qui répond à ce que la destinée lui offre en ce qu'elle a d'universel, de plus irrémédiablement douloureux, soit par le néant de l'être individuel et transitoire, devant qui l'espace et la durée vainement rêvés se ferment, soit par l'hypothèse de ce qu'il peut imaginer de terrible dans l'univers, au delà de la portée de notre vue. Victor Hugo, dans ce passage, appelle *Immanence*, selon sa coutume des grandes généralisations réalistes, l'être infini où tout est, d'où tout sort, où tout plonge; et son idée, c'est que l'infini, à le bien prendre, est une borne pour l'esprit objectif, et non point une ouverture. Illimitation égale occlusion. La pensée est très remarquable. La mise en scène est un enfant perdu dans la nuit en des circonstances terribles, qu'il faut chercher dans le roman; et la remarque philosophique est celle-ci, dans sa brièveté :

« Quand l'immanence surplombant sur nous,

---

1. *Les Contemplations*, III, 30.

ciel, gouffre, vie, tombeau, éternité, apparaît patente, c'est alors que nous sentons tout inaccessible, tout défendu, tout muré. Quand l'infini s'ouvre, pas de fermeture plus formidable[1]. »
« Rien n'est muré », disait, en son enthousiasme lyrique, le poète ardent à « traîner la comète par les cheveux »; prêt à pénétrer dans « le tabernacle terrible de l'inconnu » (« *Ibo* », dans *les Contemplations*). Mais ici la borne lui apparaît dans le manque de bornes, sans lesquelles il n'y a pas, en effet, de compréhension possible. L'infini n'a pas de tabernacle.

L'idée de l'instabilité des êtres s'ajoute à celle de l'éternelle immanence de l'Être, et complète la vue de cet abîme qui est la nature. Une formule applicable à cet aspect des choses est saisissante en ce que c'est la création même qui, par un artifice de langage auquel le sens du mot se prête, est présentée comme le tombeau de la création : « La fin toujours imminente, aucune transition entre être et ne plus être, la rentrée au creuset, le glissement possible à toute minute, *c'est ce précipice-là qui est la création* [2]. »

---

1. *L'Homme qui rit*, 1ʳᵉ partie, I, 5. — Le rapprochement : *ciel, gouffre, tombeau, éternité*, rappelle l'exclamation sublime de Lamartine dans *le Lac* : Éternité, néant, passé, sombres abîmes !
2. *L'Homme qui rit*, 1ʳᵉ partie, I, 6.

CHAPITRE III

**Le dualisme.
Ce que dit « la Bouche d'ombre ».**

Les hypothèses sur l'ordre moral du monde qui ont occupé de grandes places dans l'imagination humaine, encore que ne pouvant se faire accepter de la raison sous les formes où elles se sont produites, méritent toute l'attention du penseur à cause des sentiments dont elles ont été et dont elles restent l'expression. Il en est ainsi des fictions dans lesquelles Victor Hugo s'est complu. Elles ne sont ni neuves, ni inspirées par des pensées nouvelles qu'il ait eu à rendre, loin de là, mais peut-être par ce motif même, et en considérant l'évidente spontanéité de l'auteur qui s'y est jeté, étaient-elles dignes d'être accueillies avec moins d'inattention ou de mépris qu'elles l'ont été. Le *songeur* ignorant s'est montré, malgré quelques bizarreries, plus philosophe que ses dénigreurs.

La mise en scène de l'hypothèse dualiste est la révélation faite au poète par un être surnaturel, *le Spectre*, qui l'attendait près du dolmen qui domine Rozel. L'être sombre et tranquille le prit par les cheveux, l'emporta sur le haut du rocher, et « Sache, lui dit-il, que tout connaît sa loi, son but, sa route », que tout a conscience, tout parle. Dieu « par qui la forme sort du nombre » n'a pu concevoir qu'ainsi la création. A tout bruit le Verbe se mêle; tout gémit ou chante; et pourquoi? « C'est que vents, ondes, flammes, arbres, roseaux, rochers, tout vit! Tout est plein d'âmes. »

La création ne pouvant être qu'inégale à Dieu, a dû être imparfaite. Parfaite, elle serait *en lui rentrée, à force de clarté*, « et n'aurait pas été... Donc Dieu fit l'univers; l'univers fit le mal. » Remarquons l'idée souveraine de lumière : à force de clarté. Mais la part nécessaire d'obscurité des choses n'excluait pas la pureté primitive : « L'être créé, paré du rayon baptismal, Planait dans la splendeur sur des ailes de gloire; Tout était chant, encens, flamme, éblouissement; L'être errait, aile d'or, dans un rayon charmant, Et de tous les parfums tour à tour était l'hôte; Tout nageait, tout volait.

« Or la première faute Fut le premier poids. » La nature de la faute, le Spectre n'en dit rien. La cause, on peut supposer qu'il la met dans le manque de *clarté*; car l'interprétation intellectualiste de l'existence du mal est ordinaire chez Victor Hugo. L'effet seul est bien défini : c'est la pesanteur et c'est l'ombre. « Dieu sentit une douleur, le poids prit une forme », et *tomba* entraînant l'ange dans sa chute. Le mal était fait, tout alla *s'aggravant*; l'éther devint l'air, et l'air le vent, l'ange l'esprit, l'esprit l'homme. La descente alla jusqu'à la brute, à l'arbre, et au-dessous, jusqu'au vil « caillou pensif, cet aveugle hideux ;... Et, de tous ces amas, des globes se formèrent, Et derrière ces blocs naquit la sombre nuit. Le mal, c'est la matière, arbre noir, fatal fruit. »

L'identité du mal avec la matière et, par suite, avec la pesanteur est une ancienne idée gnostique et manichéenne, ainsi que la chute graduelle de l'être dans la matière. Ce qui est ici plus particulier, c'est d'imaginer que la pensée reste incluse dans les corps arrivés à l'inertie, au lieu d'aller s'abaissant dans la descente, jusqu'à l'évanouissement de la conscience. Cette hypothèse, choquante pour le sens commun, est manifestement d'origine mytho-poétique et non mytho-philosophique. Quel que soit le degré de croyance que Victor Hugo a pu lui accorder, nous ne lui voyons aucune valeur de doctrine; mais elle sert à exprimer des sentiments moraux. C'est ainsi qu'il faut la prendre. Une autre particularité qui pourrait, celle-là, passer inaperçue, c'est l'immatérialité de la lumière, au sens où Victor Hugo l'entend, c'est-à-dire l'espace lumineux par soi, comme les anges ses habitants, avant que le *poids*, suite de la faute, eût pris l'espèce de *forme* qui donne l'ombre. Les globes célestes étant matériels, encore bien que beaucoup d'entre eux soient enflammés, sont la cause réelle de l'obscurité des cieux, qui seraient sans cela tout lumineux. Étrange idée, opposée à la nature de la vision, et cela chez un poète qui savait si bien voir; la seule compatible, pourtant, avec quatre vers de lui que nous prenons dans une autre pièce :

« Ils sont! ils vont! — ces globes — ceux-ci brillants, ceux-là difformes, Tous portant des vivants et des créations! Ils jettent dans l'azur des cônes d'ombre énormes, Ténèbres qui des cieux traversent les rayons[1]. »

---

[1]. *Les Contemplations*, III, 30.

Poursuivons. L'Ombre est donc le résultat de la faute. Car « L'ange laisse passer à travers lui l'aurore ; Nul simulacre obscur ne suit l'être aromal. » (L'*être aromal* serait-il un emprunt à Charles Fourier?) « Homme, tout ce qui fait de l'ombre a fait le mal. » La lumière, telle que nous la connaissons, et à cause apparemment de sa qualité aveuglante et de son mélange de rayons torrides, est elle-même appropriée à ce monde effrayant : « Ton soleil est lugubre et ta terre est horrible ». L'humanité, placée « au seuil du monde châtiment », n'est cependant pas « hors de Dieu complètement ». Dieu « n'est hors de rien ;... Et tout, même le mal, est la création, Car le dedans du masque est encor la figure. »

Cette dernière image semble poser le mal comme le revers logiquement nécessaire du bien. Le zénith et le nadir, pris pour les deux pôles du monde et reliés par l'échelle des êtres, sont une forme donnée à ce dualisme. L'échelle ascendante de la vie s'élève des *démons enchaînés* aux *âmes ailées*, et bien au-dessus de l'homme, à l'invisible, à l'impondérable, « Et, dans les profondeurs, s'évanouit en Dieu ». Cette échelle, « toujours les justes l'ont gravie... Ses échelons sont deuil, sagesse, exil, devoir. »

A l'autre profondeur, dans le *nadir livide*, est

le lieu du mal. Là, « Le mal, qui par la chair, hélas! vous asservit, Dégage *une vapeur monstrueuse qui vit!*... Là, tout flotte et s'en va dans un naufrage obscur; Dans ce gouffre sans bord, sans soupirail, sans mur, De tout ce qui vécut pleut sans cesse la cendre; Et l'on voit tout au fond, quand l'œil ose y descendre, Au delà de la vie, et du souffle et du bruit, Un *affreux soleil noir d'où rayonne la nuit!* » L'image du rayonnement, ainsi transportée à une émanation d'ombre qui s'oppose à la source de lumière, nous mène tout près de l'hypothèse manichéenne de deux principes indépendants et souverains de la création. Mais ce n'est point là l'intention de Victor Hugo, ou du moins son Satan ne dépasse pas ordinairement l'idée générale de l'être révolté contre le Dieu unique.

La liberté est pour lui ce qu'elle est dans toutes les doctrines de métensomatoses, — dans celles-là mêmes qui, fatalistes au fond, ne laissent pas de prendre la bonne ou la mauvaise conduite pour sanction cosmique de la morale, — le véhicule de l'ascension ou de la descente de l'individu : « Libre, il sait où le bien cesse, où le mal commence; Il a ses actions pour juges. Il suffit Qu'il soit méchant ou bon; tout est dit. Ce qu'on fit, Crime, est notre geôlier, ou, vertu, nous délivre...

Dans la vie infinie on monte et l'on s'élance, Ou l'on tombe; et tout l'être est sa propre balance. »

Mais quelle idée faut-il se faire de cette liberté d'où dépend le destin de chacun? A la suite d'un premier tableau sinistre de la condition des âmes entièrement plongées dans la matière et dans la douleur, le poète nous présente le libre arbitre comme un état propre de l'homme, un état impliquant l'oubli des états antérieurs, l'ignorance et le doute : « L'homme est un équilibre. L'homme est une prison où l'âme reste libre... Le monstre se connaît lorsque l'homme s'ignore... L'homme est l'unique point de la création, Où, pour demeurer libre en se faisant meilleure, L'âme doive oublier sa vie antérieure... A la fatalité, loi du monstre captif, Succède le devoir, fatalité de l'homme[1].

> Ainsi de toutes parts l'épreuve se consomme,
> Dans le monstre passif, dans l'homme intelligent,
> La nécessité morne en devoir se changeant,
> Et l'âme, remontant à sa beauté première,
> Va de l'ombre fatale à la libre lumière...
> Et pour se racheter, l'homme doit ignorer...
> Sans quoi, comme l'enfant guidé par des lisières,

---

1. *Devoir, fatalité de l'homme* : formule intéressante de l'obligation, ou loi morale, puisque l'idée du devoir violé éloigne celle d'une loi nécessitante, et que cependant c'est une sorte de *fatalité* pour l'homme, que sa condition *d'être placé sous la loi du devoir*.

L'homme vivrait, marchant droit à la vision.
Douter est sa puissance et sa punition.
Il voit la rose, et nie; il voit l'aurore, et doute;
Où serait le mérite à retrouver sa route,
Si l'homme, voyant clair, roi de sa volonté,
Avait la certitude, ayant la liberté?
Non. Il faut qu'il hésite en la vaste nature,
Qu'il traverse du choix l'effrayante aventure,
Et qu'il compare au vice agitant son miroir,
Au crime, aux voluptés, l'œil en pleurs du devoir;
Il faut qu'il doute! Hier croyant, demain impie;
Il court du mal au bien; il scrute, sonde, épie,
Va, revient, et, tremblant, agenouillé, debout,
Les bras étendus, triste, il cherche Dieu partout;
Il tâte l'infini jusqu'à ce qu'il le sente;
Alors, son âme ailée éclate frémissante;
L'ange éblouissant luit dans l'homme transparent.
Le doute le fait libre, et la liberté grand.

Il serait difficile de citer non pas seulement de plus beaux vers, mais des formules philosophiques plus heureusement trouvées que certaines de celles qu'on vient de lire. Victor Hugo retourne de là au sombre tableau de l'univers, dont il s'était un moment écarté. Son imagination redouble en étranges peintures : « Le fauve univers est le forçat de Dieu. Les constellations, sombres lettres de feu, Sont les marques du bagne à l'épaule du monde ». Combien nous sommes loin de l'aspect sous lequel les amants et les poètes, et Victor Hugo lui-même, ont envisagé, les voyant d'un autre œil que les astronomes physiciens, ces monstrueux, ces effroyables phénomènes! Hegel s'était contenté de les traiter d'insignifiantes taches sur la face du ciel. Pour la philosophie de la Bouche d'ombre, « Ces soleils inconnus se groupent sur son front Comme l'effroi, le deuil, la menace et l'affront ; De toutes parts s'étend l'ombre incommensurable ; En bas l'obscur, l'impur, le mauvais, l'exécrable... Tous les êtres maudits, mêlés aux vils limons, Pris par la plante fauve et la bête féroce... Rampent, noirs prisonniers, dans la nuit, noir caveau ». Là, les noirceurs de la matière et les hideurs des passions se réunissent ; les démons enfermés dans les éléments, déchaînés dans les flots, dans les ouragans, dans les volcans, font rage ; les *animaux brigands* exercent la méchanceté des âmes vêtues de corps monstrueux ou immondes ; « Et sur cet amas d'ombre, et de crime, et de peine, Ce grand ciel formidable est le scellé de Dieu.

> Voilà pourquoi, songeur dont la mort est le vœu,
> Tant d'angoisse est empreinte au front des cénobites.
> Je viens de te montrer le gouffre. Tu l'habites.

Ce qui suit s'enfonce dans l'étrange et dans le répugnant au delà de ce que nous connaissons des doctrines analogues. Les mondes se lancent l'un à l'autre des âmes « Par les brèches que fait la mort blême à leur mur » ; en sorte que nous avons chez nous des méchants venus de tous les univers. Ils rêvent dans nos rochers, et « nos arbres en ploient ». Les fleurs sont vivantes et souffrent; les formes végétales et animales les plus gracieuses et les plus belles couvrent le crime et sa punition : « La perle est nuit, la neige est la fange des cimes » ; — tout est douleur. Dans le flux intarissable des images qui se succèdent et se pressent en opposition avec toutes les pentes naturelles de l'imagination, on ne peut qu'admirer, non sans un mélange de sentiments pénibles, l'énergie sans pareille de l'expression, les vers splendides, les effets d'un langage rythmé tout nouveau, porté par l'artiste qui l'a créé à sa dernière perfection.

Après l'horreur, la pitié. Pour nous la rendre accessible et la dramatiser, le poète mêle le souvenir des grands criminels avec la compassion qu'il veut nous inspirer pour les bêtes fauves, en qui il voit leurs âmes incarnées :

> Plaignez l'oiseau de crime et la bête de proie.
> Ce que Domitien, César, fit avec joie,
> Tigre, il le continue avec horreur. Verrès,
> Qui fut loup sous la pourpre, est loup dans les forêts;
> Il descend, réveillé, l'autre côté du rêve;
> Son rire, au fond des bois, en hurlements s'achève;
> Pleurez sur ce qui hurle et pleurez sur Verrès.

Peut-être le sentiment de la pitié, appliqué directement, sans y joindre l'idée de la métem-

LE DUALISME

psycose, aux plus disgraciés et malheureux des êtres qui poursuivent ainsi que nous, *avec les moyens qu'ils ont*, dans la création, la lutte pour l'existence, est-il aussi naturel et aussi justifié qu'en prenant, avec Schopenhauer, le détour de la supposition d'identité d'essence entre ces êtres et nous-mêmes. Mais, quoi qu'il en soit, il y a, selon nous, ou de la légèreté d'esprit ou trop peu de sympathie pour la douleur, chez ceux — ils sont nombreux — qui n'ont vu qu'un sujet de moquerie dans ces vers :

> Pleurez sur les laideurs et les ignominies,
> Pleurez sur l'araignée immonde, sur le ver...
> Sur le crabe hideux, sur l'affreux scolopendre,
> Sur l'effrayant crapaud, pauvre monstre aux doux yeux,
> Qui regarde toujours le ciel mystérieux !

Mais la pitié ne doit naturellement aller que jusqu'où va la possibilité d'attribuer du sentiment et quelque connaissance à l'être que l'on plaint. C'est une limite qui n'existe pas pour Victor Hugo. N'a-t-il pas exprimé quelque part[1] cette incroyable pensée :

> Les blocs, ces durs profils, les rochers, ces visages,
> Avec qui l'ombre voit dialoguer les sages,
> Guettent le grand secret, muets, le cou tendu ;
> L'œil des montagnes s'ouvre et contemple éperdu.

1. C'est dans *le Satyre* (*Légende des siècles*, 1re partie, VIII).

La première fois que l'idée lui était venue de supposer animé l'inanimé[1], il n'avait vu là qu'une simple possibilité pour des globes tout différents du nôtre :

> Figure-toi ! figure-toi !
> Plus rien des choses que tu nommes !
> Un autre monde ! une autre loi !...
> Ce qu'on prend pour un mont est une hydre ; ces arbres
> Sont des bêtes ; ces rocs hurlent avec fureur ;
> Le feu chante ; le sang coule aux veines des marbres.
> Ce monde est-il le vrai ? le nôtre est-il l'erreur ?
> *O possibles, qui sont pour nous des impossibles !*

Ces *impossibles*, dont la mythologie classique n'avait admis l'idée qu'à titre de métamorphoses accidentelles, deviennent donc ici une loi, contre toute apparence, et sont le principe de la pitié. Et ce n'est pas encore tout ; ce réalisme poétique a, comme le réalisme philosophique, sa logique à outrance. Le vieux Parménide dit au jeune Socrate, dans un dialogue de Platon, que le jour viendra où, cessant de regarder l'opinion des hommes, la philosophie qui se sera emparée de lui ne lui permettra plus de douter qu'il puisse exister des *idées en soi* de n'importe quelles choses empiriques, et même ignobles, ainsi qu'il en existe, selon lui, de l'Homme, ou de la Justice. La

---

[1]. Dans *Magnitudo parvi*, pièce des *Contemplations*, mais datée, nous l'avons déjà remarqué, de 1839. *La Bouche d'ombre* est datée de 1855.

logique des personnifications et des métamorphoses conduit Victor Hugo, que la crainte du ridicule n'a pas coutume d'arrêter, à enfermer des âmes non plus seulement dans les êtres de la nature, mais dans les objets et les instruments faits de main d'homme; et sa compassion n'a pas plus de bornes que sa fantaisie.

> Ayez pitié! voyez des âmes dans les choses.
> Hélas! le cabanon subit aussi l'écrou;
> Plaignez le prisonnier, mais plaignez le verrou...
> La hache souffre autant que le corps, le billot
> Souffre autant que la tête...
> Il ébrèche la hache et la hache l'entaille;
> Ils se disent tout bas l'un à l'autre : Assassin...
> Le cadavre au cou rouge, effrayant, glacé, blême,
> Seul sait ce que lui dit le billot, tronc lui-même.

Ces vers sur le thème insensé de l'âme de la chose, et de la pitié due à la chose, se terminent par un des traits les plus caractéristiques de la mythologie appliquée aux phénomènes naturels, en une forme d'imagination aussi opposée à tout concept de science que puisse l'avoir eue jamais un Hésiode ou un Phérécyde de Syros. C'est la figure de l'envahissement de la terre par l'ombre, au coucher du soleil; comme une rencontre entre deux essences obscures dont l'une monte et dont l'autre descend, pour étouffer le jour :

> Ténèbres! l'univers est hagard. Chaque soir,
> Le noir horizon monte et la nuit noire tombe;

> Tous deux, à l'occident, d'un mouvement de tombe,
> Ils vont se rapprochant, et, dans le firmament,
> O terreur! sur le jour, écrasé lentement,
> La tenaille de l'ombre effroyable se ferme.

Ce dernier vers (un de ceux auxquels convient la qualification de *vers d'airain*) nous montre, par une association d'idées des plus imprévues, la pensée de notre mythographe passant de l'image de l'enceinte ténébreuse, qui tient la terre enfermée jusqu'à la venue du jour, à celle des obscures et mystérieuses enveloppes où se prépare de même que s'éteint la vie; car il fait suivre, sans transition, l'image de la *tenaille de l'ombre* de cette exclamation : « Oh! les berceaux font peur. *Un bagne est dans un germe.* Ayez pitié, vous tous et qui que vous soyez! Les hideux châtiments, l'un sur l'autre broyés, Roulent, submergeant tout, excepté les mémoires. » L'idée des châtiments intervient là, sans doute, à cause de son rapport général à cette loi fatale qui condamne les êtres à subir des involutions, dans lesquelles, écrasés les uns sous les autres, ils semblent se perdre, quoique les *mémoires*, au fond, se conservent toujours.

La pensée se continue en deux morceaux dont le premier paraîtrait singulièrement beau, si l'on pouvait, mais le peut-on? faire abstraction de la bizarrerie de la donnée fondamentale. Le poète imagine une trêve survenant dans cette guerre incessante, universelle, des êtres de la nature dont les hommes criminels ont revêtu les formes. Un rayon de l'éternel amour tout à coup les atteint. L'ours et le sanglier

> Poussent des cris vers l'Être adorable; et les bêtes
> Qui portèrent jadis des mitres sur leurs têtes,
> Les grains de sable rois, les brins d'herbe empereurs,
> Tous les hideux orgueils et toutes les fureurs
> Se brisent; la douceur saisit le plus farouche;
> Le chat lèche l'oiseau, l'oiseau baise la mouche;
> Le vautour dit dans l'ombre au passereau : Pardon!
> Une caresse sort du houx et du chardon;
> Tous les rugissements se fondent en prières;
> On entend s'accuser de leurs forfaits les pierres;
> Tous les sombres cachots qu'on appelle les fleurs
> Tressaillent; le rocher se met à fondre en pleurs;
> Les bras se lèvent hors de la tombe dormante;
> Le vent gémit, la nuit se plaint, l'eau se lamente,
> Et sous l'œil attendri qui regarde d'en haut,
> Tout l'abîme n'est plus qu'un immense sanglot.

De tels vers seraient un thème excellent pour une controverse à ouvrir sur cette question de casuistique esthétique : Y a-t-il incompatibilité entre le beau et l'absurde?

Le poème s'achève en seize strophes de six vers à doubles chutes, qui sont une sorte de chant triomphal de la réconciliation universelle et du retour des êtres à Dieu qui les attire :

> Espérez! espérez! espérez, misérables!
> Pas de deuil infini, pas de maux incurables,
>   Pas d'enfer éternel!...

Déjà dans l'océan d'ombre que Dieu domine,
L'archipel ténébreux des bagnes s'illumine;
  Dieu, c'est le grand aimant;
Et les globes, ouvrant leur sinistre prunelle,
Vers les immensités de l'aurore éternelle
  Se tournent lentement!...

On verra le troupeau des hydres formidables
Sortir, monter du fond des brumes insondables
  Et se transfigurer;
Des étoiles éclore aux trous noirs de leurs crânes,
Dieu juste! et, par degrés devenant diaphanes,
  Les monstres s'azurer!...

Ils viendront! ils viendront tremblants, brisés d'extase,
Chacun d'eux débordant de sanglots comme un vase,
  Mais pourtant sans effroi;
On leur tendra les bras de la haute demeure,
Et Jésus, se penchant sur Bélial qui pleure,
  Lui dira : C'est donc toi!

Ce dernier trait, sublime et touchant, et l'idée générale du relèvement de l'être, ainsi résumée par le rapprochement des deux grands types religieux de la sainteté et du péché personnalisés, — Jésus accueillant Bélial dans la demeure céleste, — n'ont pas trouvé grâce devant la critique raisonnable, qui, selon nous, a fait fausse route en cette occasion [1]. Il fallait remarquer, au contraire, et, bien entendu, sans s'occuper du fond, ni de la question théologique de l'*universalisme*, que Victor

---

1. Caro, cité dans une intéressante chronique de Jules Tellier sur *les Parodistes de Victor Hugo*. Voir *le Parti national*, numéro du 15 octobre 1888.

Hugo rentrait dans la donnée humaine, la seule qu'on puisse bien se représenter, en terminant de cette manière la révélation de *la Bouche d'ombre*. En dehors de ce trait, de même qu'il ne nous a pas expliqué comment, par quel crime, la nature, formant l'animalité tout entière, est descendue *sous le poids de la faute*, de même le poète ne peut nous dire un seul mot ni du moyen ni du chemin par lesquels l'immensité des êtres doit être ramenée à l'amour ; et nous sommes en peine de nous figurer sans transition les choses étonnantes de ce jour où les cornes recevront des auréoles, où « les gueules baiseront », où Dieu « fera rentrer parmi les univers archanges l'univers paria ».

CHAPITRE IV

Pessimisme et optimisme.
« La Fin de Satan. »

Ce serait une erreur d'assimiler le dualisme de Victor Hugo à la doctrine dite des *deux principes*, dans laquelle on regarderait le Bien et le Mal comme coéternels. Tel n'est pas d'ailleurs le caractère du dualisme théologique, dans le mazdéisme, sa forme la plus ancienne, ni dans la plupart des sectes manichéennes, presque toujours calomniées par leurs persécuteurs. La victoire finale du Bien sur le Mal est la croyance commune des penseurs très nombreux qui, en tout temps, ont incliné à cette grande religion. Pour Victor Hugo, ni l'origine ni le développement du mal ne tiennent au divin par l'éternité : il y a chute des âmes, descente dans la matière, ensuite retour, réconciliation universelle. Dieu est immuable. Le poème posthume qui a pour titre *Dieu*, et qui paraît avoir été écrit vers le même temps que la pièce de *la Bouche d'ombre* du livre des *Contemplations*, est assez d'accord avec cette dernière en ce qui touche le principe et la fin. Dieu y est posé comme l'Être absolu en qui toutes différences s'effacent. Il en est ainsi du moins dans la conclusion du poème[1], et l'hypothèse du partage du monde entre le bien et le mal est une de celles qui y sont présentées par des personnages symboliques, et rejetées les unes après les autres[2]. L'origine des âmes, leur condition initiale demeurent inexpliquées. Seule, l'origine du mal dans la faute est affirmée nettement : « La faute est le squelette et l'être est l'ossuaire », c'est-à-dire :

> Que ce monde, où Dieu met ce que du ciel il ôte,
> N'est que le cimetière horrible de la faute...
> Oui, bête, arbre, rocher, broussaille du chemin,
> Tout être est un vivant de l'immensité sombre...
> Tous sont l'âme, qui vit, qui vécut, qui doit vivre,
> Qui tombe et s'emprisonne, ou monte et se délivre...
> Tout être est responsable; il croît, décroît, vit, pense,
> Condamné par lui-même ou par lui-même absous;
> Tout ce qu'il fait s'en va dans l'espace; et dessous
> Est l'infini, compteur exact, plateau sans bornes.

---

1. *Dieu* : « la Lumière », p. 240 sq.
2. *Ibid.* : « le Corbeau », p. 120 sq.

C'est par le mépris qu'il a fait de la vie inférieure, que l'homme est tombé dans ce précipice ouvert sous ses pieds en vertu de la loi suprême :

> O dédain de la bête et mépris de la chose,
> Double faute de l'homme et son double malheur!
> Si pour la vie infime il eût été meilleur,...
> La bête eût accepté l'homme; le chêne l'eût
> Accueilli dans les bois de son grave salut;
> La pierre en son horreur l'eût adoré; la roche
> Eût tressailli dans l'ombre, émue à son approche;
> Et dans tous les cailloux il eût eu des autels.
> Il eût senti sous lui de sombres immortels.
> Il eût été le mage. Il eût connu les causes.
> Il aurait sur son front la lumière des choses;
> Il serait l'homme-esprit. L'aigle eût fraternisé;
> Et, lui montrant le ciel, le lion eût posé
> Sa griffe sur l'épaule auguste du génie...
> Les fléaux, qui lui font la guerre du désordre,
> Fussent venus lécher ses pieds qu'ils viennent mordre;
> Quand sa barque, le soir, se risque hors du port,
> Le flot eût dit au vent : C'est lui! souffle moins fort;
> L'azur eût murmuré : Paix à la voile blonde!
> L'écueil eût fait effort pour se courber sous l'onde...
> La création brute au difforme poitrail,
> L'instinct, cette lueur de l'âme au soupirail,
> Le grand Tout, ce flot sourd qui s'enfle et qui se creuse,
> L'énormité, la chose informe et ténébreuse,
> L'horreur des bois, l'horreur des mers, l'horreur des cieux,
> Tout le mystérieux, tout le prodigieux,
> Fût accouru, soumis, à son appel sublime,
> A travers l'ombre; et l'homme eût eu pour chien l'abîme.

La révélation de *l'Ange*, dans ce poème, comme celle du *Spectre* de *la Bouche d'ombre*, se termine par la prophétie du bonheur universel :

> La bête est commuée en l'homme, l'homme en ange ;
> Par l'expiation, échelle d'équité,
> Dont un bout est nuit froide, et l'autre bout clarté,
> Sans cesse, sous l'azur, que la lumière noie,
> L'univers Châtiment monte à l'univers Joie [1].

Il ne faut pas demander au poète que n'inquiète point la construction logique des idées, comment il concilie ce tableau de la venue de l'homme dans une nature déjà constituée en ses trois règnes, et les images d'un moment de la création, où l'homme, la chose et la bête eussent pu former entre eux cette alliance idéale, avec la thèse de la chute universelle entraînant l'homme et la création tout entière dans la commune descente dont *la Bouche d'ombre* nous a décrit les degrés [2]. Ce ne sont pas les pensées elles-mêmes, ou quant à la vérité intrinsèque de ce qu'elles expliquent, qui touchent Victor Hugo ; elles ne sont jamais pour lui que des symboles, quelque étonnant relief qu'il leur donne ; leur objet réel est le sentiment qu'elles portent avec elles, et qu'elles sont propres à communiquer ; de là vient qu'un mythe ou un autre, et même un dogme et un autre, lui sont comme indifférents, lui rendant le même service. Le poème de *la Fin de Satan* est un exemple de cette facilité à se contenter d'une matière de mythes quelconque.

---

1. *Dieu* : « l'Ange, » p. 215-224.
2. Voir ci-dessus, chap. III.

Ce poème, que Victor Hugo, dans la préface de *la Légende des siècles*, annonçait comme devant former une deuxième partie d'un poème total constitué par ses poèmes, et qui n'a paru, inachevé, qu'après sa mort, est un ouvrage dont le sujet, tout pétri qu'il est d'une étrange mythologie, n'est plus cette doctrine de la chute et du retour des âmes plongées dans l'animalité, et condamnées, pour expier leurs crimes, à toutes les métamorphoses corporelles. La pensée eschatologique du poète s'enferme cette fois dans l'enceinte des traditions judaïques ou mazdéennes qui ont passé dans le christianisme : chute de Lucifer, Adam et Ève, Caïn, le Déluge, Babel, Nemrod, qui commence la guerre sur la terre et en demeure la personnification. Puis vient Jésus et la passion, enfin Satan pardonné. Le poème devait former une trilogie, sous ces titres : *le Glaive, le Gibet, la Prison*, mais la dernière partie manque presque en entier. La conception poétique et mythologique de ces trois formes d'attentat à la vie ou à la liberté a de la force, malgré des bizarreries d'exécution, et beaucoup de ce mauvais goût du prophétisme sémitique auquel l'absurde ne répugne pas. Si l'on peut reprocher à la révélation de *la Bouche d'ombre*, et à celle qui est mise dans la bouche de *l'Ange* du poème intitulé *Dieu*, un plan trop vaste, la chute dans la nature, pour lequel la philosophie de l'auteur était insuffisante, on peut, au contraire, regretter que le cadre de cette autre œuvre posthume, *la Fin de Satan*, soit étroit, et n'ouvre qu'un point de vue borné sur l'œuvre de la création et même sur l'histoire de l'homme.

Le poème commence par le récit fortement imaginé de la chute matérielle de Satan, pendant dix mille ans, dans l'abîme de l'ombre universelle où s'éteint le soleil. Ce n'est qu'épisodiquement, dans une autre partie, qu'on trouve un tableau de la nature chaotique avant l'acte créateur, et la brève mention de cet acte et de l'apparition brusque de *l'Adversaire*. « Dans cette ombre où rampaient les larves des fléaux, Le monstre Nuit planait sur la bête Chaos. — C'était ainsi, quand Dieu, se levant, dit à l'ombre : — Je suis. — Ce mot créa les étoiles sans nombre. Et Satan dit à Dieu : — Tu ne seras pas seul. » La conception est ici pleinement dualiste; le chaos est imaginé sur le modèle de la cosmogonie assyrienne, l'action créatrice de Dieu et l'opposition immédiate de Satan sont empruntées à l'antagonisme d'Ormuzd et d'Ahriman dans la doctrine persane. Après Satan précipité, Nemrod symbolise l'impiété et le mal; il revendique Titan et Satan comme ses aïeux et se propose la conquête du ciel; il s'élance sur un char aérien enlevé par quatre aigles puissants, dont l'un crie : Alexandre! l'autre : Annibal! l'autre : César! l'autre : Napoléon! D'étranges et terribles imaginations défraient l'histoire de ce voyage. Nemrod est foudroyé; mais le Spectre de la guerre lui survit et couve l'œuf monstrueux duquel doit naître l'*aigle Rome*. Pendant ce temps, sortaient de la terre « D'affreux brouillards vivants qui devenaient des hommes, Puis des dieux qu'on nommait Teutatès, Mars, Baal, Et qui semblaient avoir en eux l'âme du mal. L'horreur, le sang, le deuil, couvraient la race humaine. Et les mages, que Dieu dans le désert amène, Collaient l'oreille au sable, et, de terreur ployés, Frémissants, sous la terre, au-dessous de leurs pieds, Ils entendaient Satan, dans les nuits éternelles, Qui volait et heurtait la voûte de ses ailes. »

Après ce morceau d'un symbolisme apocalyptique, le poète nous transporte « hors de la Terre », au bord du puits de l'abîme où Satan a été précipité. Une imagination bien singulière va servir ici à exprimer de belles pensées. Une plume échappée de l'aile de l'archange est restée sur ce bord; l'ange de lumière la prend et, « l'œil sur le ciel sublime : — Seigneur, faut-il qu'elle aille, elle aussi, dans l'abîme? » dit-il. « Ne jetez pas ce qui n'est pas tombé », telle est la réponse, et le trait est beau et touchant. Mais qu'allons-nous faire de cette plume?

La plume du plus grand des anges, rejeté
Hors de la conscience et hors de l'harmonie,
Frissonnait près du puits de la chute infinie,
Entre l'abîme plein de noirceur et les cieux.
Tout à coup un rayon de l'œil prodigieux
Qui fit le monde avec du jour tomba sur elle.

Sous ce rayon, lueur douce et surnaturelle,
La plume tressaillit, brilla, vibra, grandit,
Prit une forme et fut vivante, et l'on eût dit
Un éblouissement qui devient une femme.
Avec le glissement mystérieux d'une âme,
Elle se souleva debout, et, se dressant,
Éclaira l'infini d'un sourire innocent.

Et les anges, tremblants d'amour, la regardèrent.
Les chérubins jumeaux qui l'un à l'autre adhèrent,
Les groupes constellés du matin et du soir,
Les Vertus, les Esprits, se penchèrent pour voir
Cette sœur de l'enfer et du paradis naître.

Jamais le ciel sacré n'avait contemplé d'être
Plus sublime parmi les souffles et les voix.
En la voyant si fière et si pure à la fois,
La pensée hésitait entre l'aigle et la vierge;
Sa face, défiant le gouffre qui submerge,
Mêlant l'embrasement et le rayonnement,
Flamboyait; et c'était, sous un sourcil charmant,
Le regard de la foudre avec l'œil de l'aurore.

L'archange du soleil, qu'un feu céleste dore,
Dit : — De quel nom faut-il nommer cet ange, ô Dieu?

Alors, dans l'absolu que l'Être a pour milieu,
On entendit sortir des profondeurs du Verbe
Ce mot qui, sur le front du jeune ange superbe,
Encor vague et flottant dans la vaste clarté,
Fit tout à coup éclore un astre : — Liberté.

C'est un vrai *livre de métamorphoses* que cette *Fin de Satan* ; elles sont construites sur le fond des légendes judéo-chrétiennes, à peu près comme celles d'Ovide le furent sur les mythes courants des divinités populaires. L'imagination de Victor Hugo est seulement beaucoup plus libre, on pourrait dire déchaînée et sans frein. Elle traduit quelquefois systématiquement et d'une manière étrange une idée morale. C'est le cas pour la métamorphose qu'on vient de voir ; les deux passages que nous avons soulignés de cette page, remarquable entre toutes par de beaux vers et des vers charmants [1], en diraient assez clairement le sens, quand même nous ne devrions pas le retrouver énoncé en termes formels à la fin du poème. Il s'agit d'une pensée philosophique aussi profonde que jamais grand philosophe ait pu en concevoir. Le symbole de la plume de Satan illuminée et devenue personne angélique sous l'action du rayonnement divin signifie la participation commune de la liberté au principe du bien et au principe du mal, le trait d'union du créateur et de la créature révoltée, et le moyen du retour de cette

---

1. Ce morceau, suivant les éditeurs de *la Fin de Satan* (voir la préface du livre), serait du nombre de ceux dont la composition est du même temps que *la Légende des siècles*, 1ʳᵉ partie.

dernière, suivant un second symbole qu'on verra tout à l'heure.

La partie centrale du poème, en trois morceaux : *la Judée, Jésus-Christ, le Crucifié*, forme l'ensemble du deuxième livre, intitulé *le Gibet*, et environ la moitié de ce qui a été écrit de l'ouvrage; elle rappelle les pièces bibliques de *la Légende des siècles*, et aurait pu trouver place avec celles-ci, sans trop y faire tache, dans ce livre écrit très peu auparavant. Toutefois la négligence dans la composition, et les longueurs d'amplification causées par le fatal enchaînement des rimes suggérant des idées, vont s'accusant déjà beaucoup plus, ainsi que l'indifférence pour l'exactitude dans le détail. Cette partie se termine par un éloquent anathème contre cette misérable terre qui égorge ses prophètes : « Qu'est-ce qu'on doit penser et croire, ô vastes cieux? Contre la vérité le prêtre est factieux; Tous les cultes, soufflant l'enfer de leurs narines, Mâchent des ossements mêlés à leurs doctrines; Tous se sont proclamés vrais sous peine de mort... Toute église a le meurtre infiltré dans ses dalles. » Le Golgotha, depuis que les peuples, « Atterrés, ont senti que l'Inconnu lui-même Leur était apparu « dans cet Homme Suprême », est devenu le plus haut emblème du supplice pour cause de religion : « Fauve, il se dresse au fond mystérieux du crime ; Et le plus blême éclair du gouffre est sur ce lieu Où la religion, sinistre, tua Dieu. »

Le mouvement alternant du poème nous ramène « hors de la Terre », et nous trouvons Satan englouti, condamné par sa conscience, impuissant à persévérer dans la haine et l'orgueil infernal, aimant Dieu malgré lui : « Si je ne l'aimais point, je ne souffrirais pas.

> Laissez-moi remonter, gouffres !... — Non ! pas à pas
> Je descends, je m'enfonce, à chaque effort je glisse
> Plus avant. Le malheur de la nuit, son supplice,
> C'est d'adorer le jour et de rester la nuit.
> Cet amour est sinistre, et le mal est son fruit...
>
> Horreur sans fond ! Je suis l'éternel des ténèbres.
> Je suis le misérable à perpétuité.
> Mais je me vengerai sur son humanité...
> Dieu passe dans le cœur des hommes, j'y séjourne.
> Sa roue avec un bruit sidéral marche et tourne,
> Mais c'est mon grain lugubre et sanglant qu'elle moud ;
> Jéhovah frissonnant sent aujourd'hui partout
> Une création de Satan sous la sienne...
>
> Tout ce qui sur la terre à cette heure est debout,
> Même les innocents, sous leurs pieds, ont partout
> Quelque chose de Dieu que dans l'ombre ils écrasent... »

Le tableau de la production satanique dans l'homme — et dans l'univers matériel aussi, car la nature, morte ou vivante, est représentée comme soumise à l'action créatrice de Satan : — « Je contrains l'Océan que Dieu tient sous sa loi,

Et la terre, à créer du chaos avec moi », — est un morceau rempli de beaux vers et de fortes images; mais on ne sait quel rapport établir entre la partie réelle et la partie symbolique du mal, qui n'est personnifié que là précisément où il ne devrait pas prétendre à la réalité. Ce vice de la conception générale était peut-être inévitable, faute d'une croyance positive en l'existence personnelle du diable. Il en résulte que la *création* du mal, *sous la création* de Dieu, ne répond pour l'esprit à aucune image proprement créatrice. Elle aurait dû être évitée. Il fallait, semble-t-il, de deux choses l'une : ou se faire une idée sérieuse de l'origine du mal par la *faute* de la créature (comme dans *la Bouche d'ombre*); et, dans ce cas, si le symbole de la chute et de l'abîme était conservé, c'était pour s'appliquer directement à tous les êtres; la fiction d'un empire du mal, exercé spécialement par un ange révolté pour corrompre les voies de la nature, devenait inutile; le *retour de l'être* se présentait aussi comme une tout autre chose que le retour de *cet* ange et que la fin de *sa* rébellion. Ou, si l'on tenait à l'hypothèse du règne séparé et de l'action d'un esprit du mal, adversaire de Dieu, hostile aux fins divines de la création, il fallait renoncer à la fantasmagorie de la précipitation de Satan dans un abîme matériel, physiquement absurde. Les bizarres imaginations sur le fond du gouffre, sur le supplice du diable, ne pouvaient plus servir. C'est une conception analogue à celle de l'enfer et des démons de Milton, qui aurait alors convenu : on pouvait lui donner du corps et l'agrandir, en se servant des connaissances actuelles en astronomie physique, et des phénomènes de l'hypnotisme, et de la suggestion chez les hystériques, pour le chapitre des tentations exercées par l'esprit malin. Mais la conception de l'abîme est choquante au point de vue moderne, au point de vue physique du monde, et l'espèce d'être et d'action de Satan est impossible à se représenter.

Cette remarque nous oblige à nous bien rendre compte de l'emploi que Victor Hugo fait du symbolisme, et contre lequel ces objections ne portent pas ; elles sont à côté, elles visent une construction, supérieure sans doute, mais qu'il n'a pas tentée. Il ne fait, il ne veut jamais que rendre des sentiments par des imaginations et des personnifications : ces dernières d'un genre dont nul poète depuis bien des siècles n'avait fourni d'exemples. Ici, les sentiments s'appliquent à l'existence du mal dans la création, à son universalité, à son origine, qui est hors de Dieu, à sa fin future, qui est un retour à Dieu. Ce mal, le Satan de Victor

Hugo en est la *personnification*, non la *personne*. C'est un produit de l'instinct réaliste, objectivant une idée générale, et puis, comme il s'agit de poésie, l'accompagnant de tous les attributs propres à la peindre vivante et agissante. Et cette personnification se fait d'une manière double et pour un double but, ce qui nuit à la clarté, mais ce qui, une fois reconnu, jette du jour sur la méthode. Tantôt le personnage symbolique du mal représente l'homme, une personne, en tant que déchue; et nous avons alors l'expression de l'état de l'âme suspendue entre les bons et les mauvais désirs, entre l'amour et la haine; tantôt c'est le mal lui-même qui est personnifié, le mal, c'est-à-dire le fait que tout homme est mauvais, la nature mauvaise; et c'est l'idée de ce fait, rapporté à l'existence d'un Dieu bon et à nos espérances finales.

Nous avons pu reconnaître le premier de ces deux sens, le sens particulier et psychologique de l'être symbolique; il convient à l'un des monologues de Satan dont nous avons cité tout à l'heure des passages. Nous allons trouver le second dans un autre couplet où Satan parle en sa conscience, pour ainsi dire, d'être général, antagoniste de Dieu et du Bien. La réaction de l'amour et de la pitié dans son âme prend alors la forme d'une protestation contre le dualisme éternel. Il insulte et menace d'abord, puis proteste, dans l'intérêt même de Dieu, contre la perpétuité de sa damnation, et finit par demander grâce :

> Oui, je me dresserai de toute ma hauteur !
> Je veux dans ce qu'il fait tuer ce créateur.
> Je veux le torturer dans son œuvre, et l'entendre
> Râler dans la justice et la pudeur à vendre,
> Dans les champs que la guerre accable de ses bonds,
> Dans les peuples livrés aux tyrans, dans les bons
> Et dans les saints, dans l'âme humaine tout entière !
>
> Je veux qu'il se débatte, esprit, sous la matière ;
> Qu'il saigne dans le juste assassiné ; je veux
> Qu'il se torde, couvert de prêtres monstrueux,
> Qu'il pleure, bâillonné par les idolatries...
> Je suis le mal ; je suis la nuit ; je suis l'effroi...
>
> — Grâce ! pardonne-moi ! rappelle-moi ! prends-moi !
>
> — Grâce ! ne sens-tu pas qu'il faut que toute chaîne
> Se rompe, et que le mal finisse, et que la haine
> S'éteigne, évanouie en ta sérénité ?
>
> *Quoi ! le bien infini, le mal illimité !*
> Toi le bien, moi le mal ! Est-ce que c'est possible ?...
> Je lutte. Nous tenons chacun notre côté.
> *Avoir l'infini, c'est avoir l'égalité.*
> Ton paradis ne fait qu'équilibre à mon bagne...
>
> Je me tords sans repos, sans fin, sans espérance.
> C'est une majesté qu'une telle souffrance...
> Grâce, ô Dieu ! Pour toi-même, il faut que je l'obtienne.
> Ma perpétuité fait ombre sur la tienne...
> Et c'est pour ta splendeur un importun nuage
> Qu'on voie un spectre assis au fond de ton ciel bleu,
> Et l'éternel Satan devant l'éternel Dieu !

Le poète nous fait passer à plusieurs reprises par des sentiments opposés : colère, envie, regrets, pitié, et continue de mêler l'accablement et les souffrances du banni, terrassé et impuissant, avec l'orgueilleuse attitude de principe et cause (cause, on ne voit pourtant pas comment) de tous les maux de la terre. La dernière partie du long monologue de Satan dans l'abîme — ces parties devaient être coupées et séparées par des chants ou des hymnes, dont un seul a été écrit — est un de ces longs couplets, pas moins de deux ou trois cents vers, où Victor Hugo sème les plus grandes beautés, et de tous les genres, avec une intarissable et souvent fatigante fécondité d'images, dont beaucoup touchent ou transportent, quelques-unes heurtent le lecteur. Satan parvenu, en son supplice, à se haïr lui-même, à aimer Dieu, voudrait pouvoir dormir, pouvoir mourir. Il y a là sur le charme d'aimer, sur la fatigue du mal, sur la douceur infinie de la mort dont le supplicié sent l'approche en son agonie, des expressions et des effets d'une extraordinaire intensité. La difficulté d'abréger s'oppose aux citations que nous voudrions placer ici.

Après ce monologue, l'ange Liberté, escorté de diverses créatures symboliques qui s'adaptent au matériel de la scène : ange Éclair, ange Hiver, etc., descend dans l'abîme, à la recherche de son père Satan, qu'elle veut sauver (*elle*, car cet ange est peint sous des traits féminins). Les tableaux qui se dessinent là de toutes les formes qu'on peut imaginer du chaos, du froid, de la désolation et de la mort, mériteraient une plus complète admiration s'ils ne péchaient par une amplification démesurée; en quoi ils diffèrent, à leur grand désavantage, de la forte concision et des sobres peintures dantesques de *la Divine Comédie* sur des sujets semblables. Quant au plan général et à la topographie du monde, les descriptions de *la Fin de Satan* dénotent un effort d'agrandissement vers l'infinitude toujours fuyante, qui semble laisser loin derrière lui l'imagination naïve des sphères de l'astronomie antique. Mais c'est une illusion : à y bien regarder, la conception bornée de Dante n'est pas une vue de l'univers plus étroite et plus exposée à paraître puérile, aujourd'hui, que les images du gouffre cosmique de Victor Hugo; elle a du moins le mérite de la clarté, tandis que, pour celui-ci, l'infini et même le simple gigantesque sont dans les mots seulement; l'obscurité plane sur la chose, qu'on ne sait absolument où voir et où placer.

Il y a un autre rapport curieux entre ces deux poèmes. Dante a porté dans sa trilogie des séjours du bien et du mal la grande préoccupation que l'on sait des hommes et des choses de sa patrie florentine. De même, Victor Hugo, dont l'amour aveugle pour la « ville univers », « la ville lumière » est célèbre, a fait, et comptait encore plus faire, dans l'œuvre qu'il a laissée inachevée, une place disproportionnée aux choses de la France et de Paris. Peut-être n'y a-t-il rien là que de juste et de naturel, chez un poète; on prend près de soi son inspiration et ses exemples; mais l'enflure est toujours de trop, et des mythes qu'on adapte à des faits réels et vivants produisent un singulier effet. Les jugements de Dante portaient, même en des points où ses passions rétrécissaient son point de vue, la marque du sérieux le plus tragique, mais on ne peut rien trouver de sérieux dans des mythes baroques, tels que celui de certaine pierre, *dont jadis Abel fut frappé par Caïn*, et qui, ramassée par la *goule Isis Lilith*, semée sur les bords de la Seine, fécondée par le souffle de Satan, a germé et s'est mise à croître en forme de tour de la Bastille, pour l'oppression d'un peuple qui est « l'Homme même », la France [1].

Cette Isis-Lilith, « l'âme noire du monde », ce démon qui dit : « Moi, la fatalité... Anankè, c'est moi », essaie de résister à l'ange Liberté qui pénètre dans le « cloaque infini » où flotte le

---

[1]. *La Fin de Satan*, liv. II : « Hors de la terre ».

« reptile colossal, plus qu'un esprit tombé, la Chute » elle-même ! Elle appelle Satan à son secours contre cette intrusion d'un être de Lumière. Mais Dieu a permis que Satan s'endormît enfin, pour que sa fille lui parlât, et qu'il pût l'entendre comme dans un rêve. Le resplendissement de l'astre que l'ange porte sur son front fait évanouir le spectre Isis : « Tout fit silence au fond du gouffre sans reflux, Et rien ne troubla plus l'immobilité morte.

> Pareil au goémon que le flot berce et porte,
> Satan dormait toujours. Dans la nappe de nuit
> Où s'enfonçait son corps de chimère construit,
> Ce qu'on entrevoyait, c'était sa face humaine.
> Semblable au flocon blanc qu'un vent d'hiver amène,
> L'ange arrêta sur lui ses ailes qui flottaient,
> Et pleura... »

Les paroles de l'ange à Satan sont conçues dans le sens de la tradition biblique et du mythe de la tentation du premier couple humain, excepté en ceci que l'influence satanique est étendue à toute la nature en des termes déclarés, et que l'ennemi de Dieu a vraiment le pouvoir de partager avec dieu la création :

> Tu fus précipité, Satan, tu fis ce songe
> De te venger, démon géant, sur l'infini !...
> Tu voulus frapper Dieu dans le germe et la sève...
> Dans les vierges forêts tu fis sortir la peste

De l'épaisseur charmante et terrible des fleurs ;...
A travers l'océan tu soufflas le naufrage ;
Captif, tu pénétras la terre de ta rage ;
Le dessous ténébreux de la vie appartint
A ta vengeance, et fut par ton haleine atteint ;
Tu mordis les tombeaux, tu mordis les racines ;
Tu mêlas aux parfums les herbes assassines ;
Tu mis partout le monstre à côté de la loi ;
Une émanation de nuit sortit de toi,
Et tu déshonoras l'univers magnanime.
Dieu rayonnait le bien, tu rayonnas le crime.
Tu fis d'en bas, avec tes miasmes, des démons ;
Tu pris les instincts vils et les impurs limons
Et tu créas avec cette fange les traîtres,
Les lâches, les cruels ; et tu fis dieux et maîtres,
Des êtres de l'abîme et des esprits forçats ;
Tu poussas les Nemrods aux guerres, tu dressas
Les Caïphes sanglants contre les Christs sublimes ;
Et souvent là-haut, nous, les anges, nous pâlîmes
D'entendre dans la mort ces juges et ces rois
Rire, et de voir grandir le glaive énorme en croix.

A ces images de l'action malfaisante de Satan dans sa veille infatigable, doit répondre celle du repos de la terre, au moment où, avec la permission divine, il cesse lui-même de souffrir, et s'endort :

La terre eut un répit.
La lave folle aux flancs de l'Hékla s'assoupit ;
Le fouet oublia l'âne ; et l'ours, las de ses courses,
Vint boire avec la biche à la clarté des sources ;...
La plante, qu'étouffait le roc, se dégagea ;
Les mouches qui pendaient aux toiles d'araignées,
S'envolèrent, de vie et d'aurore baignées ;
Le poids se souleva des reins du portefaix ;
Le vent s'arrêta court sur les flots stupéfaits,

> Et fit grâce, et laissa rentrer la barque au havre ;
> L'enfant mort, dont la mère embrassait le cadavre,
> Rouvrant les yeux, reprit le sein en souriant.
> Satan dormait.

Il est manifeste que des exemples ainsi choisis des effets du repos de l'esprit du mal sont de pures images poétiques ; on ne doit donc pas, allant au fond, essayant de pénétrer la pensée du poète, observer que la fin du mal semblerait, d'après lui, dépendre toute de l'anéantissement de Satan, et qu'il a dû dès lors se figurer ce dernier coéternel à Dieu, car, sans cela, Dieu pouvant anéantir l'unique auteur du désordre de la création, et ne le faisant pas, serait lui-même le véritable auteur de la perversion des êtres. Il nous faut revenir à la distinction entre Satan, abstraction personnifiée, support réaliste de l'idée du mal, et Satan, personne, ou réelle ou légendaire, mais proprement personne et agent, ange révolté. Quand nous avons affaire au premier, nous nous servons d'un langage poétique fort clair en nous peignant son sommeil comme trêve à la guerre universelle et aux douleurs des créatures ; quand c'est au second, nous revenons à la forme épique du mythe des Titans ou de la révolte des anges.

L'ange Liberté, parlant à Satan son père, en

son sommeil, le conjure d'avoir pitié de la misère du monde et de sa propre souffrance.

> Ton empoisonnement du monde a commencé
> Par toi-même, ô géant d'un combat insensé.
> Le mal ne fait pas peur à Dieu; Dieu se courrouce,
> Et frappe. Tu croyais que la vengeance est douce;
> Elle est amère. Hélas! le crime est châtiment.
> La croissance du mal augmente ton tourment;
> Le mal qu'on fait souffrir s'ajoute au mal qu'on souffre...
>
> Permets que, grâce à moi, dans l'azur baptismal,
> Le monde rentre, afin que l'Éden reparaisse!
> Hélas! sens-tu mon cœur tremblant qui te caresse?
> M'entends-tu sangloter dans ton cachot? Consens
> Que je sauve les bons, les purs, les innocents;
> Laisse s'envoler l'âme et finir la souffrance.
> Dieu me fit Liberté; toi, fais-moi Délivrance!

Suit le tableau des frémissements de Satan endormi dans le gouffre, et la lutte du bien et du mal sur son visage et dans ses membres...

> L'ange le regardait les mains jointes. Enfin
> Une clarté, qu'eût pu jeter un séraphin,
> Sortit de ce grand front tout brûlé par les fièvres.
> Ainsi que deux rochers qui se fendent, ses lèvres
> S'écartèrent, un souffle orageux souleva
> Son flanc terrible; et l'ange entendit ce mot: — Va!

Le drame *Hors de la terre* se continue, ou, pour mieux dire, se reprend[1] par un nouveau mono-

---

1. L'intervalle devait être occupé par le livre III, *la Prison*, dont une centaine de vers seulement ont été écrits; puis vient la fin du poème, dernier morceau, *Hors de la terre*, sous ce titre : *Satan pardonné*.

logue de Satan, dans lequel nous retrouvons l'idée de l'existence éternelle du mal comme d'une borne de Dieu ; d'où l'impossibilité d'une telle essence, si Dieu est infini et si Dieu est amour. C'est Satan lui-même qui s'envisage sous cet aspect ; il voudrait encore et toujours haïr, et à la fin ne peut, et se croit haï de Dieu, qui cependant est tout amour :

> Oh ! l'essence de Dieu, c'est d'aimer. L'homme croit
> Que Dieu n'est comme lui qu'une âme, et qu'il s'isole
> De l'univers, poussière immense qui s'envole ;
> Mais moi, l'ennemi triste et l'envieux moqueur,
> Je le sais, Dieu n'est pas une âme, c'est un cœur.
> Dieu, centre aimant du monde, à ses fibres divines
> Rattache tous les fils de toutes les racines...
> Et ce cœur dans son gouffre a l'infini, — moins un !
> Moins Satan, à jamais rejeté, damné, morne.
> Dieu m'excepte. Il finit à moi. Je suis sa borne.
> Dieu serait infini si je n'existais pas.
> Je lui dis : Tu fis bien, Dieu, quand tu me frappas !
> Je ne t'accuse point, non ! mais je désespère !
> O sombre éternité, je suis le fils sans père.
> Du côté de Satan il est, mais n'est plus Dieu...
> O misère sans fond ! Écoutez ceci, sphères,
> Étoiles, firmaments, ô vieux soleils, mes frères,
> Vers qui monte en pleurant mon douloureux souhait,
> Cieux, azurs, profondeurs, splendeurs, — l'amour me hait !

Ce monologue est suivi de quelques vers seulement, sous ce titre : *Dieu parle dans l'infini*, avec lesquels se termine le poème :

> Non, je ne te hais point [1] !. . . . .
> Un ange est entre nous ; *ce qu'elle a fait te compte.*

---

1. Ces mots sont suivis dans le texte de deux lignes de points qui semblent indiquer une lacune, parce que le passage qui

L'homme, enchaîné par toi, par elle est délivré.
O Satan, tu peux dire à présent : Je vivrai !
Viens ; la prison détruite abolit la géhenne !
Viens ; *l'ange Liberté, c'est ta fille et la mienne.*
Cette paternité sublime nous unit.
L'archange ressuscite et le démon finit ;
Et j'efface la nuit sinistre, et rien n'en reste.
Satan est mort ; renais, ô Lucifer céleste !

Ces mots : *la prison détruite abolit la géhenne*, ne peuvent être qu'une allusion au livre de *la Prison*, dans lequel le poète comptait donner sans doute à l'ange Liberté une mission symbolique de délivrance de l'humanité. Le poème aurait ainsi péché moins qu'il ne paraît le faire par l'insuffisance du rôle visiblement trop court de cet ange dans l'œuvre universelle de la rédemption. Quoi qu'il en soit, les idées mises en évidence dans la conclusion se rattachent d'une manière générale à la légende traditionnelle de l'origine du mal, dans la doctrine mazdéenne, transmise et plus ou moins modifiée dans les religions postérieures. Il s'y joint l'idée, plus spécialement chrétienne, de la réversibilité du mérite, en ces mots si brefs : « ce qu'elle a fait te compte », mais il faut y signaler surtout la pensée profonde sur laquelle notre attention a déjà été appelée et qui nous revient à

---

suit laisse l'hémistiche isolé, et commence par un vers entier avec lequel aucun autre ne rime, contre l'usage de Victor Hugo quand il ne veut que marquer une suspension.

la fin, la pensée de la liberté comme fille à la fois de **Dieu** et du **Diable**.

Et maintenant, demandons-nous si nous devons voir dans ce poème l'inspiration d'un sentiment dualiste sur la nature, eu égard aux idées du bien et du mal? Le dualisme n'est pas la doctrine suivant laquelle le mal est, ainsi que le bien, un principe éternel, en ce sens que le mal n'aurait point commencé et ne finirait point. Si c'était cela, nulle doctrine ne mériterait mieux ce nom que l'évolutionisme, le système des évolutions éternellement périodiques. Mais, au contraire, les sectateurs de la doctrine dualiste la plus antique, et, plus tard, la plupart de ceux qu'on a nommés manichéens, nous l'avons déjà remarqué, paraissent avoir professé et que le mal a commencé : savoir avec la création, car ils admettaient une création, et que le mal finira : savoir par le triomphe de Dieu, l'auteur de tout bien. *La Fin de Satan* est donc certainement un poème dualiste. Il reste seulement à débrouiller, entre la poésie du poète et sa philosophie, la question difficile, posée par le symbolisme des personnages et des récits, par la réelle ou feinte personnalité du premier ou des premiers auteurs du mal dans le monde, et, avant tout, par celle du Créateur. Et il reste à rechercher si Victor Hugo n'a pas développé, en d'autres ouvrages, des idées d'une autre nature et d'une autre source que celles qu'on vient de voir, et qui seraient contradictoires avec celles-ci, ou bien près de l'être. En attendant, l'emploi du symbolisme dans toutes les parties de *la Fin de Satan* nous laisse dans la conviction fortifiée que le grand poète de la France est un homme qui appartient par l'esprit au cycle des Sanchoniathon et des mythographes de la Grèce antique, beaucoup plus qu'à la race des Boileau, des Racine et des Voltaire dans laquelle le sort l'a fait naître.

CHAPITRE V

Le messianisme. — Les âmes.

Victor Hugo a exprimé dans le livre V^e de son *William Shakespeare* l'étonnement du penseur au sujet de l'origine et de la nature de l'âme, et du mystère de l'apparition et de la prédestination des âmes. Il ne met point l'individualité en question; il l'exagère plutôt, par l'opinion exaltée qu'il a des grandes âmes, et de l'intervalle qui les sépare du commun des hommes. Il rapproche, et non sans raison, les idées de l'âme et de la monade (il dit l'atome), comme deux aspects opposés, qui cependant s'unissent, de la conception de l'être élémentaire; il se les représente l'un et l'autre comme immatériels; il use de termes assez clairs pour que nous puissions dire, sans rien forcer, qu'ils se traduisent métaphysiquement en la doctrine idéaliste suivant laquelle la monade et l'âme sont des points de vue de notre imagination pour envisager l'essence individuelle, en elle-même insaisissable. Ce n'est, il est vrai, qu'en passant qu'il se montre ainsi préoccupé du problème général de la production de l'individu pensant, avec des caractères innés, d'origine absolument cachée, et il arrive bientôt à des puérilités sur les rencontres accidentelles de la naissance des génies, *hommes plus qu'hommes*. L'étalage solennel de ses superstitions sur ce dernier chapitre ne doit pas cependant nous rendre insensibles à ce qui part chez lui d'un sentiment profond :

« La production des âmes, c'est le secret de l'abîme. *L'inné, quelle ombre!* qu'est-ce que cette condensation d'inconnu qui se fait dans les ténèbres, et d'où jaillit brusquement cette lumière, un génie? quelle est la règle de ces événements-là? O amour! Le cœur humain fait son œuvre sur la terre, cela émeut les profondeurs. Quelle est cette incompréhensible rencontre de la sublimation matérielle et de la sublimation morale en l'atome, indivisible au point de vue de la vie, incorruptible au point de vue de la mort? L'atome, quelle merveille! pas de dimension, pas d'étendue, ni hauteur, ni largeur, ni épaisseur, aucune prise à une mesure quelconque, et tout dans ce rien!

Pour l'algèbre, point géométrique. Pour la philosophie, âme. Comme point géométrique, base de la science; comme âme, base de la foi. Voilà ce que c'est que l'atome. Deux urnes, les sexes, puisent la vie dans l'infini, et le renversement de l'une dans l'autre produit l'être. Ceci est la norme pour tous, pour l'animal comme pour l'homme. Mais l'homme plus qu'homme, d'où vient-il?

« La suprême intelligence, qui est ici-bas le grand homme, quelle est la force qui l'évoque, l'incorpore et la réduit à la condition humaine? Quelle est la part de la chair et du sang dans ce prodige? Pourquoi certaines étincelles terrestres vont-elles chercher certaines molécules célestes? Où plongent ces étincelles? où vont-elles? comment s'y prennent-elles? Quel est ce don de l'homme de mettre le feu à l'inconnu? Cette mine, l'infini, cette extraction, un génie, quoi de plus formidable! d'où cela sort-il? Pourquoi, à un moment donné, celui-ci et non celui-là? Ici, comme partout, l'incalculable loi des affinités apparaît, et échappe. On entrevoit, mais on ne voit pas. O forgeron du gouffre, où es-tu? »

La question dont le poète croit entrevoir, en se flattant beaucoup, la réponse est, sous l'aspect psychique, celle-là même, avec un redoublement d'obscurité seulement, sur l'aspect physiologique de laquelle Charles Darwin a tenté de jeter quelque lumière par son ingénieuse hypothèse de la *pangénèse*[1]. Il s'agit, pour le naturaliste, de quelques molécules ancestrales, conservées et transmises, revenues au jour après des suites de générations, et sièges de qualités et de similitudes pour les descendants. Victor Hugo use du procédé théâtral : *Deus ex machina*, et envoie certaines étincelles terrestres, jaillies des unions d'amour, à la recherche, dans le ciel, des molécules qu'une mystérieuse affinité leur donne à incorporer pour la génération des génies. Il rompt, par cette imagination toute pure et qui ressemble à une métaphore, la grande solidarité humaine fondée sur la loi de l'hérédité ; et c'est pour satisfaire à une idée aussi vague et aussi arbitraire que celle du *génie*, terme prétentieux dont on est toujours à chercher la définition, qu'il viole cette loi et se jette dans la doctrine messianique !

« L'âme est-elle? première question. La persistance du moi est la soif de l'homme. Sans le moi persistant, toute la création n'est pour lui qu'un immense à quoi bon !... Et puis, deuxième question : y a-t-il de grandes âmes?

---

[1]. Ch. Darwin, *De la variation des animaux et des plantes*, chap. XXVII.

« Il semble impossible d'en douter. Pourquoi pas de grandes âmes dans l'humanité, comme de grands arbres dans la forêt, comme de grandes cimes sur l'horizon? On voit les grandes âmes comme on voit les grandes montagnes. Donc elles sont. Mais ici l'interrogation insiste : d'où viennent-elles? que sont-elles? qui sont-elles? Y a-t-il des atomes plus divins que d'autres? Cet atome, par exemple, qui sera doué d'irradiation ici-bas, celui-ci qui sera Thalès, celui-ci qui sera Eschyle... tous ces atomes, âmes en fonction sublime parmi les hommes, ont-ils vu d'autres univers et en apportent-ils l'essence sur la terre? Les esprits chefs, les intelligences guides, qui les envoie? qui détermine leur apparition? qui est juge du besoin actuel de l'humanité? qui choisit les âmes? qui fait l'appel des atomes? qui ordonne les départs? qui prémédite les arrivées? L'atome trait d'union, l'atome universel, l'atome lien des mondes, existe-t-il? N'est-ce point là la grande âme? »

Pour mettre en harmonie les mondes les uns avec les autres, les compléter, les stimuler au besoin, ne faut-il pas la fonction de « certains prédestinés, qui, momentanément et pendant leur passage humain, s'ignorent en partie eux-mêmes? Tel atome, moteur divin appelé âme, n'a-t-il pas pour emploi de faire aller et venir un homme solaire parmi les hommes terrestres? Puisque l'atome floral existe, pourquoi l'atome stellaire n'existerait-il pas? Cet homme solaire, ce sera tantôt le savant, tantôt le voyant... » — Suivent des énumérations de qualités et de personnages qui associent le génie mystique et le génie positif et toutes les sortes de fonctions. — « La vie de l'humanité marchera par eux. Le roulement de la civilisation sera leur tâche. Ces attelages d'esprits traîneront le char énorme. L'un dételé, l'autre repartira...

« Ces esprits missionnaires, ces légats de Dieu, ne portent-ils pas en eux une sorte de solution partielle de cette question si abstruse du libre arbitre? L'apostolat, étant un acte de volonté, touche d'un côté à la liberté, et, de l'autre, étant une mission, touche par la prédestination à la fatalité. Le volontaire nécessaire. Tel est le Messie, tel est le génie. » Mais, ô poète, ce n'est pas la *solution* qu'ils apportent, dans ces termes-là, ces Messies; c'est la *question*, qui se trouve posée en leurs personnes!

Il faut remarquer que, dans les pages d'où ceci est extrait, beaucoup de révélateurs et de *messies* sont nommés, et de beaucoup de sortes, les uns, personnages historiques, les autres non : Orphée avec Pythagore, Manou avec Zoroastre, avec Moïse et Mahomet; et puis des inventeurs et des artistes, des savants, des philosophes, des martyrs. On n'y trouve Jésus nommé qu'accessoirement. Il l'est dans ce trait : « L'adoucissement des mœurs humaines, commencé par le révélateur religieux, sera mené à fin par le raisonneur philosophique, de telle sorte que Voltaire continue Jésus. Leur œuvre concorde et coïncide. Si cette concordance dépendait d'eux, tous deux y résisteraient peut-être, l'un, l'homme divin, indigné dans son martyre, l'autre, l'homme humain, humilié dans son ironie; mais cela est. Quelqu'un qui est très haut l'arrange ainsi. »

Ailleurs, à la dernière page, à la dernière phrase de l'ouvrage, Jésus-Christ nous revient à l'improviste, avec la qualification d'*immense aurore*, à la suite de l'énumération des cinquante et un génies qui forment le *groupe sacré des vraies étoiles*. « La prodigieuse constellation, à chaque instant plus lumineuse, éclatante comme une gloire de diamants célestes, resplendit dans le clair de l'horizon et monte, mêlée à cette immense aurore, Jésus-Christ? » Ou nous nous trompons fort ou le messianiste a éprouvé un embarras qui se trahit par de la gaucherie, à classer le *Fils de l'homme* soit au nombre, soit à part de ces âmes peut-être descendues des autres mondes sur la terre[1].

Les rêveries sur les atomes stellaires, les effluves, les échanges de vertus entre les astres, sont bien connues pour la place qu'elles occupent dans l'utopie cosmique de Charles Fourier; mais celui-ci n'en est pas le premier inventeur, et il serait difficile de dire si elles sont venues de cette source, ou d'une autre, à Victor Hugo, dont l'érudition portait en grande partie sur de vieux livres curieux et oubliés. Un trait plus particulier, plus rare, et qui mérite d'être signalé, c'est l'idée qu'il n'y a pas seulement des astres disséminés dans l'espace sans fin, mais que, de plus, un même espace renferme des mondes qui se pénètrent et ne se perçoivent point mutuellement. Pourquoi pas une infinité encore, contenus les uns dans les autres? Victor Hugo ne pense point à cela; c'est la *pénétration* qui *donne le vertige* à son esprit; à moins bon titre assurément que ne ferait l'infinité, tant l'enveloppante que l'enveloppée, s'il y réfléchissait bien. Mais l'habitude du langage et des systèmes infinitistes est telle, en dépit des contradictions que l'analyse y peut dévoiler, que l'infini n'est plus qu'un mot dont la

---

1. *William Shakespeare*, 1re partie, liv. V.

pleine signification a cessé de sonner pour ceux qui le prononcent. Au contraire, l'idée, où il n'entre absolument rien de contradictoire, mais qui est peu commune, l'idée que des êtres réels pourraient être présents, nous entourer de toutes parts, et n'être point perçus nous confond d'étonnement.

« Le penseur qui va jusque-là n'est plus pour les autres hommes qu'un visionnaire. L'enchevêtrement nécessaire du perceptible et du non perceptible frappe de stupeur le philosophe. Cette plénitude est voulue par la toute-puissance, qui n'admet point de lacune. La pénétration des univers dans les univers fait partie de son infinitude. Dans le cosmos que la vision épie et qui échappe à nos organes de chair, les sphères entrent dans les sphères, sans se déformer, la densité des créations étant différente; de telle sorte que, selon toute apparence, à notre monde est inexprimablement amalgamé un autre monde, invisible pour nous invisibles pour lui [1]. »

Cette imagination de l'invisible est un don bien remarquable chez un poète doué au souverain degré de la vision nette et forte, et de l'imagination constamment juste des visibles. Peut-être

---

1. *William Shakespeare, ibid.*

a-t-elle contribué — ce n'est point alors un service qu'elle lui aurait rendu — à lui faciliter la conception objective de ses idées sur la matière animée, sur la vie et les intentions des éléments, et sur les métamorphoses des êtres, idées auxquelles le portait d'autre part son génie mythologique. Par exemple, l'observation si commune des similitudes du visage humain avec les traits de différents animaux, et celle des relations symboliques dont nous sommes frappés entre ces traits et tels et tels des vices des hommes, prennent dans l'esprit de Victor Hugo une forme réaliste : il voit l'animal même, dans l'homme; ou plutôt il voit dans l'âme de l'homme la réalité dont l'animal n'est que la représentation et l'ombre :

« Dans notre conviction, si les âmes étaient visibles aux yeux, on verrait distinctement cette chose étrange, que chacun des individus de l'espèce humaine correspond à quelqu'une des espèces de la création animale; et l'on pourrait reconnaître cette vérité, à peine entrevue par le penseur, que, depuis l'huître jusqu'à l'aigle, depuis le porc jusqu'au tigre, *tous les animaux sont dans l'homme*, et que chacun d'eux est dans un homme. Quelquefois même plusieurs d'entre eux à la fois.

« Les animaux *ne sont autre chose que les figures* de nos vertus et de nos vices, errantes devant nos yeux, les fantômes visibles de nos âmes. Dieu nous les montre pour nous faire réfléchir. Seulement, *comme les animaux ne sont que des ombres*, Dieu ne les a point fait éducables dans le sens complet du mot; à quoi bon? Au contraire, nos âmes étant des réalités et ayant une fin qui leur est propre, Dieu leur a donné l'intelligence, c'est-à-dire l'éducation possible. L'éducation sociale bien faite peut toujours tirer d'une âme, quelle qu'elle soit, l'utilité qu'elle contient.

« Ceci soit dit, bien entendu, au point de vue restreint de la vie terrestre apparente, et sans préjuger la question profonde de la personnalité antérieure ou ultérieure des êtres qui ne sont pas l'homme. Le moi visible n'autorise en aucune façon le penseur à nier le moi latent. Cette réserve faite, passons.

« Maintenant, continue Victor Hugo, si l'on admet un moment avec nous, que dans tout homme il y a une des espèces animales de la création, il nous sera facile de dire ce que c'était que l'officier de paix Javert [1]. » Il s'agit du personnage de roman si connu, que l'auteur compare à un chien fils d'une louve et portant une face humaine.

---

1. *Les Misérables*, 1re partie, V, 5.

Si l'on prenait dans leur rigueur logique ces mots : « ne sont autre chose que les figures... ne sont que les ombres... », il faudrait croire que Victor Hugo a entendu nier la vie des animaux, et rien n'est plus improbable. Il a sans doute voulu dire qu'ils n'existent pas *comme animaux*, comme essences propres, faits pour eux-mêmes, ayant à ce titre leurs fins, une intelligence et une éducabilité pour ces fins. Envisagés sous ce point de vue, ils sont des figures et des ombres ; cela n'est point contradictoire avec l'opinion que ces figures sont des formes matérielles données à des âmes, à des âmes humaines, alors ; en sorte qu'on peut dire à volonté, comme ici, *qu'il y a dans tout homme une espèce animale*, entendant par là que les qualités de l'âme d'un homme sont en correspondance réelle avec les manifestations des animaux de l'espèce dont il a plus ou moins la figure ; ou bien *qu'il y a dans tout animal un homme*, à savoir une âme humaine avec les qualités que cet animal manifeste, au lieu de ce qu'on croit à tort être une âme propre d'animal.

Cette interprétation met d'accord l'idée des animaux, comme pures formes et ombres, avec celle des incarnations et des métempsycoses réelles, et de l'existence réelle des êtres animés. Ceux-ci, considérés dans les âmes revêtues de ces formes, cessent d'être de simples figures ou fantômes ; c'est seulement leur matière, qui n'a rien de substantiel, et qui se réduit à des apparences variables selon les qualités bonnes ou mauvaises dont elles sont les signes. Nous savons que Victor Hugo ne voit pas la matière brute elle-même sous un aspect différent. Elle n'est à ses yeux qu'une enveloppe d'âme, et une apparence, un symbole de la chaîne qui les lie, et de la prison où elles sont enfermées.

On peut se demander s'il a vraiment cru cela. Nous ne connaissons pour notre part aucune raison d'en douter. Mais s'il ne l'a pas cru, tout ce qu'il a dit à ce sujet, en prose et en vers, est une confirmation merveilleuse de la disposition d'esprit mythologique à laquelle il s'est livré, et qui a fait de lui un poète si extraordinaire.

Quand il parle des animaux, il est, d'après ce qui précède, naturel qu'il leur prête des sentiments humains ; il prend ainsi l'inverse de la thèse cartésienne, qui permet, elle aussi, de les traiter d'ombres et d'apparences, mais apparences quant à l'esprit, réalités quant au corps. Il leur prête même des vertus, quoique en demi-plaisanterie ; mais l'hypothèse le permet, puisqu'il y a des traits de la face des animaux, ou de certains

d'entre eux qui symbolisent des qualités nobles
et des affections pures :

> O triste humanité, je fuis dans la nature
> Et, pendant que je dis : « Tout est leurre, imposture,
> Mensonge, iniquité, mal de splendeur vêtu ! »
> Mon chien Ponto me suit. Le chien, c'est la vertu
> Qui, ne pouvant se faire homme, s'est faite bête.
> Et Ponto me regarde avec son œil honnête [1].

La bonté envers les animaux, que Victor Hugo recommande partout, mais en termes plus touchants peut-être, en images plus saisissantes qu'ailleurs, dans la pièce si belle du *Crapaud*, il en tire le sentiment et le précepte de la contemplation de la souffrance humaine dans l'animal. Et, humaine qu'elle soit, comme elle l'est suivant lui, ou seulement semblable à l'humaine, représentation tout au moins de celle-ci, le devoir d'y compatir, et de n'en être jamais gratuitement la cause, en ressort toujours, selon nous. Mais selon lui, nous l'avons vu plus haut, c'est bien humaine qu'elle est, et humainement douloureuse, avec le caractère d'une peine subie et consciente : « Près d'une ornière, au bord d'une flaque de pluie, Un crapaud regardait le ciel, bête éblouie [2]... » Laissons ce morceau, sa suite, que

---

1. *Les Contemplations*, V, 11.
2. *La Légende des siècles*, 1re partie, III, 2.

tout le monde connaît, pour un autre qui réunit, à un très haut degré encore, tous les genres de beautés :

> Le pesant chariot porte une énorme pierre ;
> Le limonier suant du mors à la croupière,
> Tire, et le roulier fouette, et le pavé glissant
> Monte, et le cheval triste a le poitrail en sang.
> Il tire, traîne, geint, tire encore et s'arrête ;
> Le fouet noir tourbillonne au-dessus de sa tête ;
> C'est lundi ; l'homme hier buvait aux Porcherons
> Un vin plein de fureur, de cris et de jurons ;
> Oh ! quelle est donc la loi formidable qui livre
> L'être à l'être, et la bête effarée à l'homme ivre !
> L'animal éperdu ne peut plus faire un pas ;
> Il sent l'ombre sur lui peser ; il ne sait pas,
> Sous le bloc qui l'écrase et le fouet qui l'assomme,
> Ce que lui veut la pierre et ce que lui veut l'homme.
> Et le roulier n'est plus qu'un orage de coups...
> Si la corde se casse, il frappe avec le manche,
> Et si le fouet se casse, il frappe avec le pié ;
> Et le cheval, tremblant, hagard, estropié,
> Baisse son cou lugubre et sa tête égarée ;
> On entend sous les coups de la botte ferrée,
> Sonner le ventre nu du pauvre être muet !
> Il râle ; tout à l'heure encore il remuait ;
> Mais il ne bouge plus, et sa force est finie ;
> Et les coups furieux pleuvent ; son agonie
> Tente un dernier effort ; son pied fait un écart,
> Il tombe, et le voilà brisé sous le brancard ;
> Et, dans l'ombre, pendant que son bourreau redouble,
> *Il regarde Quelqu'un de sa prunelle trouble ;*
> Et l'on voit lentement s'éteindre, humble et terni,
> *Son œil plein des stupeurs sombres de l'infini,*
> *Où luit vaguement l'âme effrayante des choses.*
> Hélas [1] !
> ... Homme ! autour de toi la création rêve.

---

1. *Les Contemplations*, III, 2 : « *Melancholia* ».

Mille êtres inconnus t'entourent dans ton mur.
Tu vas, tu viens, tu dors sous leur regard obscur,
Et tu ne les sens pas vivre autour de ta vie :
Toute une légion d'âmes t'est asservie;
Pendant qu'elle te plaint, tu la foules aux pieds...
Pendant que tu maudis et pendant que tu nies,
Pendant que tu dis : Non! aux astres; aux génies :
Non! à l'idéal : Non! à la vertu : Pourquoi?...
Et que tu dis : Que sais-je? amer, froid, mécréant,
Prostituant ta bouche au rire du néant,
A travers le taillis de la nature énorme,
Flairant l'éternité de son museau difforme,
Là, dans l'ombre, à tes pieds, homme, ton chien voit Dieu [1].

Certains voient là des superstitions ou des puérilités ; ces termes ne sont pas ceux dont il faut se servir, pour qualifier de telles imaginations, même quand on y a l'esprit le plus rebelle, pourvu qu'elles se maintiennent dans un degré de généralité qui les met au rang d'hypothèses philosophiques et religieuses très connues et très considérables. Mais les hypothèses perdent leur gravité et leur sérieux dès qu'elles s'offrent avec des applications particulières entièrement gratuites. Il y a puérilité, par exemple, à regarder comme des années singulières l'année 1642, parce que Galilée y meurt et que Newton y naît; et 1616, parce que Shakespeare et Cervantes y meurent l'un et l'autre, et presque à la même heure; et de voir là du mystère, et de s'étonner de ce qu'il n'y

---

1. *Les Contemplations*, VI, 26 : « Ce que dit la Bouche d'ombre ».

a dans cette coïncidence « aucune logique apparente »; car, à supposer qu'il y ait une loi messianique réglant les arrivées et les départs des âmes exceptionnelles, et les liant, dans le corps solidaire de l'humanité, les unes aux autres, il est bien trop manifeste que la profondeur et la complexité de cette loi la font échapper à des velléités d'observations de cette sorte.

Les rapprochements deviennent décidément une offense au bon sens, quand, après avoir fait la remarque, qui ne semble qu'insignifiante, qu'Alexandre naquit la nuit même où brûla le temple d'Éphèse, on ajoute sérieusement cette question : « Quel lien entre ce temple et cet homme? Est-ce l'esprit conquérant et rayonnant de l'Europe, qui, *détruit sous la forme chef-d'œuvre, reparaît sous la forme héros*? Car n'oubliez pas que Ctésiphon est l'architecte grec du temple d'Éphèse [1]. »

C'est une grande source de poésie, mais c'est aussi l'ouverture aux plus étranges superstitions, que de pousser la méthode des personnifications et des métamorphoses jusqu'à prêter une âme et des intentions aux éléments. Si Victor Hugo n'avait vu là rien de plus que des fictions poéti-

---

1. *William Shakespeare*, 1re partie, liv. V.

ques, aurait-il écrit à propos de Waterloo et de la chute de Napoléon en 1815 : « La mauvaise volonté des éléments s'était annoncée de longue date... Probablement les principes et les éléments, d'où dépendent les gravitations régulières dans l'ordre moral comme dans l'ordre matériel, se plaignaient... Il y a, quand la terre souffre d'une surcharge, de mystérieux gémissements de l'ombre, que l'abîme entend [1]! » On doit croire que, même au sujet d'un personnage de roman, il ne pensait pas se livrer à des idées tout à fait absurdes en écrivant ceci : « Il est étrange de penser que la mer, le vent, les espaces, les flux et les reflux, les orages, les calmes, les souffles peuvent se donner beaucoup de peine pour arriver à faire le bonheur d'un méchant » ; — il s'agit de l'arrivée fortuite aux mains de *Barkilphedro*, d'une bouteille goudronnée que des naufragés avaient jetée à la mer longtemps auparavant. — « Cette complicité avait duré quinze ans. Œuvre mystérieuse. Pendant ces quinze années, l'Océan n'avait pas été une minute sans y travailler. Les flots s'étaient transmis l'un à l'autre la bouteille surnageante, les écueils avaient esquivé le choc du verre... Que de soins l'abîme avait dû se donner ! Et de cette façon,

---

1. *Les Misérables*, 1re partie, I, 9.

ce que Gernardus avait jeté à l'ombre, l'ombre l'avait remis à Barkilphedro, et le message envoyé à Dieu était parvenu au démon. Il y avait eu abus de confiance dans l'immensité, et l'ironie obscure mêlée aux choses s'était arrangée de telle sorte qu'elle avait compliqué ce triomphe loyal, l'enfant perdu Gwynplaine redevenant lord Clancharlie, d'une victoire venimeuse ; qu'elle avait fait méchamment une bonne action, et qu'elle avait mis la justice au service de l'iniquité... l'Océan se faisant père et mère d'un orphelin,... le petit, le faible, l'abandonné ayant l'infini pour tuteur ; voilà ce que Barkilphedro eût pu voir dans l'événement dont il triomphait ; voilà ce qu'il ne vit pas. Il ne se dit point que tout avait été fait pour Gwynplaine ; il se dit que tout avait été fait pour Barkilphedro. Tels sont les satans [1]. »

Dans l'une des nombreuses pièces qu'il a écrites contre l'échafaud, Victor Hugo attribue curieusement la malveillance aux flots et aux rochers, sinistres imitateurs de la méchanceté des hommes [2] :

> Les flots sont insensés, mais les hommes sont fous.
> Vous donnez le mauvais exemple aux mers sauvages ;
> Vous leur montrez la mort debout sur vos rivages ;

---

1. *L'Homme qui rit*, 2º partie, V, 2.
2. *Les Quatre Vents de l'esprit*, I, 15 : « le Mont aux Pendus ».

> Vous mettez un gibet sur la falaise; alors
> Ne vous étonnez point d'avoir, près de vos ports,
> Épiant vos départs comme vos arrivées,
> *Des roches sans pitié que l'homme a dépravées.*

S'il y a de l'intention dans les éléments, il peut y avoir de la responsabilité aussi.

> Ah! n'est-ce pas, Dieu sublime,
> Dieu qui fis l'arche et le pont,
> Que tout naufrage est un crime
> Et que *quelqu'un* en répond?
> S'il manque une seule tête,
> *Tu puniras la tempête*;
> Tu sais, toi qui nous défends,
> Et qui fouilles tous les repaires,
> Le compte de tous les pères,
> Le nom de tous les enfants [1]!

Et s'il y a responsabilité, il doit y avoir liberté. « Il fait nuit; une main pose une chandelle, vil suif devenu étoile, au bord d'une ouverture dans les ténèbres. Le phalène y va. Dans quelle mesure est-il responsable? Le regard du feu fascine le phalène, de même que le regard du serpent fascine l'oiseau. Que le phalène et l'oiseau n'aillent point là, cela leur est-il possible? *Est-il possible à la feuille de refuser obéissance au vent? Est-il possible à la pierre de refuser obéissance à la gravitation?* — Questions matérielles, qui sont aussi des questions morales [2]. »

---

1. *Les Quatre Vents de l'esprit*, III, 40.
2. *L'Homme qui rit*, 2ᵉ partie, V, 5.

Ainsi Victor Hugo ne craint pas d'envisager sérieusement la possibilité du libre arbitre pour les objets les plus manifestement inanimés. Comment ne pas citer à ce sujet une page caractéristique, qui, en trahissant les fortes émotions du poète devant les convulsions des éléments, explique ce qu'il y a d'explicable dans une manière de sentir si *primitive*. Nous n'abrégerons, cette fois, que le moins possible. Le titre du chapitre est « Horreur sacrée » :

« Le rugissement de l'abîme, rien n'est comparable à cela. C'est l'immense voix bestiale du monde. Ce que nous appelons la matière, cet organisme insondable, cet amalgame d'énergies incommensurables où parfois on distingue une quantité imperceptible d'intention qui fait frissonner, ce cosmos aveugle et nocturne, ce Pan incompréhensible, a un cri, cri étrange, prolongé, obstiné, continu, qui est moins que la parole et plus que le tonnerre. Ce cri, c'est l'ouragan. Les autres voix, chants, mélodies, clameurs, verbes, sortent des nids, des couvées, des accouplements, des hyménées, des demeures; celle-ci, trombe, sort de ce Rien qui est Tout. Les autres voix expriment l'âme de l'univers; celle-ci exprime le monstre. C'est l'informe, hurlant. C'est l'inarticulé parlé par l'indéfini. Chose pathétique et terrifiante. *Ces rumeurs dialoguent au-dessus et au delà de l'homme.* Elles s'élèvent, s'abaissent, ondulent, déterminent des flots de bruit, font toutes sortes de surprises farouches à l'esprit, tantôt éclatent tout près de notre oreille avec une importunité de fanfare, tantôt ont l'enrouement rauque du lointain ; brouhaha vertigineux qui ressemble à un langage, et qui est un langage en effet ; *c'est l'effort que fait le monde pour parler,* c'est le bégayement du prodige. Dans ce vagissement se manifeste confusément tout ce qu'endure, subit, souffre, accepte et rejette l'énorme palpitation ténébreuse... Par moments on entrevoit une revendication de l'élément, *on ne sait quelle velléité de reprise du chaos sur la création.* Par moments, c'est une plainte, l'espace se lamente et se justifie, c'est quelque chose comme la cause du monde plaidée ; *on croit deviner que l'univers est un procès* ; on écoute, on tâche de saisir les raisons données ; le pour et contre redoutable ; tel gémissement de l'ombre a la ténacité d'un syllogisme. Vaste trouble pour la pensée. *La raison d'être des mythologies et des polythéismes est là.* A l'effroi de ces grands murmures s'ajoutent des profils surhumains sitôt évanouis qu'aperçus, des Euménides à peu près distinctes, des gorges de furies dessinées dans les nuages, des chimères plutoniennes presque affirmées. Aucune horreur n'égale ces sanglots, ces rires, ces souplesses du fracas, ces demandes et ces réponses indéchiffrables, ces appels à des auxiliaires inconnus... Vociférations de précipice à précipice, de l'air à l'eau, du vent au flot, de la pluie au rocher, du zénith au nadir, des astres aux écumes, la muselière du gouffre défaite, tel est ce tumulte, *compliqué d'on ne sait quel démêlé mystérieux avec les mauvaises consciences...*

« Dans l'ombre infinie et indéfinie, il y a quelque chose, ou quelqu'un, de vivant ; mais ce qui est vivant là fait partie de notre mort. Après notre passage terrestre, quand cette ombre sera pour nous de la lumière, la vie qui est au delà de notre vie nous saisira. En attendant, il semble qu'elle nous tâte. L'obscurité est une pression. La nuit est une sorte de mainmise sur notre âme. A de certaines heures hideuses et solennelles nous sentons ce qui est derrière le mur du tombeau empiéter sur nous.

« Jamais cette proximité de l'inconnu n'est plus palpable que dans les tempêtes de mer... *Ce mystère, la tempête, accepte et exécute, à chaque instant, on ne sait quels changements de volonté, apparents ou réels.* Les poètes ont de tout temps appelé cela le caprice des flots. — Mais le caprice n'existe pas. — Les choses déconcertantes que nous nommons, dans la nature, caprice, et, dans la destinée, hasard, sont des tronçons de loi entrevus[1]. » L'ensemble du passage montre assez que le mot *loi*, dans la dernière phrase, signifie encore la volonté de *quelqu'un*; et, du reste, on peut douter que Victor Hugo ait compris ou seulement connu l'acception scientifique de ce mot. Quand il appelle l'univers un *procès*, c'est *lis*, et non *processus* ou *evolutio*, qu'il veut dire.

Citons un dernier trait, relatif aux phénomènes du sommeil, des songes et de la peur. Un enfant égaré, épuisé de fatigue, traverse de nuit une ville où tout est clos, où tout dort, où il ne parvient pas à se faire entendre :

« Le petit errant subissait la pression indéfinissable de la ville endormie. Ces silences de fourmilière paralysée *dégagent du vertige*. Toutes ces léthargies mêlent leurs cauchemars, ces sommeils sont une foule, et *il sort de ces corps humains gisants une fumée de songes*. Le sommeil a de sombres voisinages hors de la vie; la pensée décomposée des endormis flotte au-dessus d'eux, vapeur vivante et morte, *et se combine avec le possible, qui pense probablement aussi dans l'es-*

---

[1]. *L'Homme qui rit*, 1ʳᵉ partie, II, 7.

pace. De là des enchevêtrements. Le rêve, ce nuage, superpose ses épaisseurs et ses transparences à cette étoile, l'esprit. Au-dessus de ces paupières fermées où la vision a remplacé la vue, une désagrégation sépulcrale de silhouettes et d'aspects se dilate dans l'impalpable. Une dispersion d'existences mystérieuses s'amalgame à notre vie par ce bord de la mort qui est le sommeil. *Ces entrelacements de larves et d'âmes sont dans l'air.* Celui même qui ne dort pas sent peser sur lui ce milieu plein d'une vie sinistre. La chimère ambiante, réalité devinée, le gêne. L'homme éveillé *qui chemine à travers les fantômes du sommeil des autres* refoule confusément des formes passantes, a, ou croit avoir, *la vague horreur des contacts hostiles de l'invisible*, et sent à chaque instant la poussée obscure d'une rencontre inexprimable qui s'évanouit. Il y a des effets de forêt dans cette marche au milieu de la diffusion nocturne des songes. — C'est ce qu'on appelle avoir peur sans savoir pourquoi[1]. »

Ce réalisme appliqué aux plus fuyants phénomènes s'exprime par des images dont il faut admirer l'impressionnante justesse, même là où elles étonnent le plus ; mais, assurément, celle de

---

1. *L'Homme qui rit*, 1ʳᵉ partie, III, 4.

l'*étoile* à laquelle se superposent *les épaisseurs et les transparences de nuage du rêve*, n'est pas moins remarquable pour le rendu exact d'un fait psychique, autant que le peuvent atteindre les métaphores du langage, que comme pure poésie. Ajoutons, ce qu'il serait facile, mais trop long, de prouver par des citations, que l'analyse psychologique des impressions et des sentiments des personnages de roman, dans *les Misérables*, dans *les Travailleurs de la mer*, dans *l'Homme qui rit*, est toujours vraie et pénétrante, quelque extraordinaires ou fantastiques que soient les circonstances où les place le narrateur, et les émotions qu'il en tire pour lui-même et cherche à nous communiquer. L'enfant perdu, qui rencontre le cadavre d'un pendu oscillant dans l'obscurité, cet enfant, Gwynplaine, épuisé de veilles, de fatigues et d'émotions, devenu pair du royaume et soumis aux tentations d'un nouvel état, est aussi bien vu et approfondi en ses pensées, par l'auteur qui invente pour lui ces situations, que s'il n'y avait pas à sortir, pour les peindre, du théâtre ordinaire des passions où tout homme a pu apprendre de sa propre expérience ce qu'on y éprouve. C'est le même talent d'artiste assimilateur et *inventeur* de sentiments *vrais*, qu'on admire dans *le Dernier jour d'un condamné*, dans *la Tem-*

pête sous un crâne, et dans tout ce qui se rapporte à la psychologie descriptive du criminel. Il y a autant de vérité simple et saisissante dans la peinture des terreurs de l'enfant devant le gibet, dans l'ombre, que de fantaisie et de virtuosité dans les détails horribles et dans les fictions bizarres qui nous traduisent les sentiments du poète : « Cet être expiré était dépouillé. Dépouiller une dépouille, inexorable achèvement. Sa moelle n'était pas dans ses os, ses entrailles n'étaient plus dans son ventre, sa voix n'était plus dans son gosier. Un cadavre est une poche que la mort retourne et vide. S'il avait eu un moi, où ce moi était-il ? *Là encore peut-être*, et c'était poignant à penser. Quelque chose d'errant autour de quelque chose d'enchaîné... La vaste dispersion l'usait silencieusement, etc., etc. » (longue suite d'images sur l'*Arbre d'invention humaine*, la potence, et sur la *Bataille entre la mort et la nuit*[1]).

L'homme que Victor Hugo appelle *le songeur*, et qui, remarquons-le, n'est pas le même que *le penseur*, est celui qui s'exalte à la pensée des inconnus, des possibles que l'imagination se peut peindre réels dans l'ordre de la création. C'est celui qui contemple le mystère, est saisi de

---

1. *L'Homme qui rit*, 1re partie, I, 5 et 6.

l'*horreur sacrée*, sent *l'immensité lui monter à la tête*.

« Les conjectures tremblent, les doctrines frissonnent, les hypothèses flottent ; toute la philosophie humaine vacille, devant cette ouverture... De toutes parts les épaisseurs des effets et des causes, amoncelées les unes derrière les autres, vous enveloppent de brume. L'homme qui ne médite pas vit dans l'aveuglement, l'homme qui médite vit dans l'obscurité. Nous n'avons que le choix du noir. Dans ce noir, qui est jusqu'à présent presque toute notre science, l'expérience tâtonne, l'observation guette, la supposition va et vient. Si vous y regardez très souvent, vous devenez *vates*. La vaste méditation religieuse s'empare de vous.

« Tout homme a en lui son Pathmos. Il est libre d'aller ou de ne point aller sur cet effroyable promontoire de la pensée d'où l'on aperçoit les ténèbres. S'il n'y va point, il reste dans la vie ordinaire, dans la conscience ordinaire, dans la vertu ordinaire, dans la foi ordinaire où dans le doute ordinaire ; et c'est bien. Pour le repos intérieur, c'est évidemment le mieux. S'il va sur cette cime, il est pris. Les profondes vagues du prodige lui ont apparu. Nul ne voit impunément cet océan-là. Désormais il sera le *penseur dilaté, agrandi, mais flottant; c'est-à-dire le songeur.* Il touchera par un point au poète, et par l'autre au prophète. Une certaine quantité de lui appartient maintenant à l'ombre. L'illimité entre dans sa vie, dans sa conscience, dans sa vertu, dans sa philosophie... Il vit dans la prière diffuse, se rattachant, chose étrange, à une *certitude indéterminée qu'il appelle Dieu*. Il distingue dans ce crépuscule assez de la vie antérieure et assez de la vie ultérieure pour saisir ces deux bouts de fil sombre et y renouer son âme... Il s'obstine à cet abîme attirant, à ce sondage de l'inexploré, à ce désintéressement de la terre et de la vie, à cette entrée dans le défendu, à cet effort pour tâter l'impalpable, à ce regard sur l'invisible, il y vient, il y retourne, il s'y accoude, il s'y penche, il y fait un pas, puis deux, et c'est ainsi qu'on pénètre dans l'impénétrable, et c'est ainsi qu'on va dans les élargissements sans bords de la méditation infinie.

« Qui y descend est Kant; qui y tombe est Swedenborg.

« Garder son libre arbitre dans cette dilatation, c'est être grand. Mais, si grand qu'on soit, on ne résout pas les problèmes. On presse l'abîme de questions. Rien de plus. Quant aux réponses, elles sont là, mais mêlées à l'ombre. Les énormes linéaments des vérités semblent parfois apparaître un instant, puis rentrent et se perdent dans l'absolu[1]. »

Il y a des mots profonds dans ce curieux passage, le plus propre, selon nous, à expliquer la situation réelle de Victor Hugo vis-à-vis de la pensée philosophique. Il a fortement *senti* les problèmes supérieurs de la vie et de la destinée, c'est incontestable : fortement, et mieux, ou plus réellement, que tels philosophes qui se flattent de les avoir *compris* et résolus. Il s'est fait une idée juste de la relation de la croyance avec la volonté, avec les tentations d'affirmer, devant « l'étendue du possible ». Car « le rêve qu'on a en soi on le retrouve hors de soi », dit-il. Il a vu aussi que certains penseurs descendaient dans l'abîme et savaient s'y conduire, découvrant ou ne découvrant pas, mais gardant leur raison ; et il a nommé Kant. Il a vu que d'autres étaient entraînés par le vertige de leur rêve. Mais là, avec Swedenborg, excellemment pris pour exemple, il aurait dû classer les *prophètes*, sans distinction de bien ou de mal inspirés, trouveurs ou non de *vérités vraies*, pourvu qu'ils aient été de bonne foi, parce que leur méthode pour croire est la même. Il s'est imaginé, enfin, que son propre état d'esprit, devant le mystère

---

1. *William Shakespeare,* 1re partie, liv. V.

universel, l'état du *poète*, tenait de celui du *prophète* ; et il s'est trompé en cela ; il est bien complètement resté poète, parce qu'il est resté, quoique *songeur*, sur la défensive contre la *foi absolue* dans le songe, et que, toujours artiste, il s'est livré au *jeu* de l'idée, au *jeu* du sentiment, à ce jeu sérieux qui est l'art, et qui a sa sincérité propre, au lieu de permettre aux images de l'halluciner, aux possibles imaginés de lui *informer* exclusivement la tête. S'il en eût été autrement, si Victor Hugo avait glissé dans le *vates*, nous n'aurions plus eu le *poïètès*. Là où il nous paraît le plus manifestement avoir *manqué de raison*, nous devons trouver l'occasion d'admirer le plus la *force de raison* qui a permis à cet homme d'une imagination sans bornes de résister à l'obsession des idées délirantes qui subjuguèrent l'esprit de son frère Eugène, et qui durent à certains moments le hanter lui-même. Eugène avait reçu le même génie en don.

> Puisqu'il plut au Seigneur de te briser, poète ;
> Puisqu'il plut au Seigneur de comprimer ta tête
> De son doigt souverain,
> D'en faire une urne sainte à contenir l'extase,
> D'y mettre le génie, et de sceller ce vase
> Avec un sceau d'airain ;
>
> Puisque le Seigneur Dieu t'accorda, noir mystère !
> Un puits pour ne point boire, une voix pour te taire,

>   Et souffla sur ton front,
> Et comme une nacelle errante et d'eau remplie,
> Fit rouler ton esprit à travers la folie,
>   Cet océan sans fond ;
>
> Puisqu'il voulut ta chute, et que la mort glacée
> Seule te fit revivre en rouvrant ta pensée
>   Pour un autre horizon ;
> Puisque Dieu, t'enfermant dans la cage charnelle,
> Pauvre aigle, te donna l'aile et non la prunelle,
>   L'âme et non la raison ;
>
> Tu pars du moins, mon frère, avec ta robe blanche [1]...

---

[1]. *Les Voix intérieures*, XXIX : « A Eugène, vicomte H. » — La pièce n'est pas seulement tout entière très belle, mais peut-être ce que Victor Hugo a écrit de plus touchant. On peut y joindre les strophes singulièrement émouvantes de celle qui a pour titre : « Charles Vacquerie », dans le livre IV des *Contemplations*, « *Pauca meæ* », et plusieurs passages de la dernière du même recueil, « A celle qui est restée en France ».

CHAPITRE VI

Les mages.

Le songeur, que Victor Hugo définit un *penseur agrandi*, touchant *par un point au poète et par l'autre au prophète*, est aussi, comme il le dit, un penseur *flottant*, mais cette dernière épithète, qui convient à ses propres pensées, les met au plus loin possible de la *prophétie*. Le prophète, s'il n'était croyant déterminé, et souverainement affirmatif, ôterait toute force à ses révélations par une attitude variable ou suspensive. Aussi les prophètes proprement dits et les révélateurs n'entrent-ils que pour une part dans le panthéon messianique des *mages* de notre poète, et ils y entrent en dépit de la discordance des idées qu'ils ont pu mettre au monde, et dans la compagnie des esprits de toute humeur, réunis en un vaste syncrétisme poétique. On n'a pas assez admiré la forme éclatante, les traits merveilleux, si abondants, de cette composition incomparable, parce que le genre d'inspiration en a été trop au-dessus du goût du public, même du plus lettré, et que le ridicule, instrument de dépréciation très efficace, heureusement transitoire, y a trouvé ample matière à s'exercer. C'est une sorte d'éjaculation triomphante, une apostrophe continue, à la gloire des poètes, penseurs, artistes, inventeurs et rêveurs humains, de tous les domaines et de tous les temps : les Virgile et les Isaïe, les Socrate et les saint Paul, les Hésiode, les Manès et les Épicure; Lucrèce, Euclide, Newton, Beethoven, Michel-Ange, et jusqu'à Piranesi, avec les personnages mythiques Orphée, Zoroastre et Manou! Moïse, Pythagore et Platon s'y rencontrent avec Horace et Arioste; Baruch et Job y prophétisent auprès de Voltaire et de Rousseau. Les martyrs qui ont créé de la joie ont eux-mêmes un couplet dans ces prodigieuses litanies humanitaires :

> Et voilà les prêtres du rire :
> Scarron, noué dans les douleurs,
> Ésope que le fouet déchire,
> Cervante aux fers, Molière en pleurs ;
> Le désespoir et l'espérance ;
> Entre Démocrite et Térence,
> Rabelais, que nul ne comprit ;
> Il berce Adam pour qu'il s'endorme,
> Et son éclat de rire énorme
> Est un des gouffres de l'esprit.

Le poète passe en revue et caractérise par des traits rapides — on voudrait qu'ils fussent justes toujours, autant qu'ils sont admirables — toutes les grandes illustrations de l'histoire humaine; mais ses ardentes préférences sont pour les génies qu'il peut revêtir d'une auréole esthétique de sublimité, et se figurer livrés à la contemplation du mystère insondable :

> Comme ils regardent ces messies !
> Oh! comme ils songent effarés !
> Dans les ténèbres épaissies
> Quels spectateurs démesurés !
> Oh ! que de têtes stupéfaites !
> Poètes, apôtres, prophètes,
> Méditant, parlant, écrivant,
> Sous des suaires, sous des voiles,
> Les plis des robes pleins d'étoiles,
> Les barbes au gouffre du vent !
>
> Savent-ils ce qu'ils font eux-même,
> Ces acteurs du drame profond ?
> Savent-ils leur propre problème?
> Ils sont. Savent-ils ce qu'ils sont?
> Ils sortent du grand vestiaire
> Où, pour s'habiller de matière,
> Parfois l'ange même est venu.
> Graves, tristes, joyeux, fantasques,
> Ne sont-ils pas les sombres masques
> De quelque prodige inconnu ?

Ces hommes sont vraiment les prêtres de l'humanité; Dieu les a marqués du signe du génie, dans cette profondeur de préparation des généra-

tions humaines où chacun de nous a son caractère
et sa mission écrits :

> Pourquoi donc faites-vous des prêtres
> Quand vous en avez parmi vous?
> Les esprits conducteurs des êtres
> Portent un signe sombre et doux.
> Nous naissons tous ce que nous sommes.
> Dieu de ses mains sacre des hommes,
> Dans les ténèbres des berceaux ;
> Son effrayant doigt invisible
> Écrit sous leur crâne la Bible
> Des arbres, des monts et des eaux...
>
> Ce sont les sévères artistes
> Que l'aube attire à ses blancheurs,
> Les savants, les inventeurs tristes,
> Les puiseurs d'ombre, les chercheurs,
> Qui ramassent dans les ténèbres
> Les faits, les chiffres, les algèbres,
> *Le nombre où tout est contenu,*
> Le doute où nos calculs succombent,
> Et tous les morceaux noirs qui tombent
> Du grand fronton de l'inconnu !

C'est une vraie pensée pythagoricienne, que
Victor Hugo exprime par ce vers : « le nombre où
tout est contenu » ; et elle n'est point isolée chez
lui ; « Dieu, par qui la forme sort du nombre »,
dit-il ailleurs ; et encore : « L'homme, le chiffre
élu, tête auguste du nombre ». Un commencement
d'études mathématiques avait suffi pour imprimer
dans cet esprit, qui d'ailleurs s'était refusé aux
assujettissements de l'étude, le sentiment juste de
l'ordre du monde considéré comme une fonction

algébrique. Aussi accorde-t-il une part dans l'extase aux *mages* du calcul :

> Avec sa spirale sublime,
> Archimède, sur son sommet,
> Rouvrirait le puits de l'abîme
> Si jamais Dieu le refermait ;
> Euclide a les lois sous sa garde ;
> Kopernic, éperdu, regarde,
> Dans les grands cieux aux mers pareils,
> Gouffre où voguent des nefs sans proues,
> Tourner toutes ces sombres roues
> Dont les moyeux sont des soleils.

Mais son ravissement est surtout pour les génies qu'il peut envisager sous un aspect théâtral, comme les « acteurs du drame profond », les « splendides histrions », chargés de rôles dans cette immense représentation qui est le monde : « Ils ont leur rôle ; ils ont leur forme ; Ils vont, vêtus d'humanité, Jouant la comédie énorme de l'homme et de l'éternité ;... Ah ! ce qu'ils font est l'œuvre auguste. Ces histrions sont les héros ! Ils sont le vrai, le saint, le juste, Apparaissant à nos barreaux. Nous sentons, dans la nuit mortelle, La cage en même temps que l'aile ; Ils nous font respirer un peu ; Ils sont lumière et nourriture ; Ils donnent aux cœurs la pâture, Ils émiettent aux âmes Dieu... » Ils sont tous là, Christ à leur tête, Homère au milieu, *les combattants des idées, les gladiateurs de Dieu* ; mais quelle que soit leur mission, les premiers de ces hommes sont les contemplateurs du souverain mystère; ils savent l'*ombre* et ils savent la *religion*. Ces penseurs, ces lutteurs sont les *seuls pontifes*. Après la terre le ciel, où la pensée s'abîme :

> Allez, prêtres ! Allez, génies !
> Cherchez la note humaine, allez,
> Dans les suprêmes symphonies
> Des grands abîmes étoilés !
> En attendant l'heure dorée,
> L'extase de la mort sacrée,
> Loin de nous, troupeaux soucieux,
> Loin des lois que nous établîmes,
> Allez goûter, vivants sublimes,
> L'évanouissement des cieux !

La foi humanitaire, le culte des grands hommes, la doctrine du progrès rapprochent de la religion positiviste le messianisme de Victor Hugo. Mais le sentiment vrai de la nature du mal, qui n'est pas un *degré moindre* du bien, mais une *dégradation*, la ferme croyance en un mystère divin, en la distribution des missions, en la destinée des âmes, ces points capitaux, du côté du poète, interdisent toute assimilation au positivisme. Ils permettent un autre rapprochement. Les génies qui, suscités des profondeurs du séminaire des grandes âmes, viennent sur la terre où ils prennent des rôles de prophètes, d'inventeurs et de prêtres, et sont ramenés dans la paix sereine du blanc abîme par la contemplation, par l' « extase de la mort sacrée », nous rappellent les bouddhas et leur ciel, le nirvana. L'esprit général des visions sur les rapports de l'humanité commune avec des âmes humaines supérieures les rattache au moins à la doctrine bouddhique, dite du *grand véhicule*, développement transcendant du bouddhisme primitif, retour partiel aux croyances et aux superstitions, transformées, il est vrai, dont Çakia-Mouni avait cru affranchir la conscience en lui donnant pour fin le nirvana. Mais les idées religieuses de Victor Hugo étaient reliées par la tradition, et sans doute aussi par une autre de ses pentes propres, à des doctrines de solidarité et de déchéance pour lesquelles le messianisme bouddhique n'a point d'affinité.

Il est remarquable que de quatre-vingts, ou environ, hommes illustres dont les noms figurent dans la grande ode des Mages, et qui tous sont présentés comme d'éminents serviteurs de l'humanité, dans tous les ordres et toutes les variétés de religion, de philosophie, de science et d'art, il ne s'en trouve pas un seul qui ait porté un titre de prince, de pontife ou de général. C'est cependant la règle ordinairement suivie dans les théories du progrès de donner aux grands politiques et aux conquérants, aux gagneurs de bataille, des places de premier rang parmi les hommes auxquels l'humanité a dû ses progrès les plus décisifs. Auguste Comte, notamment, n'y a pas manqué. Il est vrai qu'Auguste Comte a disqualifié Napoléon le Grand, sous ce rapport, jusqu'à l'appeler le *grand rétrogradateur* : ce fut chez lui un défaut de logique tenant sans doute au manque de reculement dans la perspective historique; la passion d'un contemporain peut toujours donner lieu à un jugement exceptionnel. Mais, dans le calendrier positiviste, César obtient la présidence d'un mois tout entier, qui lui est consacré ; Alexandre a un dimanche, Annibal, Marius, Constantin ont leurs jours; le pape Hildebrand, Innocent III et saint Bernard, persécuteurs d'hérétiques, reçoivent les honneurs dominicaux, ainsi que les grands politiques Louis XI, Richelieu et Cromwell. Victor Hugo, qui n'a pas craint, nous le verrons [1], de regarder le mal comme un organe du progrès, n'a du moins voulu compter que les auteurs du bien parmi les hommes auxquels il en rapporte la gloire. Et c'est un mérite notable chez lui, qu'il ait su écarter de sa conception messianique une vue déterministe, favorisée dans ce cas par l'éblouissement de la gloire militaire, et

---

1. Voir le chapitre suivant.

par une illusion de jeunesse qu'il ne lui a jamais été possible de dominer complètement. Il ne parvint à accomplir qu'en théorie une évolution personnelle que son sentiment se décidait difficilement à suivre.

La passion royaliste, influence de la « mère vendéenne », sans doute, avait dicté ses premières pensées politiques, singulièrement dirigées en sens inverse de ses impressions et de ses souvenirs d'enfant mené à la suite des armées de l'Empire. Il appelait alors Napoléon un « sombre volcan », un « fléau vivant », venu au monde et « choisi par la main qui foudroie », au moment du « réveil du dieu vengeur »; et « ce ne sont point là les héros », disait-il [1]. Quelques années après, il opposait l'*imprécation* à l'*acclamation*, double écho de l'immense gloire; il concluait encore en comparant la trajectoire bonapartiste à celle d' « une bombe ardente, meurtrière », Qui « Décrit dans un ciel noir sa courbe incendiaire,... Tombe, et fouille à grand bruit le pavé des cités » [2]. Mais l'ode était si bien caractérisée par le sentiment poétique de la grandeur et du destin du personnage, à l'attitude duquel le poète prêtait l'éléva-

---

1. *Odes et Ballades* : « Buonaparte » (mars 1822).
2. *Ibid.* : « les Deux Îles » (juillet 1825).

tion de son propre idéal, que l'acclamation prenait, grâce à ce détour, le dessus sur l'imprécation, et devenait une glorification. Comment aurait-il pu en être autrement si le prestige des batailles gagnées — ou même de celles qui sont perdues — et de la terre dépeuplée doit prévaloir sur la justice et sur l'humanité? On était encore sous la Restauration, quand Victor Hugo, à propos de certains titres contestés par l'Autriche à la noblesse impériale, porta un défi à l'Allemagne, et à l'Europe entière, par occasion. Une ardente revendication de gloire militaire amenait cette fois la franche exaltation du *géant* dont le poète osait appeler la succession l'*Empire d'Alexandre*, et qu'il mettait assez curieusement en parallèle avec un autre *géant de France*, l'exterminateur des Saxons : « Les deux *géants de France* ont foulé sa couronne! » (la couronne de l'Autriche).

> L'histoire, qui des temps ouvre le Panthéon,
> Montre empreints aux deux fronts du vautour d'Allemagne
>   La sandale de Charlemagne,
>   L'éperon de Napoléon.

Et alors la mémoire des jeunes années lui revenait triomphante :

> C'est moi qui me tairais! Moi qu'énivrait naguère
> Mon nom saxon mêlé parmi des cris de guerre!

Moi qui suivais le vol d'un drapeau triomphant !
Qui, joignant aux clairons ma voix entrecoupée,
Eus pour premier hochet le nœud d'or d'une épée !
Moi, qui fus un soldat quand j'étais un enfant [1] !

A dater de ce moment et jusqu'à l'heure des luttes contre la présidence de « Napoléon le petit » l'enthousiasme pour la mémoire napoléonienne ne tarit plus chez Victor Hugo. C'est, dans *les Orientales* : « Lui ! Toujours Lui ! » — « Son nom gigantesque entouré d'auréoles, Se dresse dans mon vers de toute sa hauteur », — lui, « De son âme à la guerre armant six cent mille âmes, Grave et serein avec un éclair dans les yeux », — lui, « sa pensée orage éternel ». — « Napoléon, Soleil dont je suis le Memnon ! » — « Ange ou démon, qu'importe ! » — « Des porte-clefs anglais misérable risée, Au sacre du malheur il retrempe ses droits »[2] ; et c'est, dans *les Chants du crépuscule*, après la Révolution de juillet, une protestation véhémente contre le vote des « trois cents avocats » (la Chambre des députés de 1830) qui osaient *chicaner un tombeau à la cendre* du dieu des batailles, sous la colonne de la place Vendôme. Dans cette *Ode à la colonne*, où il croyait devoir

---

[1]. *Odes et Ballades* : « A la colonne de la place Vendôme » (février 1827).

[2]. *Les Orientales* : « Lui » (déc. 1827). — Cf. *les Feuilles d'Automne*, I (pièce datée de juin 1830).

offrir cependant ses excuses à la liberté et à la paix, Victor Hugo chantait encore l'*Empire d'Alexandre*, et disait au héros : « Dors! nous t'irons chercher! ce jour viendra peut-être! Car *nous t'avons pour Dieu*, sans t'avoir eu pour maître[1]. » Ce jour vint, comme il l'avait prédit, et le prophète, en décembre 1840, en écrivit pour lui-même le récit, où respire à toute page l'idolâtrie napoléonienne[2].

Les actes politiques de Victor Hugo, depuis cette époque — ce sont ses discours, — manifestèrent encore son napoléonisme esthétique, jusque dans l'opposition qu'il établissait de la bassesse du caractère, chez le président traître, Louis Bonaparte, et de la grandeur héroïque du conquérant, chez Napoléon Bonaparte. Le livre de *Napoléon le petit*, en 1852, a pris son titre de cette antithèse. Mais l'occasion se trouve ici, qu'on ne peut laisser passer dans une étude sur *Victor Hugo le philosophe*, de rappeler qu'on lit dans ce livre des pages d'une rare éloquence sur la conscience, à propos de la violation du serment[3]. Il n'est pas moins vrai que l'auteur, déclarant formellement que « le 18 brumaire est un crime dont le 2 décembre

---

1. *Les Chants du crépuscule*, II : « A la Colonne » (juillet 1831).
2. *Choses vues : Funérailles de Napoléon* (15 déc. 1840).
3. *Napoléon le petit*, VI, 6.

a élargi la tache sur la mémoire de Napoléon »,
demande qu'on reconnaisse « quelque différence
entre conquérir l'empire et le filouter »[1]. L'esthétique, en effet, distingue entre l'ambitieux qui
se donne pour fin la jouissance, et celui qui a
voulu que l'histoire inscrivît son nom sur la liste
des grands guerriers et poursuivants d'empire,
« Nemrod, Cyrus, Alexandre, Annibal, César,
Charlemagne, Napoléon ». Mais la morale n'admet
pas que l'injustice qui a pour instrument la violence trouve une atténuation à n'être pas celle qui
prend pour moyen la ruse. La pensée du poète
reste la même dans le livre des *Châtiments*; elle
s'exprime surtout nettement dans une pièce célèbre : *l'Expiation*.

Nous avons dit que les conquérants n'avaient
point place dans la pièce des *Mages*. Leur exclusion y prend une haute signification, en ce que le
nom de « gladiateurs de dieu » qui eût pu leur
convenir dans une vue historique où les événements les plus importants seraient ramenés aux
fondations ou destructions d'empires, ce nom est
donné expressément en dépit de ce mot : *gladiateur*, à des inventeurs et à des philosophes :
Volta, Franklin, Fulton, Rousseau, Voltaire, à

---

1. *Napoléon le petit*, I, 6.

tous les « combattants des idées », et à ceux-là seuls :

> Chaque fois qu'agitant le glaive,
> Une forme du mal se lève...
> Dieu, dans leur phalange complète,
> Désigne quelque grand athlète,
> De la stature du fléau.

La cruelle expérience des suites de la glorification des *héros* dans l'âme populaire, et les méditations de l'exil, défendirent l'entrée de la philosophie messianique de Victor Hugo aux *laboureurs du glaive*, aux *despotes de génie*, aux *hommes redoutables*, qui « ont de l'extermination dans le geste ». Ce sont les noms qu'il donnera désormais aux hommes de guerre, et il dira, parlant d'eux, que leur passage sur la terre est infécond, que « La vision splendide et foudroyante, en s'effaçant, laisse derrière elle le néant ». Heureux, si ce n'était que le néant, et si le genre humain poursuivait librement sa route après l'éblouissement ! comme Victor Hugo, sans y songer, l'ajoute. Le poète conserve de l'indulgence pour la mémoire qu'il a adorée. Il veut croire que c'est Pitt qui a *créé* la guerre; Napoléon s'est contenté de *la faire*! Avec plus de raison, il plaide en faveur des tyrans la circonstance atténuante de l'imbécillité populaire, de l' « état cérébral du genre humain quand ils apparaissent », mais c'est pour tomber encore dans une hérésie morale : « les tyrans, dit-il, ne sont pas les hommes, ce sont les choses ». Il conclut à admirer les Cyrus... et les Napoléon « à condition de disparition : Place à de meilleurs ! place à de plus grands ! » Il compte finalement sur *la loi simplifiante, la force des choses, l'ascension du bien, du juste et du beau au zénith de la civilisation* :

« La diminution des hommes de guerre, de force et de proie ; le grandissement indéfini et superbe des hommes de pensée et de paix ; la rentrée en scène des vrais colosses : c'est là un des plus grands faits de notre grande époque... Les traqueurs de peuples, les traîneurs d'armée, Nemrod, Sennakerib, Cyrus, Rhamsès, Xercès... Bonaparte s'effacent. Ils s'éteignent lentement, les voilà qui touchent l'horizon ; ils sont mystérieusement attirés par l'obscurité ; ils ont des similitudes avec les ténèbres ; de là leur descente fatale ; leur ressemblance avec les autres phénomènes de la nuit les ramène à cette unité terrible de l'immensité aveugle, submersion de toute lumière. L'oubli, ombre de l'ombre, les attend[1]. »

Il restait à Victor Hugo quand il écrivait ces lignes (en 1864) une expérience historique à faire

---

1. *William Shakespeare*, Conclusion, I, 1, et III, 1-5.

des conséquences du culte des héros et de l'étendue des expiations : expiations subies par le peuple, cette fois :

> Bonaparte jadis était tombé, son crime
> Immense n'avait pas déshonoré l'abîme;...
> Le côté de clarté cachait le côté d'ombre,
> De sorte que la gloire aimait cet homme sombre,
> Et que la conscience humaine avait un fond
> De doute sur le mal que les colosses font.
>
> Il est mauvais qu'on mette un crime dans un temple,
> Et Dieu vit qu'il fallait recommencer l'exemple [1].

Victor Hugo a-t-il senti que l'exemple était aussi pour lui? se l'est-il jamais avoué?

---

1. *L'Année terrible,* Août : *Sedan.*

CHAPITRE VII

**La loi du progrès. — Optimisme.
Utopie. Eschatologie.**

Le dogmatisme optimiste de la philosophie de
l'histoire, qui a détourné des voies de l'expérience
et du bon sens tous les penseurs influents du
XIXᵉ siècle, et forcé l'inaliénable sentiment de
l'existence du mal à se porter tout entier sur le
passé, — dont même on embellissait le sombre
tableau en le relevant par les perspectives d'avenir
qu'on y cherchait, — ce dogmatisme imbécile,
entré peu à peu dans toutes les têtes, a exercé sur
les idées et les œuvres de Victor Hugo une influence déplorable. La pente naturelle de son
esprit, qui était pessimiste, contrariée, l'a jeté
dans la plus bizarre combinaison imaginable de
vues utopistes, allant jusqu'à l'attente du miracle,

sur l'avenir de l'humanité; d'observations sombres sur le cœur humain, la société humaine, le destin des individus, et de visions sinistres sur l'ensemble et le fond des choses, sur l'essence de la nature, depuis que le péché est entré dans le monde. On voit bien, à la violence des images qui lui servent à peindre la marche de l'homme vers le bien, à travers le mal, que la théorie suivant laquelle le mal lui-même serait l'ouvrier providentiel du bien ne vient pas de lui. Et elle n'était certainement pas faite pour une âme comme la sienne. — Il maintient, dans l'expression qu'il lui donne, une protestation sourde. Mais ne fallait-il pas marcher avec son siècle? Marcher avec son siècle, le vouloir, c'était déjà en avouer la théorie favorite, la subir :

> Quel est donc ce travail étrange de la terre?
> Quelle est donc cette loi du développement
> De l'homme par l'enfer, la peine et le tourment?...
>
> Ceux-ci sacrifiant, ceux-là sacrifiés.
> Cette croissance humaine où vous vous confiez
> Sur nos difformités se développe et monte.
> Destin terrifiant! tout sert, même la honte;
> La prostitution a sa fécondité;
> Le crime a son emploi dans la fatalité;
> Étant corruption un germe y peut éclore...
>
> Le genre humain gravit un escalier qui tourne
> Et plonge dans la nuit pour rentrer dans le jour;
> On perd le bien de vue et le mal tour à tour;

Le meurtre est bon; la mort sauve; la loi morale
Se courbe et disparaît dans l'obscure spirale.

Toute fleur est d'abord fumier, et la nature
Commence par manger sa propre pourriture;
La raison n'a raison qu'après avoir eu tort...
L'esclavage est un pas sur l'anthropophagie;
La guillotine, affreuse et de meurtres rougie,
Est un pas sur le croc, le pal et le bûcher;
La guerre est un berger tout autant qu'un boucher...

Les sages du passé disent : — L'homme recule;
Il sort de la lumière, il entre au crépuscule,
L'homme est parti de tout pour naufrager dans rien.
Ils disent : Bien et Mal. Nous disons : Mal et Bien.

Ces banalités de la philosophie du progrès, relevées par la force de l'accent, sont suivies de doutes et de questions. Le spectacle terrifiant ne peut s'éloigner des yeux du voyant :

> Pas de principe acquis; pas de conquête sûre;
> A l'instant où l'on croit l'édifice achevé,
> Il s'écroule, écrasant celui qui l'a rêvé...
>
> O genre humain, malgré tant d'âges révolus,
> Ta vieille loi de haine est toujours la plus forte;
> L'Évangile est toujours la grande clarté morte,
> Le jour fuit, la paix saigne et l'amour est proscrit,
> Et l'on n'a pas encor décloué Jésus-Christ [1].

La loi de formation du progrès, comme Victor Hugo l'appelle, il la voit donc lugubre. En d'autres nombreuses pièces, dans *le Voyage de nuit* (*Contemplations*), par exemple, il ne nous en donne pas

---

1. *L'Année terrible* : Février. — *Loi de formation du progrès*.

une idée plus riante. En prose, non plus, il ne s'illusionne guère sur le mérite de la destinée. « Ayant tiré à clair ceci, fait-il dire au philanthrope *Ursus*, maître d'un loup apprivoisé qu'il appelle *Homo*, ayant tiré à clair ceci, que la vie humaine est une chose affreuse, ayant remarqué la superposition des fléaux, les rois sur le peuple, la guerre sur les rois, la peste sur la guerre, la famine sur la peste, la bêtise sur le tout, ayant constaté une certaine quantité de châtiment dans le seul fait d'exister, ayant reconnu que la mort est une délivrance, quand on lui amenait un malade il le guérissait [1]. »

Les personnages du plus haut caractère, dans *les Misérables*, dans *les Travailleurs de la mer*, dans *l'Homme qui rit*, meurent désespérés. Les effets de la loi fatale de l'ingratitude sont peints d'une manière admirable, infiniment touchante, dans le premier de ces romans [2] : « La nature regarde devant elle ; les jeunes gens sentent le refroidissement de la vie, les vieillards celui de la tombe ; n'accusons pas ces pauvres enfants (les ingrats par nature). » Et la source des maux n'est pas cherchée par le poète dans les vices du *méca-*

---

1. *L'Homme qui rit*, 1re partie, I, 4.
2. *Les Misérables*, 5e partie, IX, 1 : la Fin de Jean Valjean.

nisme social, comme l'entendent les auteurs de systèmes, mais dans les qualités mêmes de l'âme humaine :

> L'ombre ici-bas la moins transparente, c'est l'âme.
> L'homme est l'énigme étrange et triste de la femme,
> Et la femme est le sphinx de l'homme. Sombre loi !
> Personne ne connaît mon gouffre, excepté moi.
> Et moi-même ai-je été jusqu'au fond ? Mon abîme
> Est sinistre, surtout par le côté sublime ;
> Et l'hydre est là, tenant mon âme et la mordant.
> Toutes nos passions sont des bêtes rôdant
> Dans la lividité des blêmes crépuscules...
>
> Tout est aveuglement quand tout n'est pas démence ;
> Le ciel splendide est plein de la noirceur du sort ;
> On entre dans la vie en criant ; on en sort
> Ruisselant, nu, glacé, comme d'une tourmente.
> Hélas ! l'enfant sanglote et l'homme se lamente ;
> Ignorer, c'est pleurer, et savoir, c'est gémir [1].

Quand il parle de sa vie, à lui, cet homme qui peut, aux yeux de beaucoup, passer pour un des élus du bonheur, il s'afflige, il déplore les chutes, les peines amères que lui ont values ses passions, sa « chair », sa « matière à traîner » ; et, là même où il déclare finalement sa conscience pure, il ne s'estime pas plus favorisé du destin que la masse de ceux dont il a dit : « Quand tour à tour, l'un après l'autre, accoudés au même livre, on a

---

1. *Les Quatre Vents de l'esprit*, III, 42 : « Pensées de nuit ».

tourné les mêmes pages, on meurt ». Il rappelle ses deuils ; et puis :

> J'ai su monter, j'ai su descendre.
> J'ai vu l'aube et l'ombre en mes cieux.
> J'ai connu la pourpre, et la cendre
>   Qui me va mieux.
>
> J'ai connu les ardeurs profondes,
> J'ai connu les sombres amours ;
> J'ai vu fuir les ailes, les ondes,
>   Les vents, les jours.
>
> J'ai sur ma tête des orfraies ;
> J'ai sur tous mes travaux l'affront,
> Aux pieds la poudre, au cœur des plaies,
>   L'épine au front.
>
> J'ai des pleurs à mon œil qui pense,
> Des trous à ma robe en lambeau ;
> Je n'ai rien à la conscience ;
>   Ouvre, tombeau [1].

En présence de ces vues, partout et si souvent exprimées, sur la tristesse de la destinée, sur l'illusion du bonheur, la méchanceté de l'homme et la fatalité des passions, et avec cette manière d'admettre les actions mauvaises pour agents du progrès, — ce qui ne permet pas logiquement de comprendre dans le but du progrès la défaite du mal moral, — on ne peut attribuer qu'à la contagion de la sottise ambiante cette image familière

---

1. *Les Contemplations*, VI, 24 ; conf. VI, 15 : « A celle qui est voilée ».

d'un progrès qui va de lui-même et d'une marche *qui marche toujours.* « Le Progrès est le mode de l'homme. La vie générale du genre humain s'appelle le Progrès; le pas collectif du genre humain s'appelle le Progrès. *Le progrès marche;* il fait le grand voyage humain et terrestre vers le céleste et le divin; il a ses haltes, où il rallie le troupeau attardé; il a ses stations, *où il médite*, en présence de quelque Chanaan splendide dévoilant tout d'un coup son horizon; il a ses nuits *où il dort*; et c'est une des poignantes anxiétés du penseur de voir l'ombre sur l'âme humaine, et de tâter dans les ténèbres, sans pouvoir le réveiller, le progrès endormi. — *Dieu est peut-être mort*, disait un jour à celui qui écrit ces lignes Gérard de Nerval, confondant le Progrès avec Dieu [1]. »

Et comme si ce n'était pas assez de sacrifier à cette idole commune du siècle, Victor Hugo s'est vu forcé d'en encenser une autre pour laquelle on ne lui aurait pas supposé tant de faiblesse; il a pu se laisser persuader que de rendre les hommes bons et parfaitement heureux, c'était l'office de la science : « L'idéal moderne a son type dans l'art, et son moyen dans la science. C'est par la science qu'on réalisera cette vision auguste des poètes :

---

[1]. *Les Misérables*, 5° partie, I, 20.

le beau social. On refera l'Éden par A + B »[1].
Ailleurs, il parle comme faisait Henri Saint-Simon à celui des moments de sa carrière où ce penseur, qui ne connaissait pas d'obstacles, invitait les savants à calculer les actions humaines et les révolutions sociales comme de simples applications de l'attraction universelle : « Oh! la belle chose que la force des choses!... La liberté est un abîme divin qui attire!... *Le progrès n'est autre chose qu'un phénomène de gravitation;* qui donc l'entraverait?.. O despotes, je vous en défie; arrêtez la pierre qui tombe, arrêtez le torrent, arrêtez l'avalanche, arrêtez l'Italie, arrêtez quatre-vingt-neuf, *arrêtez le monde précipité par Dieu dans la lumière!*[2] »

C'est, il est vrai, dans un discours politique que ce beau défi se trouve, et c'est dans un discours politique aussi, quoique mis dans la bouche d'un héros de roman, sur une barricade, que Victor Hugo a placé un brillant compendium d'utopie dont il faut se borner à extraire quelques mots : « Citoyens, vous représentez-vous l'avenir? Les rues des villes inondées de lumière, des branches

---

[1]. *Les Misérables*, 5° partie, I, 20.
[2]. *Pendant l'exil*, discours prononcé par Victor Hugo à sa rentrée à Jersey en 1860 (époque de l'expédition des Mille). Notons, à la suite de ce discours, un toast d'une admirable éloquence, ému et touchant, à Jersey, à l'île, à son climat, à ses hommes, à son hospitalité.

vertes sur les seuils, les nations sœurs, les hommes justes, les vieillards bénissant les enfants, le passé aimant le présent, les penseurs en pleine liberté, les croyants en pleine égalité ; *pour religion le ciel, Dieu prêtre direct, la conscience humaine devenue l'autel* ; plus de haines, la fraternité de l'atelier et de l'école ; *pour pénalité et pour récompense la notoriété* ; à tous le travail, pour tous le droit, sur tous la paix, plus de sang versé, plus de guerres, les mères heureuses !... citoyens, où allons-nous ? *A la science faite gouvernement, à la force des choses devenue seule force publique*, à la loi naturelle ayant sa sanction et sa pénalité en elle-même et se promulguant par l'évidence, à un lever de vérité correspondant au lever du jour [1]. »

Dans le même roman, et théorisant cette fois pour son propre compte : « Oui, l'énigme dira son mot, le sphinx parlera, le problème sera résolu. Oui, le peuple, ébauché par le XVIIIe siècle, sera achevé par le XIXe. Idiot qui en douterait. L'éclosion future, *l'éclosion prochaine du bien-être universel est un phénomène divinement fatal* [2]. »

---

[1]. *Les Misérables*, 5° partie, I, 5 : « Quel horizon on voit du haut de la barricade ».

[2]. *Les Misérables*, 4° partie, VII, 4 : « les Deux devoirs : Veiller et Espérer ».

Au *Congrès de la paix* tenu à Lausanne, en 1869, Victor Hugo, président honoraire, adhéra aux principes professés par « ses concitoyens des États-Unis d'Europe », non pas simplement dans la partie utile et infiniment respectable de la propagande relative aux fédérations internationales et au but universel de la pacification, mais encore dans cette idée fausse que la paix doit suivre nécessairement la liberté, et dans cette illusion, que la paix définitive doit être obtenue par une *dernière guerre*. « La première des servitudes, écrivait-il de Bruxelles [1], où il se trouvait alors, c'est la frontière... Effacez la frontière, ôtez le douanier, ôtez le soldat, en d'autres termes, *soyez libres; la paix suit*. Paix désormais profonde. Paix faite une fois pour toutes. Paix inviolable... Qui a intérêt aux frontières? Les rois... Le jour où le peuple n'aura plus hors de lui l'homme de guerre, ce frère ennemi, le peuple se retrouvera un, entier, aimant, et la civilisation se nommera harmonie. »

Dans ce même congrès, où il se rendit, il prononça ces paroles : « La première condition de la paix, c'est la délivrance. Pour cette délivrance, il faudra, à coup sûr, une révolution, qui sera la suprême, et peut-être, hélas! une guerre, qui sera

---

[1]. *Pendant l'exil*, 1869 : « Congrès de Lausanne ».

la dernière. Alors, tout sera accompli. La paix, étant inviolable, sera éternelle. Alors, plus d'armées, plus de rois. Évanouissement du passé. Voilà ce que nous voulons. » Le triste sophisme de la *dernière guerre* a trouvé place dans *l'Année terrible*; on y lit quelque part cette déclaration catégorique : « Une dernière guerre, hélas ! il la faut ! oui ». Et cependant, on trouve, dans le même livre, une protestation générale, en vers superbes, contre le sentiment qui dicte les revanches :

> Jamais je ne dirai : — « Voilons la vérité ! »
> Jamais je ne dirai : — « Ce traître a mérité,
> Parce qu'il fut pervers, que moi, je sois inique ;
> Je succède à sa lèpre ; il me la communique ;
> Et je fais, devenant le même homme que lui,
> De son forfait d'hier ma vertu d'aujourd'hui.
> Il était mon tyran, il sera ma victime. »
> Le talion n'est pas un reflux légitime.
> Ce que j'étais hier, je veux l'être demain.
> Je ne pourrais pas prendre un crime dans ma main
> En me disant : « Ce crime était leur projectile ;
> Je le trouvais infâme, et je le trouve utile ;
> Je m'en sers, et je frappe, ayant été frappé. »
> — Non, l'espoir de me voir petit sera trompé...
> Pas plus que deux soleils je ne vois deux justices [1].

Après 1849, et pendant l'exil, la liaison de plus en plus étroite de Victor Hugo avec le parti révo-

---

[1]. *L'Année terrible*, Avril, V : « Pas de représailles ». — Conf. Février, IV et V.

lutionnaire et socialiste, l'a évidemment entraîné hors de ses pentes naturelles de sentiment sur l'homme et la société. Ce n'est pas qu'il ait rien changé à ses jugements pessimistes; au contraire, ils sont allés, nous l'avons vu, s'assombrissant, et s'inspirant des doctrines antiques de la descente de l'être et de la métempsycose. Seulement, à l'optimisme voulu que, de tout temps, dans chaque pièce de vers où s'exhalaient ses plaintes, il faisait apparaître, avec un appel religieux à Dieu pour finir sur la note la plus élevée de l'espérance, il a joint cet optimisme d'une autre espèce qui met son fondement dans les forces humaines et dans la destinée naturelle. De là est résultée une contradiction intime dont il ne s'est pas aperçu. Les doctrines modernes du progrès définissent le bien et le mal comme de simples rapports entre les termes d'une évolution, dont toutes les parties sont liées et solidaires; elles ne sauraient donc admettre ni l'anathème jeté sur le passé, ni les lamentations sur la perversité de l'homme, ni les idées de chute et de rédemption, ni les vues religieuses sur un jugement dernier, quand même on le considérerait comme s'exerçant par la marche providentielle du monde, et non dans l'éclat d'une parousie. Mais Victor Hugo, dans *la Légende des siècles* et ailleurs, a condamné le passé monarchique et religieux *absolument*, avec des formes d'outrage que n'ont pas même égalées les auteurs révolutionnaires des « Crimes des rois et des papes » ; et, pour sa vision de l'avenir de félicité, il ne s'est pas contenté de la marche lente et sûre du progrès, telle que l'entendent les évolutionistes ; il a demandé à un miracle de Dieu par la science, non sans intervention de « ce monstre divin, la Révolution », l'entrée de l'homme dans la fraternité, en laquelle « tout doit se dissoudre », l'ouverture de l'ère de bonheur où « doit, *quoi qu'on fasse*, aboutir l'effort humain, ce sombre et souriant martyr[1] ». L'alliance de l'esprit prophétique et de l'esprit révolutionnaire n'est pas faite pour annoncer une transformation mais un déluge. Le « vieux monde » essaie d'arrêter le flot qui monte et le submerge ; il allègue la parole de Dieu : — « Ne va pas plus loin ». Mais le flot : — « Tu me crois la marée et je suis le déluge[2]. »

C'est également par un effet de son humeur de *Nabi*, et contre l'esprit de la plus ordinaire philosophie du progrès, que Victor Hugo s'est fait de la ville de Paris une idée semblable à celle de la

---

1. *Les Quatre Vents de l'esprit*, IV, dans la pièce finale,
2. *L'Année terrible* : « Épilogue ».

montagne de Sion des prophètes. En ce sens, il est permis de trouver dans les exagérations, même énormes, comme elles sont, auxquelles il s'abandonne, autre chose qu'une flatterie sans mesure inspirée par la passion de la popularité. L'absurde et le ridicule demandent grâce pour l'illusion du poète « ébloui » qui contemple, dans ce siège de tous les mirages, « la ville dont le peuple est grand comme un sénat », la « ville univers », la « ville lumière », la ville « qui souffle la vie », le « lieu saint », etc. : « Ville sacrée, Ton agonie enfante et ta défaite crée. Rien ne t'est refusé, ce que tu veux sera. Le jour où tu naquis l'impossible expira [1] ! » Mais cette apothéose d'une cité qui n'est pas précisément l'image de la société idéale, et avec le sort de laquelle il confond ainsi l'avenir de l'humanité, est chez lui une marque de peu de réflexion sur la vraie nature du progrès et du bien. Dans l'état actuel des divisions nationales et des sentiments nationalistes en Europe,

---

1. *L'Année terrible*, Juillet, XI ; — *la Fin de Satan* : « l'Ange Liberté », p. 302 et suiv.; — *Depuis l'exil* : Discours aux funérailles de Frédéric Lemaitre ; — *les Misérables* (3ᵉ partie, I, 8 et 9). — L'admiration complaisante de Paris et du gamin célèbre, Gavroche, qui en est, en partie du moins, la personnification, ne s'arrête pas devant les difformités et les vices. Ils ont leur poésie sans doute, et les embellir est bien d'un artiste, mais de ce beau le laid n'est pas loin.

c'est une espèce de défi adressé à des peuples prêts à soutenir sur les champs de bataille que Paris *n'est pas* « la seule cité sur la terre qui, devant l'art et l'idéal à honorer, sache être Athènes, et qui, *devant le monde à dominer, sache être Rome!* »

A la contradiction entre la méthode révolutionnaire, absolue et violente, et la philosophie du progrès, relativiste et universellement justificative, il s'en ajoute une autre : celle de la perversité humaine, fait naturel, et de l'utopie, idéal dont la réalisation suppose les hommes devenus bons. Victor Hugo, en dépit des thèses qu'il a défendues sur l'ignorance, cause du crime, et sur l'éducation morale par la *lumière*, a admis l'existence des méchants par pure volonté mauvaise, gens fort éclairés et pervers : les Néron, les Borgia, dans le monde réel; les Barkilphedro, dans la fiction; il a ouvert les vues fantastiques que nous savons sur le rapport de la méchanceté de l'homme avec celle des êtres et des forces de la nature, avec le désordre des éléments; il a de tout temps paru bien pénétré de l'impossibilité humaine d'échapper aux pièges tendus à *l'âme* en son assujettissement à la *chair*; ses drames et ses romans sont pleins de l'idée de la fatalité des passions, — la grande voix de la conscience ne guidant que des personnages exceptionnels ; — enfin, les admirables tableaux poétiques de la misérable et criminelle condition de l'humanité, il les a peints de façon à ne pouvoir conserver d'espérance possible que dans le miracle, pour la guérison de tant de maux qui enchaînent et corrompent solidairement les individus dans ce « corps de péché », selon la juste expression de saint Paul [1] : on se demande alors comment il a pu croire que, dans un avenir prochain, cet être malheureux et mauvais se trouverait soudainement heureux et bon? On peut lui opposer une sentence qui est de lui, et que l'expérience des siècles confirme : « Je ne vois pas pourquoi ces hommes seraient autres Que ceux qu'a vus Socrate et qu'ont vus les apôtres [2]. »

Mais si c'est un miracle qu'il lui faut, c'est bien un miracle qu'il décrit, dans le chant du *Satyre*, et non plus seulement la pauvre imagination qu'il accueille de la conquête de la paix par la « dernière guerre », et de la vertu par la « révolution suprême » :

> Dans l'ombre, une heure est là qui s'approche, et frissonne,
> Qui sera la terrible et qui sera la bonne,
> Qui viendra te sauver, homme, car tu l'attends,
> Et changer la figure implacable du temps!

---

1. Voir, par exemple, « Bestiarium », dans *les Quatre Vents de l'esprit*, III, 24.
2. *Les Quatre Vents de l'esprit*, III, 47.

> Qui sait si quelque jour, brisant l'antique affront,
> Il (*l'homme*) ne lui dira pas : « Envole-toi, matière! »
> S'il ne franchira point la tonnante frontière,
> S'il n'arrachera pas de son corps brusquement
> La pesanteur, peau vile, immonde vêtement
> Que la fange hideuse à la pensée inflige,
> De sorte qu'on verra tout à coup, ô prodige,
> Ce ver de terre ouvrir ses ailes dans les cieux [1]!

La pensée de ce chant du satyre, celle des morceaux analogues, dans lesquels l'homme « séditieux » est représenté marchant à la conquête du divin, volant à Dieu le feu, comme Prométhée, montant à l'assaut du ciel, comme les géants, est raccordée avec les idées modernes par les espérances nées des découvertes des sciences expérimentales : « Jadis les premières races humaines voyaient avec terreur passer devant leurs yeux l'hydre qui soufflait sur les eaux, le dragon qui vomissait du feu, le griffon qui était le monstre de l'air et qui volait avec les ailes d'un

---

1. *La Légende des siècles* : « le Satyre ». — L'idée d'échapper à la loi de la pesanteur n'est pas aperçue dans toute sa portée par le poète, qu'on peut supposer — étrange soupçon, s'il s'agissait d'un autre que lui — n'avoir pas su, ou avoir voulu ignorer que *la même loi* commande la pesanteur terrestre et la gravitation des astres. D'une part, en effet, il envisage l'humanité délivrée de la chaîne de la pesanteur; de l'autre, il veut qu'elle reste liée au monde divin par ce fragment de la *chaîne du ciel*, de la chaîne d'azur, *qui est un orbite d'astre*, et qu'elle continue à *faire son cercle autour de la lumière* (*loc. cit.*).

aigle et les griffes d'un tigre ; bêtes effrayantes qui étaient au-dessus de l'homme. L'homme cependant a tendu ses pièges, les pièges sacrés de l'intelligence, et il a fini par y prendre les monstres. Nous avons dompté l'hydre, et elle s'appelle le steamer ; nous avons dompté le dragon, et il s'appelle la locomotive ; nous sommes sur le point de dompter le griffon, nous le tenons déjà, et il s'appelle le ballon. Le jour où cette œuvre prométhéenne sera terminée, et où l'homme aura définitivement attelé à sa volonté la triple Chimère antique, l'hydre, le dragon et le griffon, il sera maître de l'eau, du feu et de l'air, et il sera pour le reste de la création animée ce que les anciens dieux étaient jadis pour lui[1]. »

Cet enivrement de la Science, ce délire, car c'en est un, qui empêche de songer aux assujettissements et aux douleurs et misères de toutes les sortes dont la Chimère la mieux machinée ne promet pas le remède, Victor Hugo, malgré les images qu'il emprunte à la titanomachie, ne le pousse pas jusqu'à la déclaration de guerre à Dieu, il enferme la *sédition* dans l'enceinte de la Providence. C'est, dit-il, à un endroit, en parlant de cette conquête du ciel, — et par une contradiction

---

1. *Les Misérables*, 5ᵉ partie, I, 5.

bizarre, qu'il croit apparemment lever par le simple fait de la formuler, — « C'est la grande révolte obéissante à Dieu! La sainte fausse-clef du fatal gouffre bleu[1]! » Mais la contradiction fondamentale est entre les idées nées de l'éblouissement des découvertes scientifiques, de la contagion de la philosophie du progrès, et celles qui se rattachent à la tradition chrétienne, et aux anciennes habitudes épiques de l'esprit en matière d'eschatologie. *La Légende des siècles* (première série) se trouve ainsi avoir deux conclusions juxtaposées, qui n'ont aucun lien entre elles. L'une s'inspire de l'idée de la divinisation de l'homme par l'intelligence et par l'audace, grâce à la victoire remportée sur les éléments, et même à une sorte de violence faite à la destinée; l'autre, de la croyance à la fin du monde et à la comparution de l'homme pécheur devant le tribunal de Dieu. La première partie est peut-être, pour l'éclat du style, la force et la grandeur des images, l'enchaînement des périodes, la splendeur des strophes, la sublimité des traits, ce que Victor Hugo a écrit de plus étonnant. C'est un poème qui, sous ce titre : *Vingtième siècle*, comprend deux grands tableaux : *Pleine mer* : Le vieux monde sous le

---

[1]. *La Légende des siècles* : « Plein ciel ».

symbole du *Léviathan*, vaisseau monstrueux qu'il voit échoué, détruit par le flot et l'ouragan; *Plein ciel* : la navigation aérienne, peut-être même le pyroscaphe éthérien, autre et plus brillant symbole pour l'apogée du développement terrestre : l'affranchissement de la pesanteur, et, par on ne sait quel lien entre choses si différentes, l'entrée dans la perfection morale et le bonheur, l'immortalité :

> Stupeur! se pourrait-il que l'homme s'élançât?
> O nuit! se pourrait-il que l'homme, ancien forçat,
>   Que l'esprit humain, vieux reptile,
> Devînt ange, et, brisant le carcan qui le mord,
> Fût soudain de plain-pied avec les cieux? La mort
>   Va donc devenir inutile!

C'est la place du tableau célèbre de la traversée de l'éther, d'astre en astre, dans l' « abîme » du monde physique. On ne voit pas le rapport de ce merveilleux parcours avec l'abolition du régime de la mort. Le songeur sent lui-même que son élan le porte au delà des réelles perspectives humaines. Il voudrait redescendre, et là se place un mouvement poétique d'une grande beauté, qui n'aurait cependant toute sa valeur morale que si, rentrant des plaines éthérées dans les limites de l'atmosphère, il revenait aux conditions terrestres d'imperfection et d'efforts méritoires, au lieu de se reprendre bientôt après avec la même ardeur au songe du bonheur terrestre sans cause et sans mérite, fruit du triomphe de la science et de l'industrie sur la fatalité de la pesanteur :

> Pas si loin! pas si haut! redescendons. Restons
> L'homme, restons Adam ; mais non l'homme à tâtons,
> Mais non l'Adam tombé! Tout autre rêve altère
> L'espèce d'idéal qui convient à la terre.
> Contentons-nous du mot : Meilleur! écrit partout.
> Oui, l'aube s'est levée...

Nous sommes au XX° siècle, et le poète décrit, comme d'un point de vue rétrospectif, les effets de la grande révolution physique dont il veut bien se contenter pour idéal :

>   Oh! ce fut tout à coup
> Comme une éruption de folie et de joie,
> Quand, après six mille ans dans la fatale voie,
> Défaite brusquement par l'invisible main,
> La pesanteur, liée au pied du genre humain,
> Se brisa; cette chaîne était toutes les chaînes!
> Tout s'envola dans l'homme, et les fureurs, les haines,
> Les chimères, la force évanouie enfin,
> L'ignorance et l'erreur, la misère et la faim,
> Le droit divin des rois, les faux dieux juifs ou guèbres,
> Le mensonge, le dol, les brumes, les ténèbres,
> Tombèrent dans la poudre avec l'antique sort,
> Comme le vêtement du bagne dont on sort...
>
> Les esprits purs, essaim de l'empyrée auguste,
> Devant ce globe obscur qui devient lumineux,
> Ne sentent plus saigner l'amour qu'ils ont en eux;
> Une clarté paraît dans leur beau regard sombre;
> Et l'archange commence à sourire dans l'ombre.

Les grandes strophes s'épanouissent de nouveau, pour la reprise de l'allégorie de la navigation aérienne :

> Où va-t-il, ce navire? Il va, de jour vêtu,
> A l'avenir divin et pur, à la vertu,
>   A la science qu'on voit luire,
> A la mort des fléaux, à l'oubli généreux,
> A l'abondance, au calme, au rire, à l'homme heureux;
>   Il va, ce glorieux navire,
>
> Au droit, à la raison, à la fraternité,
> A la religieuse et sainte vérité
>   Sans impostures et sans voiles,
> A l'amour, sur les cœurs serrant son doux lien,
> Au juste, au grand, au bon, au beau... — Vous voyez bien
>   Qu'en effet il monte aux étoiles!...
>
> Ce navire là-haut conclut le grand hymen.
> Il mêle presque à Dieu l'âme du genre humain.
>   Il voit l'insondable, il y touche;
> Il est le vaste élan du progrès vers le ciel;
> Il est l'entrée altière et sainte du réel
>   Dans l'antique idéal farouche...

Le poème du *XXe siècle*, en ses deux parties, *Pleine mer* et *Plein ciel*, est suivi de la pièce intitulée *Hors des temps* : — *la Trompette du jugement*, — où s'accuse une contradiction, dont Victor Hugo ne se rend pas compte : ici, c'est la doctrine de la responsabilité humaine, individuelle et collective, devant Dieu, — ne serait-ce même qu'une loi de rétribution du bien et du mal chez les individus, *post mortem*, par des voies naturelles ; — là, c'était le point de vue opposé, celui de l'évolution et du progrès, suivant lequel les actes sont nécessaires, le mal un simple degré d'imperfection, les individus entièrement solidaires de l'espèce, et la destinée humaine toute située *dans le temps*. Non seulement Victor Hugo ne se conforme en rien à la logique de l'idée d'évolution, mais encore il oublie qu'il vient de célébrer l'élan prochain et définitif de l'humanité vers la paix, la sagesse et le bonheur; il se la représente comme persévérant jusqu'au jour du jugement dans ses voies perverses. Il personnifie le jugement futur dans un effroyable clairon, vivant et songeant, qui attend l'heure en silence :

> Je vis dans la nuée un clairon monstrueux...
> Ce qui jamais ne meurt, ce qui jamais ne change,
> L'entourait. A travers un frisson, on sentait
> Que ce buccin fatal, qui rêve et qui se tait,
> Quelque part, dans l'endroit où l'on crée, où l'on sème,
> Avait été forgé par quelqu'un de suprême
> Avec de l'équité condensée en airain.
> Il était là, lugubre, effroyable, serein.
> Il gisait sur la brume insondable qui tremble,
> Hors du monde, au delà de tout ce qui ressemble
> A la forme de quoi que ce soit. — Il vivait...

Ce *clairon de l'abîme* a reçu les empreintes de toutes les actions de la nature et de l'homme; il les conserve, « il pense, couvant le châtiment, couvant la récompense », jusqu'au jour où, saisi par une main sinistre qui sortira de l'invisible, il sonnera « la diane effrayante des morts » et réveillera toutes les mémoires. Alors on verra toutes les âmes,

> Frémissantes, sortir du tremblement des tombes,
> Et tous les spectres faire un bruit de grandes eaux,
> Et se dresser, et prendre à la hâte leurs os,
> Tandis qu'au fond, au fond du gouffre, au fond du rêve,
> Franchissant l'absolu, comme un jour qui se lève,
> Le front mystérieux du juge apparaîtrait !

Réduits à leur plus simple expression de pensée, par une juste interprétation de ce qui n'y est dit que symboliquement, ce passage et les autres du même morceau ont une signification exclusivement conforme à la doctrine judéo-chrétienne. Par là, la conclusion de *la Légende des siècles* (première série) rejoint dans son esprit l'entrée en matière, dont le sujet se déroule « d'Ève à Jésus », pour passer ensuite à l'Islam, en négligeant toute cette pluralité de légendes et de traditions, et cet agrandissement d'horizon que nous devons aux études historiques de notre siècle, et qui se fût mieux accordé avec l'ordinaire philosophie du progrès. Car, si Victor Hugo omet le péché originel en sa forme consacrée, forme si éminemment légendaire, au moins admet-il la création et la primitive innocence ; et c'est là qu'est le point capital de la question par rapport à l'opposition des deux doctrines. La préface de l'ouvrage déclare, au surplus, la volonté de l'auteur d'écrire « une espèce d'hymne religieux à mille strophes, ayant dans ses entrailles une foi profonde, et sur son sommet une haute prière »; et, dans le sujet de cet hymne, entrent les deux ordres d'idées dont la contrariété, pour nous, ne fait pas doute : d'une part, la doctrine dont témoignent des expressions telles que : « drame de la création éclairé par le visage du créateur », — « droit pour cette vie, responsabilité pour l'autre »; et, d'une autre part : « transformation paradisiaque de l'enfer terrestre ». A moins d'un *chiliasme* proprement dit, tel qu'on le rêvait au premier siècle de l'ère chrétienne, mais qui se trouve exclu ici par la façon tout humaine et prochaine (sans *parousie*) dont on s'en figure la réalisation, ce plan procède de deux points de vue incompatibles. Il aboutit à la juxtaposition des inconciliables. Mais, bien loin de voir là, comme le pourrait un critique malveillant, la preuve de l'indifférence du poète pour son sujet, dès qu'il peut en tirer de beaux effets, et faire montre de son art, nous y trouvons le témoignage de la sincérité d'un esprit qui a suivi son siècle dans le dogmatisme de la philosophie de l'histoire, et participé à des illusions, généreuses en somme, mais qui a refusé de le suivre dans les négations que la logique y venait joindre, et conservé les sentiments de sa jeunesse, malgré son amour de la popularité. Après cela, la contradiction, comme on dit, *ne le gênait pas autrement.*

CHAPITRE VIII

« **Pitié suprême.** » Indulgence et Satire.

On peut dire de l'âme de Victor Hugo qu'elle rendit et fit résonner toutes les notes que la sensibilité est capable de fournir, même celles qui sembleraient devoir exiger l'effort d'une haute raison, mais qui peuvent naître aussi du sentiment le plus élevé du vrai bien, et de l'horreur du mal moral. Nous voulons parler de la thèse platonicienne du *malheur du méchant*, et de la commisération qu'on doit lui accorder. Cette *pitié* religieuse est celle que le poète a appelé *suprême*, à l'étonnement de ceux qui se faisant du bonheur une idée dont ils n'excluent pas le vice ni peut-être le crime, ne peuvent, en conséquence, imaginer qu'on *plaigne* des gens *heureux* qui font du mal aux autres! Au reste, le sentiment de la pitié suprême n'est pas exclusif de l'indignation et de la satire, non pas même de la colère et de la haine, pour deux raisons : la difficulté de distinguer, dans une action mauvaise, entre le mal et son auteur libre comme objets de réprobation, ensuite l'idée de la peine méritée par le malfaiteur. Mais la contradiction commence au moment où ce n'est plus de la pitié ainsi modifiée qu'il s'agit, mais d'un sentiment dont il faut la distinguer profondément : *l'indulgence universelle*, liée à la doctrine du progrès nécessaire, du fatal conditionnement du bien par le mal, et de la réelle irresponsabilité des individus. A cet autre point de vue, l'indignation et la satire n'ont plus leur raison d'être ; on ne peut que les considérer comme des protestations pratiques du penseur contre ses opinions de théorie. Cette contradiction est à ajouter, chez Victor Hugo, à celle que nous avons déjà reconnue entre ses croyances de religion naturelle et la thèse du progrès naturel et nécessaire, entre le déisme et l'évolution. Il mêle la doctrine de justice et de rétribution à celle de l'indulgence universelle motivée par la confusion du crime et de la folie, de l'ignorance et de la méchanceté, de l'influence des milieux moraux, qui atténue les responsabilités, ou de l'entière solidarité, qui les anéantit. Par-dessus le tout règne un optimisme passionné qui, soit qu'il s'agisse de la destinée sociale immédiate, ou de la fin de l'univers, fait survenir la prophétie de la disparition du mal, sans raison, à la suite des vues les plus pessimistes sur l'homme et sur la nature.

C'est ainsi que, dans l'une des plus belles pièces du dernier livre des *Contemplations*, dans ce poème où l'on peut compter quatre ou cinq cents vers qui forment certainement l'œuvre la plus saisissante qu'on ait encore écrite en commentaire du *vanitas vanitatum* de la Bible, après un tableau lugubre des métamorphoses de la nature qui crée pour détruire et détruit pour créer, et de l'étrange insensibilité des humains, criminels ou misérables, devant ce spectacle de la vie et de la mort échangeant perpétuellement leurs produits et leurs rôles, Victor Hugo étend, comme de coutume, aux corps inertes sa pensée de personnification morale et de justice divine exercée par des métamorphoses : « Est-ce que par hasard ces pierres sont punies?... Est-ce que les Nérons... est-ce que Charles IX, Constantin, Louis XI... est-ce que ces cailloux tout pénétrés de crimes... vivraient affreusement? Est-ce que ce seraient des âmes condamnées?... Homme et roche, exister, noir dans l'ombre vivante! Songer, pétrifié dans sa propre épouvante! Rêver l'éternité! Dévorer ses fureurs, confusément rugies! Être pris, ouragan de crimes et d'orgies, dans l'immobilité!... » Et puis, brusquement, après la haine qui imagine et décrit le supplice, l'attendrissement et la grâce qui y mettent fin :

> O Dieu bon, penchez-vous sur tous ces misérables!
> Sauvez ces submergés, aimez ces exécrables!
>   Ouvrez les soupiraux.
> Au nom des innocents, Dieu, pardonnez aux crimes.
> Père, fermez l'enfer. Juge, au nom des victimes,
>   Grâce pour les bourreaux!...
>
> Dieu, rouvrez au maudit! Dieu, relevez l'infâme!
> Rendez à tous l'azur. Donnez au tigre une âme,
>   Des ailes au caillou! [1]...

Ici, c'est encore la miséricorde divine; ailleurs, c'est la mère Nature, qui ne serait pas, au fond, si indifférente qu'elle le paraît, et sur laquelle on pourrait compter pour l'opération miraculeuse de l'avenir :

> O nature profonde et calme, que t'importe!...
> Tu parais ignorer le bien comme le mal;
> Tu laisses l'homme en proie à sa misère aiguë.
> Que t'importe Socrate! et tu fais la ciguë.
> Tu créas le besoin, l'instinct et l'appétit;
> Le fort mange le faible et le grand le petit...
> Qu'importe! allez, naissez, fourmillez pour la tombe...
> Erreur! erreur! erreur! O géante aux cent yeux,
> Tu fais un grand labeur, saint et mystérieux!
> Oh! qu'un autre que moi te blasphème, ô Nature!...
> Le bien germe à toute heure et la joie en tout lieu...

---

1. *Les Contemplations*, VI, 6 : « Pleurs dans la nuit ».

> Vie, idée, avatars bouillonnant dans les têtes!
> Le progrès, reliant entre elles ses conquêtes,
> Gagne un point après l'autre, et court contagieux...
> O Nature, c'est là ta genèse sublime.
> Oh! l'éblouissement nous prend sur cette cime!
> Le monde, réclamant l'essor que Dieu lui doit,
> Vibre; et dès à présent, grave, attentif, le doigt
> Sur la bouche, incliné sur les choses futures,
> Sur la création et sur les créatures,
> Une vague lueur dans son œil éclatant,
> Le voyant, le savant, le philosophe entend
> Dans l'avenir, déjà vivant sous ses prunelles,
> La palpitation de ces millions d'ailes [1]!

La même pensée d'avenir et de marche forcée des choses est offerte, dans *l'Année terrible*, pour calmer les angoisses du présent :

> Ce rideau du destin par l'énigme épaissi,
> Cet océan difforme où flotte l'âme humaine,
> La vaste obscurité de tout le phénomène,
> Ce monde en mal d'enfant ébauchant le chaos,
> Ces idéals ayant des profils de fléaux,
> Ces émeutes manquant toujours la délivrance,
> Toute cette épouvante, oui, c'est de l'espérance...
> Demain dans Aujourd'hui semble un embryon noir,
> Rampant en attendant qu'il plane, étrange à voir,
> Informe, aveugle, affreux; plus tard l'aube le change.
> L'avenir est un monstre avant d'être un archange.

Aussi n'est-ce pas l'homme qui est le monstre. Par quel miracle changerait-il ainsi? L'homme est passif, l'homme est innocent; il ne faut en

---

1. *Les Châtiments*, VII, 12 : « La force des choses ».

bonne justice accuser que les éléments et la tempête !

> Le penseur en songeant fait une découverte :
> Personne n'est coupable. Un si noir dénouement
> Laisse au fond de son gouffre entrevoir l'élément...
> Tout ce que nous voyons s'est fait entre les serres
> De fléaux inconnus, hideux et nécessaires...
> On a fait des forfaits dont on est innocent...
> Au fond du noir problème il faut savoir descendre ;
> L'homme subit, le gouffre agit ; les ouragans
> Sont les seuls scélérats et sont les seuls brigands...
> Non, je n'accuse point l'homme faible, et je dis
> Que la fureur du vent fatal qui nous emmène
> Peut t'arracher ton ancre, ô conscience humaine !...
> Je le dis, l'accusé, pour moi, c'est l'élément.

Si la faute est à l'élément, c'est à lui aussi que devra se rapporter le mérite, en bonne logique. Nous ne serons pour rien dans les splendeurs de l'avenir, non plus que nous ne sommes les causes de nos infamies dans le présent.

> Hélas ! partout frisson, colère, enfer, cachot ;
> Mais c'est si ténébreux que cela vient d'en haut.
> L'esprit, sous ce nuage où tout semble se taire,
> Sent l'incubation énorme d'un mystère...
> Ayons foi. Ce n'est pas sans quelque but suprême
> Que sans cesse, en ce gouffre où rêvent les sondeurs,
> Un prodigieux vent soufflant des profondeurs,
> A travers l'âpre nuit, pousse, emporte et ramène
> Sur tout l'écueil divin toute la mer humaine [1].

Mais nous nous ferions scrupule de citer ainsi des passages entachés du sophisme de l'irrespon-

---

1. *L'Année terrible*, Juin, XVI, et Juillet, II.

sabilité, et d'en omettre entièrement d'autres, qui sont à côté, qui plaident la vraie cause de la justice et de la pitié, condamnent les représailles, et protestent contre la cruauté du vainqueur. Il est vrai que le vainqueur est excusable, si le vaincu l'est, et pour la même raison ; et qu'alors il ne faut pas prétendre juger.

> Mais que voulez-vous donc, sages pareils aux fous,
> Que l'avenir devienne et qu'il fasse de vous,
> Si vous ne lui montrez que haine, et si vous n'êtes
> Bons qu'à le recevoir à coups de baïonnettes ?
> L'utopie est livrée au juge martial,
> La faim, la pauvreté, l'obscur loup social
> Mordant avec le pain la main qui le présente,
> L'ignorance féroce, idiote, innocente,
> Les misérables noirs, sinistrement moqueurs,
> Et la nuit des esprits d'où naît la nuit des cœurs,
> Tout est là devant nous, douleurs, familles blêmes ;
> Et nous avons recours, contre tous ces problèmes,
> Au sombre apaisement que sait faire la mort...
> Hélas ! le cimetière est un puits inconnu ;
> Ce qu'on y jette tombe en des cavités sombres ;
> Ce sont des ossements qu'on ajoute aux décombres ;
> Morne ensemencement d'où la mort renaîtra.
> Des questions où nul encor ne pénétra
> Pressent de tous côtés notre lugubre sphère ;
> Et je ne pense pas qu'on se tire d'affaire
> Par l'élargissement tragique du tombeau [1].

— Mais le poète aurait pu se dire que le même argument vaut contre la « dernière guerre ». La

---

1. *L'Année terrible*, Juillet, II.

guerre n'a jamais fondé la paix ; il faudrait essayer d'une autre méthode.

Et cette méthode n'est pas plus l'amour et la pitié que la colère, mais bien la justice : la justice, œuvre difficile et qui ne se paie point de sentiments bons ou mauvais. C'est ce que Victor Hugo a malheureusement ignoré, dans la plupart de ses ouvrages, dont l'enseignement moral a été on peut dire nul, pour cette raison. Mais le nom de la *justice* était trop beau pour qu'il voulût en priver ses vers, et il en a paré les plus magnifiques, en prenant ce biais de dire que, l'homme n'étant pas responsable, c'est la pitié qui est elle-même la justice. Le titre est FRATERNITÉ :

> Je rêve l'équité, la vérité profonde,
> L'amour qui veut, l'espoir qui luit, la foi qui fonde,
> Et le peuple éclairé plutôt que châtié.
> Je rêve la douceur, la bonté, la pitié,
> Et le vaste pardon...
> Non, ce n'est pas errer et rêver que de croire
> Que l'homme ne naît point avec une âme noire,
> Que le bon est latent dans le pire, et qu'au fond
> *Peu de fautes vraiment sont de ceux qui les font.*
> L'homme est au mal ce qu'est à l'air le baromètre ;
> Il marque les degrés du froid [1], sans rien omettre,
> Mais sans rien ajouter, et, s'il monte ou descend,
> Hélas ! *la faute en est au vent*, ce noir passant...

---

[1]. A ajouter aux traits, faciles à multiplier, dont nous avons rassemblé ailleurs des exemples. Notez que *thermomètre* aurait aussi bien fait pour la rime.

Hommes, pardonnez-vous. O mes frères, vous êtes
Dans le vent, dans le gouffre obscur, dans les tempêtes;
Pardonnez-vous. Les cœurs saignent, les ans sont courts;
Ah! donnez-vous les uns aux autres ce secours!
Oui, même quand j'ai fait le mal, quand je trébuche
Et tombe, *l'ombre étant la cause de l'embûche,*
La nuit faisant l'erreur, l'hiver faisant le froid,
Être absous, pardonné, plaint, aimé, *c'est mon droit.*

Nous voyons une fois de plus que Victor Hugo ne s'arrête pas devant l'absurdité. Voici maintenant les vers magnifiques dont nous avons parlé :

Un jour je vis passer une femme inconnue.
Cette femme semblait descendre de la nue;
Elle avait sur le dos des ailes, et du miel
Sur sa bouche entr'ouverte, et dans ses yeux le ciel.
A des voyageurs las, à des errants sans nombre,
Elle montrait du doigt une route dans l'ombre,
Et semblait dire : On peut se tromper de chemin.
Son regard faisait grâce à tout le genre humain;
Elle était radieuse et douce; et, derrière elle,
Des monstres attendris venaient, baisant son aile,
Des lions graciés, des tigres repentants,
Nemrod sauvé, Néron en pleurs; et par instants
A force d'être bonne elle paraissait folle.
Et, tombant à genoux, sans dire une parole,
Je l'adorai, croyant deviner qui c'était.
Mais elle — devant l'ange en vain l'homme se tait —
Vit ma pensée, et dit : Faut-il qu'on t'avertisse?
Tu me crois la Pitié; fils, je suis la Justice [1].

Le poème de *la Pitié suprême* est un développement des mêmes pensées. Il s'ouvre par le san-

---

1. *L'Art d'être grand-père*, XVIII, 4.

glot tragique de l'histoire, les voix tumultueuses de la haine. La conscience et la raison jugent et punissent. De là les Isaïe, les Dante : « Ils sont les juges d'ombre, ils sont l'équité noire ». Le poète fuit ce passé lamentable et cherche la « justice étoilée ». Songeons à l'enfant : innocent, ingénu, cet être charmant devient un être « échoué dans le monstre, à mi-chemin du dieu », s'il est façonné par l'*éducation d'un prince.*

« Tout ce peuple est à vous », disait Villeroy au jeune Louis XV, en lui montrant la foule, du haut du balcon de Versailles. Et maintenant : « Supposons-nous l'enfant... Est-il un seul de vous qui réponde de lui?... O vivants, soyez bons, priez, faites l'aumône. A qui l'aumône? A tous. Souvenez-vous qu'ici La compassion sainte est une aumône aussi [1]. » Le poème se poursuit par le tableau de la descente des meurtriers et des tyrans dans la spirale de l'ombre. Et puis : J'ai, penseur, scruté, sondé, mesuré les lois, les temps et les hommes, passé la revue de l'histoire et de ses monstres : « J'ai vu, j'ai comparé leur nature à la nôtre; J'ai pesé les forfaits, j'ai dédoré les noms, Et, frémissant, j'arrive à ceci : Pardonnons! »

---

1. *La Pitié suprême*, II-III. — Le mot de Villeroy est rapporté dans les Mémoires de Saint-Simon.

Les rois les meilleurs ont leur part du crime et de la chaîne. « Tous ont au front la main sanglante de l'histoire. Anathème sur tous! — Et c'est précisément Cette fatalité qui fait mon tremblement... Ces hommes n'étaient pas pires que d'autres hommes; Ce qui fait les Césars, c'est l'air fatal des Romes... Tout homme naît bon, pur, généreux, juste, probe, Tendre, et toute âme éclôt étoile aux mains de Dieu...

> L'ignorance et la nuit sont les deux sœurs lugubres.
> L'une a les cœurs malsains, les esprits insalubres,
> Les cerveaux bas; et l'autre a la stagnation
> Des ténèbres pesant sur la création...
> Elles font de la mort; dès qu'avec l'une d'elles,
> En présence du sort et du doute, il est seul,
> L'homme tremble; elles sont toutes deux le linceul,
> Et soufflant les flambeaux, le guet-apens infâme
> Que l'une fait au ciel, l'autre le fait à l'âme. »

Le Songeur voit les deux extrêmes de la destinée humaine en ces deux types vivants, le paria de l'Inde et le Roi : « et de ces deux damnés, dis, lequel plaindras-tu? L'un est hors du bonheur, l'autre de la vertu. Quel est le plus fatal et le plus solitaire, Dis, l'homme qui n'a pas sa part de pain sur terre, Ou l'homme qui n'a pas sa part de vérité? » Le rôle du songeur est de consoler ces maudits; c'est lui « qui leur prodiguera la bonté vénérable...

> Attendri sur l'effet par l'énigme des causes,
> Ayant devant l'esprit l'obscurité des choses,

Il se couchera, grave, indulgent, attristé,
Sur ce vaste fumier qu'on nomme humanité,
Et, des abjections compagnon volontaire,
Voyant la tyrannie et le tyran à terre,
Pour racler cet ulcère il prendra ce tesson.
Oh ! plaindre, c'est déjà comprendre...

Un ange vit un jour les hommes dans la nuit ;
Il leur cria du haut de la sereine sphère :
Attendez ; je vous vais chercher de la lumière.
Il revint apportant dans sa main la pitié [1].

La notion de la responsabilité est directement impugnée dans le passage suivant : « Sait-on pourquoi l'on vient et d'où l'on est venu ? Le fœtus choisit-il son destin ? Est-on maître D'indiquer son endroit et son heure pour naître ? Ah ! vous voulez qu'on soit responsable ? De quoi ? D'être homme de tel siècle ou bien fils de tel roi ?... Est-on donc accusable et sera-t-on puni De la place où vous met l'obscure destinée, Quand, semence de vie au vent abandonnée, On éclôt sur la terre, humble esprit frémissant [2] ? » Après une suite de morceaux, dont quelques-uns — et ce sont les plus beaux — développent le thème platonicien du malheur du méchant, et le thème évangélique de la bonté pure, du bien rendu pour le mal ; après force répétitions aussi, et la paraphrase dix fois recommencée des mêmes pensées, le poème se

---

1. *La Pitié suprême*, V-VIII.
2. *Ibid.*, X.

termine par l'accusation, moins puérile, en somme, que mythologique et *manichéenne*, si l'on fait attention aux termes, contre l'*ignorance* et la *nuit* :

> Tout le crime ici-bas est fait par l'*ombre lâche*.
> Haïssons, poursuivons, sans trêve, sans relâche,
> Les ténèbres, mais non, frères, les ténébreux.
> Frappés par eux, broyés par eux, pleurons sur eux.
> Ah! si l'on eût tourné vers la clarté leur crâne,
> S'ils eussent eu leur part de la céleste manne,
> S'ils eussent vu le vrai, tous ces infortunés,
> Seraient-ils les bourreaux, les monstres, les damnés?
> Non, *Tout homme qui voit la lumière l'adore*.

Suit une énumération de criminels pris au hasard dans l'histoire. Le poète *les plaint* et termine par ce vers, qui est le dernier du poème : *Et je dis à la Nuit : Répondez, accusée*[1].

Remarquons, en quittant ce sujet, que les mêmes pensées platoniciennes sur les bons et les méchants, avec la thèse, qu'il est *meilleur* de souffrir l'injustice que de la commettre, étaient déjà exprimées dans une des plus belles pièces des *Contemplations* : *les Malheureux*. L'opinion de l'irresponsabilité n'est venue s'y joindre, bien décidée, que quinze ans plus tard, dans *l'Année terrible*, et, enfin, dans *la Pitié suprême* : effet du progrès du siècle! Il est vrai que certains passages du roman des *Misérables* nous montrent déjà

---

1. *La Pitié suprême*, XV.

l'Ignorance personnifiée, élevée au rôle d'une essence cosmique. On y trouve aussi le paradoxe fameux d'Helvétius, sur l'égalité des esprits, embrassé en ce qui concerne les dispositions morales : « Humanité est identité. Tous les hommes sont la même argile. Nulle différence, ici-bas du moins, dans la prédestination. Même ombre avant, même chair pendant, même cendre après. Mais l'ignorance mêlée à la pâte humaine la noircit. Cette incurable noirceur gagne le dedans de l'homme et y devient le Mal [1]. » N'oublions pas que c'est dans ce même roman que se trouvent les plus belles pages écrites en ce siècle pour l'illustration de la conscience au point de vue pratique, et l'exaltation du sentiment de la responsabilité morale chez un homme sans culture, chez *un ignorant*.

Et maintenant comment concilier, chez le poète, ces deux notes opposées : d'une part, le culte de la bonté et de l'amour, l'universelle indulgence motivée par la solidarité humaine, par l'ignorance fatale, par la loi du progrès ; de l'autre, l'indignation, la colère, la satire amère, parfois atroce, des choses du présent et des personnes, l'injure, la menace, l'emportement contre des

---

1. *Les Misérables*, IIIe partie, vii, 2.

malheureux qui ne seraient que ce qu'ils peuvent être? Il est vrai qu'ils ne sont point *le droit*, mais ils ne le voient point, et ils sont *le fait*[1]; et doit-on s'irriter contre les faits?

Pourquoi si *l'homme a ri*, lui crier : « Ah ! tu finiras bien par hurler, misérable !... Tu dis : je ne sens rien... Mais je tiens le fer rouge et vois ta chair fumer? » Il ne faut pas refuser l'entrée de l'histoire aux personnages dont l'histoire est le séjour naturel, car elle n'est pas le lieu de l'idéal : « Quoique tremblant sous la verge lyrique, Tu dis dans ton orgueil : — Je vais être historique. — Non, coquin, le charnier des rois t'est interdit; Non, tu n'entreras pas dans l'histoire, bandit! Haillon humain, hibou déplumé, bête morte, Tu

---

[1] « Le propre du droit, c'est de rester éternellement beau et pur... Si l'on veut constater d'un coup à quel degré de laideur le fait peut arriver, vu à la distance des siècles, qu'on regarde Machiavel. Machiavel, ce n'est point un mauvais génie ni un démon, ni un écrivain lâche et misérable; ce n'est rien que le fait. Et ce n'est pas seulement le fait italien, c'est le fait européen, le fait du xvie siècle. Il semble hideux, et il l'est, en présence de l'idée morale du xixe. » (*Les Misérables*, IVe partie, 1, 1.) — Or, il y avait du temps de Machiavel des hommes qui voyaient comme nous le *droit* « éternellement beau et pur », et il y en a beaucoup, du nôtre, que la laideur des *faits* qui ont pour auteurs les Bonaparte, les Bismarck et les Crispi ne révoltent pas autrement que les faits des Borgia ne révoltaient des contemporains de Machiavel. Toutes ces sortes de faits couvrent l'étendue même de l'histoire, et ce n'est pas le reculement, la distance des siècles, qui les fait *sembler*, non plus que ce qui les fait *être* laids.

resteras dehors et cloué sur la porte. » — Mais il n'y est que trop entré dans l'histoire, le bandit! entré comme ceux qui y laissent de terribles traces, et durables, ineffaçables. D'accord avec la *pitié suprême*, la transcendante indulgence historique aurait dû arrêter l'expansion d'une haine qui cherche pour des coupables une peine plus infamante que l'échafaud. Mais c'eût été grand dommage. La littérature française y eût perdu une imprécation dont il n'y a guère de pareilles en aucune langue. Citons, et ne biffons pas des noms qui sont inscrits là sans espoir qu'on les oublie.

>   Des révolutions remuer le vieux glaive
>   Pour eux! y songent-ils? diffamer l'échafaud!
>   Mais, drôles, des martyrs qui marchaient le front haut,
>   Des justes, des héros souriant à l'abîme,
>   Sont morts sur cette planche et l'ont faite sublime!
>   Quoi! Charlotte Corday, quoi! madame Roland
>   Sous cette grande hache ont posé leur cou blanc,
>   Elles l'ont essuyée avec leur tresse blonde,
>   Et Magnan y viendrait faire sa tache immonde!
>   Où le lion gronda grognerait le pourceau!
>   Pour Rouher, Fould et Suin, ces rebuts du ruisseau,
>   L'échafaud des Camille et des Vergniaud superbes!
>   Quoi! grand Dieu! pour Troplong, la mort de Malesherbes!
>   Traiter le sieur Delangle ainsi qu'André Chénier!
>   Jeter ces têtes-là dans le même panier,
>   Et, dans ce dernier choc qui mêle et qui rapproche,
>   Faire frémir Danton du contact de Baroche!
>   Non, leur règne, où l'atroce au burlesque se joint,
>   Est une mascarade, et, ne l'oublions point,
>   Nous en avons pleuré, mais souvent nous en rîmes.
>   Sous prétexte qu'il a commis beaucoup de crimes,

Et qu'il est assassin autant que charlatan,
Paillasse, après Saint-Just, Robespierre et Titan,
Monterait cette échelle effrayante et sacrée !
Après avoir coupé le cou de Briarée,
Ce glaive couperait la tête d'Arlequin !
Non, non, maître Rouher, vous êtes un faquin ;
Fould, vous êtes un fat ; Suin, vous êtes un cuistre.
L'échafaud est le lieu du triomphe sinistre,
Le piédestal dressé sur le noir cabanon,
Qui fait tomber la tête et fait surgir le nom ;
C'est le faîte vermeil d'où le martyr s'envole ;
C'est la hache impuissante à trancher l'auréole ;
C'est le créneau sanglant, étrange et redouté,
Par où l'âme se penche et voit l'éternité.
Ce qu'il faut, ô justice, à ceux de cette espèce,
C'est le lourd bonnet vert, c'est la casaque épaisse,
C'est le poteau ; c'est Brest, c'est Clairvaux, c'est Toulon ;
C'est le boulet roulant derrière leur talon,
Le fouet et le bâton, la chaîne, âpre compagne,
Et les sabots sonnant sur le pavé du bagne !
Qu'ils vivent accouplés et flétris ! L'échafaud
Sévère n'en veut pas. Qu'ils vivent, il le faut,
L'un avec sa simarre et l'autre avec son cierge !
La mort devant ces gueux baisse ses yeux de vierge [1].

---

1. *Les Châtiments*, VII, 9 : « Ce serait une erreur de croire... »
— Dans ceux des chapitres de la première partie de notre étude (*Victor Hugo, le poète*), où nous avions surtout affaire au mérite poétique, nous avons, à l'occasion, désigné en note des pièces des recueils lyriques qui nous semblaient particulièrement belles. Nous ferons de même ici pour les *Châtiments*, et nous appellerons surtout l'attention sur quelques-unes de celles qu'on a le moins coutume de citer, sur les *Chansons*, qui sont des merveilles. Citons donc : le *Te Deum du 1ᵉʳ janvier 1852*, — *Chansons* (I, 10 et 13), — *C'est la nuit, la nuit noire*, — *Confrontations*, — *l'Ordre est rétabli*, — *Fable ou histoire*, — *l'Homme a ri*, — *Orientale*, — *Un bon bourgeois dans sa maison*, — *l'Histoire a pour égout des temps comme les nôtres*, — *Ceux qui vivent, ce sont ceux qui luttent*, — *le Sacre*, — *le Bord*

Il faut rendre au grand poète cette justice, de reconnaître que ce n'est point par mégarde qu'il s'est jeté dans la contradiction violente : flagellation satirique et pitié, indulgence et anathème ; il a voulu bien sciemment les deux choses, sans, il est vrai, s'inquiéter de la façon dont elles pourraient se concilier, confiant seulement en la souveraine efficacité de la lumière pour tout arranger et mettre en ordre en ce bas monde :

La lumière de tout ici-bas fait l'essai.
Le juste est sur la terre éclairé par le vrai.

de la mer, — *A un qui veut se détacher*, — *l'Expiation*, — *Éblouissements*, — *Luna*, — *On dit Soyez prudent*, — *Juvénal*, — *Floréal*, — *le Chasseur noir*, — *l'Égout de Rome*, — *Chansons* (VII, 6 et 14), — *Ultima verba*. — Nous nous demandons, en finissant d'écrire cette liste, pourquoi nous n'y faisons pas entrer d'autres pièces encore ; mais elles y seraient à peu près toutes si nous ne regardions qu'à tel ou tel trait superbe, à tels vers choisis dans chacune. Après cela, il reste à citer un certain nombre de pièces du premier livre des *Quatre Vents de l'esprit*, qui sont comparables à celles des *Châtiments*. Ce sont principalement le sonnet : *Jolies femmes* (I, 18), — *le Soutien des empires* (I, 7), — *Éclipse* (I, 4), — *l'Échafaud* (I, 17), — *Idolâtries et philosophies* (I, 31). N'oublions pas les invectives éloquentes et de grand style contre des *ennemis littéraires* (I, 27, 33). *L'Année terrible* aussi renferme plusieurs pièces et un assez grand nombre de passages qui appartiennent au genre de la satire. Mais nous ne classerons pas sous ce chef des pièces de la plus haute sublimité (*Juillet*, 10, 11, 12), pour lesquelles on voudrait une désignation spéciale qui manque. Il faut enfin signaler, dans les *Chansons des rues et des bois* : *Depuis six mille ans la guerre*, *le Vrai dans le vin*, et l'incroyable et délicieuse chanson de trois ou quatre cents vers, *Senior est junior*.

PITIÉ SUPRÊME

> Le juste c'est la cime et le vrai c'est l'aurore.
> Donc, Lumière, Raison, Vérité, plus encore,
> *Bonté dans le courroux et suprême Pitié,*
> *Le méchant pardonné, mais le mal châtié,*
> Voilà ce qu'aujourd'hui, comme au vieux temps de Rome,
> La satire *implacable et tendre* doit à l'homme [1].

Sa solution de l'antinomie a consisté à prendre tout naturellement chacun des deux rôles, selon que son sentiment, qu'il aimait à nommer le devoir, l'y poussait :

> J'ai fait *les Châtiments.* J'ai dû faire ce livre.
> Moi, que toute blancheur et toute grâce enivre,
> Je me suis approché de la haine à regret.
> J'ai senti qu'il fallait, quand l'honneur émigrait,
> Mettre au-dessus du crime, en une ombre sereine,
> Le resplendissement farouche de la peine,
> Et j'ai fait flamboyer ce livre dans les cieux [2].

Ailleurs, ce n'est plus à regret et pour remplir un devoir qu'il veut s'être livré, lui, tout amour, aux passions de la haine. Il est fier d'avoir été le vengeur, d'avoir rempli son rôle de prophète foudroyant; et il exprime alors son dédain pour les sentiments doux. La pièce a quelques vers remarquables [3] :

> L'Océan me disait : O poète, homme juste,
> J'ai parfois comme toi cette surprise auguste,
> Qu'il me descend des cieux une immense rougeur;
> Et je suis traversé tout à coup, ô songeur,

---

1. *Les Quatre Vents de l'esprit*, I, 5.
2. *Ibid.*, I, 32.
3. *Ibid.*, 44 : « Fulgur ».

> Par la foudre sublime, irritée et haïe,
> Comme toi par l'esprit sinistre d'Isaïe ;
> Les éclairs sont mes cris, les foudres sont ma voix ;
> Je gronde sur l'écueil comme toi sur les rois...
> J'ai, comme toi, l'azur, une douceur de femme,
> Une gaîté d'enfant, des vagues pleines d'yeux,
> Des aurores où rit le ciel prodigieux...
> J'offre mes gouttes d'eau nuit et jour aux brins d'herbe.
> Mais je fais peu de cas de tout ce bleu superbe,
> De ce vaste sourire épanoui sur tout,
> De cette grâce où l'ombre en clarté se dissout.
> De ces flots de cristal, de ces ondes de moire ;
> Et le passage affreux du tonnerre est ma gloire.

En résumé, nous avons trois éléments de détermination à distinguer dans le fond commun du jugement pessimiste relatif aux choses présentes ou passées de l'humanité : par-dessus tout le sentiment, avec ses impulsions variables, qui font du poète tantôt le « juge d'ombre », le juge d' « équité noire », tantôt le spectateur attendri des misères et des crimes, qu'il impute à d'autres causes qu'à des volontés mauvaises ; puis, quand il veut formuler un sentiment définitif unique, c'est ou la pitié suprême du penseur religieux, ou l'indulgence transcendante du philosophe déterministe. Cette dernière lui vient de l'influence du siècle, à laquelle il s'est toujours montré fier d'obéir, étant certain *a priori* que le siècle allait du bien au mal et de l'ombre à la lumière. L'autre, la pitié qui n'est pas l'indulgence, peut difficilement se rapporter, chez un penseur aussi profondément ignorant, à la source philosophique et platonicienne. Comme sentiment chrétien, reste de l'éducation religieuse de l'auteur de *Torquemada* et du *Pape*, on se l'expliquerait peut-être moins bien encore, parce que, tout évangélique qu'elle est en un sens, cette pitié est loin de s'accorder avec l'esprit du christianisme théologique ordinaire, qui est plus porté à maudire les méchants qu'à les plaindre. Reste donc que nous l'attribuions au développement naturel d'une âme grande et bonne dans la méditation du problème du mal.

CHAPITRE IX

Questions morales et sociales.

Depuis cinquante ans, le fond des opinions morales des classes dirigeantes est changé; non pas entièrement encore en ce qui touche la règle consacrée des mœurs, mais quant aux jugements moraux sur la nature de l'univers, la destinée humaine et le caractère de l'homme. D'une atmosphère intellectuelle encore fortement imprégnée d'idées bibliques, et dans laquelle on trouvait du déisme, du panthéisme, accusé ou latent, de la religiosité, et, en dehors des physiologistes, peu de matérialisme, et puis, acceptées de tous les côtés, des doctrines juridiques impliquant la liberté et la responsabilité, les esprits sont passés à un milieu mental tout différent. Le déisme et la croyance à la création, c'est-à-dire à un ordre moral primitivement institué du monde, n'ont presque plus d'existence visible en dehors de l'enseignement religieux positif; le panthéisme a pris la forme d'un évolutionisme naturaliste; l'inconnaissable a été laissé pour tout domaine à la religion; le matérialisme est devenu un point de vue plus spécieux en se transformant en idéalisme empirique; enfin le déterminisme absolu, les doctrines de la lutte pour l'existence, de la sélection naturelle, du progrès nécessaire, ont affaibli les notions juridiques et préparé la confusion entre le délit et la maladie, entre la punition d'un délinquant et l'exécution brutale d'un individu anomal.

Dans l'intervalle des anciennes et des nouvelles idées, il y a une place à prendre, et qui a été prise en effet, et ne peut qu'aller en s'agrandissant, pour ceux à qui le matérialisme a toujours répugné, et qui, sortis du christianisme, ou d'un déisme, ou d'un panthéisme démodés, ne se trouvent pourtant pas satisfaits d'un système de pure évolution naturelle, et des vues d'avenir social même les plus optimistes, mais veulent que l'ordre moral de l'univers dépende de quelque suprême intelligence, et qu'il y ait, pour les mérites ou les démérites des individus, une sanction dans un développement de phénomènes qui contienne leurs destinées à tous. Les doctrines du genre du brahmanisme et du bouddhisme, en ce qui concerne l'existence et les transmigrations des âmes, répondent à ce désidératum, et n'excluent d'une façon nécessaire ni la Providence, ni même la création, quoiqu'on les trouve plus ordinairement liées au concept d'émanation. Nous avons vu Victor Hugo arriver à ces doctrines spontanément, c'est-à-dire moins guidé par la vague information qu'il pouvait avoir de leur place dans l'histoire des religions, que poussé lui-même par le puissant génie des personnifications et des métamorphoses qui les a autrefois produites. Elles lui ont permis de garder de beaucoup plus fortes attaches avec le christianisme, croyance de sa jeunesse, qu'il n'en a contracté avec l'évolutionisme moderne et avec la morale optimiste, antijuridique du système du progrès nécessaire. C'est ce dont vont nous donner la preuve les idées éparses dans ses ouvrages, sur l'esprit et la chair, les douleurs de la vie, l'épreuve, l'expiation, la prière. Nous garderons pour un autre chapitre les croyances morales et théologiques d'ordre tout rationel, qu'il a maintenues jusqu'à la fin, très fermement, contre les partis pris de plus en plus décidés de ce siècle dont il se faisait gloire d'avoir suivi « tous les progrès ». Nous verrons combien s'est approché quelquefois du criticisme, sur ce point des postulats moraux, ce génie si grand, si imaginatif, si ouvert, si varié, prodigieusement ignorant, mais profond, quoi qu'on en ait dit, qui ne connaissait Kant que de nom, se faisait de lui l'idée la plus bizarre, le répétait parfois à sa manière en pensant le combattre, et se montrait finalement inébranlable dans une croyance qui n'est autre que celle des trois postulats de la raison pratique.

Le sentiment de ce que Pascal, avec les auteurs ascétiques, appelle la *misère de l'homme* est celui des sentiments chrétiens qui s'inscrit en faux le plus nettement contre le plat optimisme de l'évolution naturelle. Victor Hugo en a été de tout temps pénétré. Ne remontons toutefois pas plus haut que *les Contemplations*. Dans une pièce de ce recueil, datée de 1854, il ne s'exprime pas autrement qu'il n'eût fait plus de vingt ans auparavant dans les *Feuilles d'automne* : « Nous bons! nous fraternels! ô fange et pourriture... Nous sommes le néant; nos vertus tiendraient toutes Dans le creux de la pierre où vient boire l'oiseau. L'homme est l'orgueil du cèdre emplissant le roseau. Le meilleur n'est pas bon... Dieu seul peut nous sauver. C'est un rêve de croire Que nos lueurs d'en bas sont là-haut de la gloire[1]. » Dans une

---

1. *Les Contemplations*, VI, 5 : « Croire, mais pas en nous ».

autre pièce, avec l'idée des transmigrations, cette fois :

> Avant d'être sur cette terre,
> Je sens que jadis j'ai plané;
> J'étais l'archange solitaire,
> Et mon malheur, c'est d'être né...
>
> Oui, mon malheur irréparable,
> C'est de pendre aux deux éléments,
> C'est d'avoir en moi, misérable,
> De la fange et des firmaments!
>
> Hélas! hélas! c'est d'être un homme;
> C'est de songer que j'étais beau,
> D'ignorer comment je me nomme,
> D'être un ciel et d'être un tombeau!
>
> C'est d'être un forçat qui promène
> Son vil labeur sous le ciel bleu;
> C'est de porter la hotte humaine
> Où j'avais des ailes, mon Dieu !
>
> C'est de traîner de la matière;
> C'est d'être plein, moi, fils du jour,
> De la terre du cimetière,
> Même quand je m'écrie : Amour¹!

Mais voici des traits où se montre avec plus de violence le dégoût de la condition matérielle de l'homme.

> Roi forçat, l'homme, esprit, pense, et, matière, mange...
> L'homme, comme la brute abreuvé de néant,
> Vide toutes les nuits le verre noir du somme.
> La chaîne de l'enfer, liée au pied de l'homme,

---

1. *Les Contemplations*: VI, 15 : « A une qui veut rester voilée »

Ramène chaque jour vers le cloaque impur,
La beauté, le génie, envolés dans l'azur,
Mêle la peste au souffle idéal des poitrines,
Et traîne, avec Socrate, Aspasie aux latrines [1].

D'assez nombreux passages épars dans les œuvres, en contraste avec l'esprit d'aimable abandon des *Chansons des rues et des bois*, sont empreints d'un sentiment de honte et de répulsion vis-à-vis des sujétions de la chair et de ses entraînements, et, tout bien pesé, on peut mettre au compte de l'opinion réfléchie du poète ce qu'il met dans la bouche de son évêque Myriel : « *L'homme a sur lui la chair*, qui est tout à la fois son fardeau et sa tentation. Il la traîne et lui cède. Il doit la surveiller, la contenir, la réprimer, et ne lui obéir qu'à la dernière extrémité. Dans cette obéissance-là, il peut encore y avoir de la faute ; mais la faute ainsi faite est vénielle. C'est une chute, mais une chute sur les genoux, *qui peut s'achever en prière*... Tout ce qui est terrestre est soumis au péché. *Le péché est une gravitation*[2]. » Dans la douleur qui suit une chute, Olympio souffrant voyait encore une sorte d'occasion de triomphe, défiait la haine et l'envie, se promettait des progrès dans son art, grâce à

---

[1]. *Les Contemplations*, VI, 26 : « Ce que dit la Bouche d'ombre ».
[2]. *Les Misérables*, 1ʳᵉ partie, I, 4.

l'expérience des passions, et, par là, le retour de la faveur du monde [1]; mais le penseur en exil voit d'un œil bien différent la condition humaine et le fruit des douleurs individuelles :

> Le penseur cherche l'homme et trouve de la cendre.
> Il trouve l'orgueil froid, le mal, l'amour à vendre,
>   L'erreur, le sac d'or effronté,
> La haine et son couteau, l'envie et son suaire,
> En mettant au hasard la main dans l'ossuaire
>   Que nous nommons humanité...
>
> O douleur! clef des cieux! l'ironie est fumée.
> *L'expiation rouvre une porte fermée;*
>   *Les souffrances sont des faveurs.*
> Regardons au-dessus des multitudes folles,
> Monter vers les gibets et vers les auréoles
>   Les grands sacrifiés rêveurs.
>
> *Monter, c'est s'immoler.* Toute cime est sévère.
> L'Olympe lentement se transforme en Calvaire;
>   Partout le martyre est écrit;
> Une immense croix gît dans notre nuit profonde;
> Et nous voyons saigner aux quatre coins du monde
>   Les quatre clous de Jésus-Christ [2].

Dans une pièce touchante de *l'Année terrible* [3], à propos des deuils qui s'accumulent sur sa vieillesse, en contraste avec l'innocente joie et les rires aimables de ses petits-enfants, il reconnaît que la douleur lui a été moralement meilleure

---

1. Voir *Victor Hugo le poète* p. 224 et suiv.
2. *Les Contemplations*, VI, 17 : « Dolor ».
3. *L'Année terrible*, Juillet, X.

VICTOR HUGO.

que la prospérité : « Soyez joyeux pendant que je suis accablé. A chacun son partage. J'ai vécu presque un siècle, enfants ; l'homme est troublé Par de l'ombre, à cet âge. Est-on sûr d'avoir fait, ne fût-ce qu'à demi, Le bien qu'on pouvait faire? A-t-on dompté la haine, et de son ennemi A-t-on été le frère? Même celui qui fit de son mieux a mal fait. Le remords suit nos fêtes. *Je sais que si mon cœur quelquefois triomphait, Ce fut dans mes défaites. En me voyant vaincu je me sentais grandi.* La douleur nous rassure. Car à faire saigner, je ne suis pas hardi; J'aime mieux ma blessure. »

Mais il faut surtout citer, pour le développement de cette pensée : le progrès de l'âme par la douleur, une des plus belles pièces de la partie lyrique des *Quatre Vents de l'esprit.*

> Ma vie entre déjà dans l'ombre de la mort,
> Et je commence à voir le grand côté des choses.
> L'homme juste est plus beau, terrassé par le sort;
> Et les soleils couchants sont des apothéoses...
>
> Ne plaignez pas l'élu qu'on nomme le proscrit.
> Mon esprit, que le deuil et que l'aurore attire,
> Voit le jour par les trous des mains de Jésus-Christ.
> Toute lumière sort ici-bas du martyre[1].

Les sentiments de Victor Hugo sur l'expiation et la douleur morale pouvaient aller jusqu'à la

---

1. *Les Quatre Vents de l'esprit*, III, 33 (pièce datée de 1854).

justification de la vie ascétique. « Pour nous, dit-il quelque part, les cénobites ne sont pas des oisifs, et les solitaires ne sont pas des fainéants. Songer à l'Ombre est une chose sérieuse. Sans rien infirmer de ce que nous venons de dire », — c'est-à-dire des justes reproches adressés à l'Église et à la vie du cloître, — « nous croyons qu'un perpétuel souvenir du tombeau convient aux vivants. Sur ce point, le prêtre et le philosophe sont d'accord. *Il faut mourir.* L'abbé de la Trappe donne la réplique à Horace. Mêler à sa vie une certaine présence du sépulcre, c'est la loi du sage ; et c'est la loi de l'ascète...

« Les esprits irréfléchis et rapides disent : A quoi bon ces figures immobiles du côté du mystère ? à quoi servent-elles ? qu'est-ce qu'elles font ? Hélas ! en présence de l'obscurité qui nous environne et qui nous attend, ne sachant pas ce que la dispersion immense fera de nous, nous répondons : il n'y a pas d'œuvre plus sublime peut-être que celle que font ces âmes. Et nous ajoutons : il n'y a peut-être pas de travail plus utile. Il faut bien ceux qui prient toujours pour ceux qui ne prient jamais...

« Nous sommes de ceux qui croient à la misère des oraisons et à la sublimité de la prière... A cette heure où tant d'hommes ont le front bas et l'âme peu haute, parmi tant de vivants ayant pour morale de jouir, et occupés des choses courtes et difformes de la matière, quiconque s'exile nous semble vénérable. Le monastère est un renoncement. Le sacrifice qui porte à faux est encore le sacrifice. Prendre pour devoir une erreur sévère, cela a sa grandeur[1]. »

Plus loin, dans le récit des impressions et des réflexions de Jean Valjean réfugié au couvent des religieuses de Picpus, l'idée de l'expiation se présente avec son sens décidément chrétien. Il est vrai que le narrateur nous avertit qu'il entend réserver à cet endroit sa « théorie personnelle »; mais, évidemment, il ne retient pas sa sympathie. Jean Valjean, dans ses pensées, au spectacle des supplices que s'infligent sans pitié pour elles-mêmes de volontaires victimes innocentes, compare « deux lieux d'esclavage » : l'un, le bagne, dont parfois on s'évade, dont il s'est évadé lui-même, et d'où se dégage une immense malédiction, « la méchanceté désespérée, un cri de rage contre l'association humaine, un sarcasme au ciel »; l'autre, le couvent, d'où sort une bénédiction, et où d'autres êtres souffrent qui ont « pour

---

[1]. *Les Misérables*, II° partie, VII, 8. — Le morceau qui suit, sur les religieuses, est d'un grand sentiment. Bornons-nous à l'indiquer.

toute espérance, à l'extrémité lointaine de l'avenir, cette lueur de liberté que les hommes appellent la mort ».

« Dans ces deux endroits si semblables et si divers, ces deux espèces d'êtres si différents accomplissaient la même œuvre, l'expiation. Jean Valjean comprenait bien l'expiation des premiers, l'expiation personnelle, l'expiation pour soi-même ; mais il ne comprenait pas celle des autres, celle de ces créatures sans reproche et sans souillure, et il se demandait avec un tremblement : expiation de quoi? quelle expiation?

« Une voix répondait dans sa conscience : « la « plus divine des générosités humaines, l'expiation « pour autrui. » Il avait sous les yeux le sommet sublime de l'abnégation, la plus haute cime de la vertu possible ; l'innocence qui pardonne aux hommes leurs fautes et qui les expie à leur place ; la servitude subie, la torture acceptée, le supplice réclamé par les âmes qui n'ont pas péché pour en dispenser les âmes qui ont failli ; l'amour de l'humanité s'abîmant dans l'amour de Dieu, mais y demeurant distinct, et suppliant ; de doux êtres faibles ayant la misère de ceux qui sont punis et le sourire de ceux qui sont récompensés. Et il se rappelait qu'il avait osé se plaindre! »

L'expiation et la prière sont deux sujets qui

vont naturellement ensemble. En recherchant ce que Victor Hugo a pensé du dernier, nous achèverons de bien reconnaître la distance à laquelle il s'est constamment tenu de la physique et de la morale de l'évolutionisme. L'idée de la prière, qui ne se présente qu'avec une forme banale dans ses premiers recueils lyriques, est on peut dire définie, dans les *Contemplations*, d'une manière aussi profonde que poétique, et nous ne pensons pas qu'on puisse rendre plus fidèlement que par la métaphore du *pont sur l'infini* le double sentiment de faiblesse extrême et de confiance inexplicable qui nous porte à lever les mains au ciel, à certains moments d'émotion, indépendamment de toute croyance positive [1] :

> J'avais devant les yeux les ténèbres. L'abîme
> Qui n'a pas de rivage et qui n'a pas de cime
> Était là, morne, immense ; et rien n'y remuait.
> Je me sentais perdu dans l'infini muet.
> Au fond, à travers l'ombre, impénétrable voile,
> On apercevait Dieu comme une sombre étoile.
> Je m'écriai : — Mon âme, ô mon âme ! il faudrait,
> Pour traverser ce gouffre où nul bord n'apparaît,
> Et pour qu'en cette nuit jusqu'à ton Dieu tu marches,
> Bâtir un pont géant sur des millions d'arches.

Un fantôme apparaît au poète :

> C'était un front de vierge avec des mains d'enfant ;
> Il ressemblait au lis, que la blancheur défend ;

---

[1]. *Les Contemplations*, VI, 1 : « le Pont ».

> Ses mains en se joignant faisaient de la lumière.
> Il me montra l'abîme où va toute poussière,
> Si profond que jamais un écho n'y répond ;
> Et me dit : — Si tu veux je bâtirai le pont.
> Vers ce pâle inconnu je levai ma paupière.
> — Quel est ton nom? lui dis-je. Il me dit : — La Prière.

La même pensée est exprimée en prose dans un passage où l'âme et Dieu sont représentés comme « deux infinis » doués d'intelligence et de volonté, deux *moi*, et la prière comme allant de l'un à l'autre : « Mettre par la pensée l'infini d'en bas en contact avec l'infini d'en haut, cela s'appelle prier. — Ne retirons rien à l'esprit humain. Supprimer est mauvais. Il faut réformer et transformer. Certaines facultés de l'homme sont dirigées vers l'Inconnu : la pensée, la rêverie, la prière. L'Inconnu est un océan. Qu'est-ce que la conscience? C'est la boussole de l'Inconnu. Pensée, rêverie, prière, ce sont là de grands rayonnements mystérieux. Respectons-les [1]. »

Autre passage, où l'élément d'impuissance et d'obscurité inhérent à l'émotion de la prière spontanée est particulièrement rendu : « En présence de nos deux grandes cécités, la destinée et la nature, c'est dans son impuissance que l'homme a trouvé le point d'appui : la prière. L'homme se fait secourir par l'effroi ; il demande aide à sa

---

1. *Les Misérables*, II⁰ partie, vii, 5.

crainte; l'anxiété, c'est un conseil d'agenouillement. La prière, énorme force propre à l'âme, est de même espèce que le mystère. La prière s'adresse à la magnanimité des ténèbres; la prière regarde le mystère avec les yeux mêmes de l'Ombre, et, devant la fixité puissante de ce regard suppliant, on sent un désarmement possible de l'Inconnu. Cette possibilité entrevue est déjà une consolation[1]. »

Rapprochons de l'idée de la prière, ainsi humainement et psychologiquement entendue, celle de l'*horreur sacrée*, sujet sur lequel Victor Hugo a été profond et éloquent, et qui se lie pour lui au dualisme caractéristique de la nuit et de la lumière. Le poète décrit les émotions engendrées par la contemplation de la nuit chez un homme, le héros des *Travailleurs de la mer*, qu'il appelle « un grand esprit trouble et un grand cœur sauvage ». Choisissons quelques traits de ce tableau :

« Un indicible plafond de ténèbres; une haute obscurité sans plongeur possible; de la lumière mêlée à cette obscurité, on ne sait quelle lumière vaincue et sombre; de la clarté mise en poudre; est-ce une semence? est-ce une cendre? des millions de flambeaux, nul éclairage; une vaste igni-

---

[1]. *Les Travailleurs de la mer*, 3ᵉ partie, I, 1.

tion qui ne dit pas son secret, une diffusion de feu en poussière qui semble une volée d'étincelles arrêtée, le désordre du tourbillon et l'immobilité du sépulcre, le problème offrant une ouverture de précipice, l'énigme montrant et cachant sa face, l'infini masqué de noirceur, voilà la nuit...

« L'inaccessible ajouté à l'inexplicable, tel est le ciel. De cette contemplation se dégage un phénomène sublime : le grandissement de l'âme par la stupeur. L'effroi sacré est propre à l'homme ; la bête ignore cette crainte. L'intelligence trouve dans cette terreur auguste son éclipse et sa preuve...

« La nuit, c'est l'état propre et normal de la création spéciale dont nous faisons partie. Le jour, bref dans la durée comme dans l'espace, n'est qu'une proximité d'étoile. Le prodige nocturne universel ne s'accomplit pas sans frottements, et tous les frottements d'une telle machine sont des contusions à la vie. Les frottements de la machine, c'est là ce que nous nommons le Mal. Nous sentons dans cette obscurité le mal, démenti latent à l'ordre divin, blasphème implicite du fait rebelle à l'idéal. Le mal complique d'on ne sait quelle tératologie à mille têtes le vaste ensemble cosmique... C'est l'Ombre. L'homme est là-dessous. Il ne connaît pas le détail, mais il porte, en quantité proportionnée à son esprit, le poids monstrueux de l'ensemble. Cette obsession poussait les pâtres chaldéens à l'astronomie. Des révélations involontaires sortent des pores de la création ; une exsudation de science se fait en quelque sorte d'elle-même, et gagne l'ignorant. Tout solitaire, sous cette imprégnation mystérieuse, devient, souvent sans en avoir conscience, un philosophe naturel...

« On est contraint à la foi. Mais avoir foi ne suffit pas pour être tranquille. La foi a on ne sait quel bizarre besoin de forme. De là les religions. Rien n'est accablant comme une croyance sans contour... On se sent pris. On est à la discrétion de cette ombre. Pas d'évasion possible. On se voit dans l'engrenage, on est partie intégrante d'un Tout ignoré, on sent l'inconnu qu'on a en soi fraterniser mystérieusement avec un inconnu qu'on a hors de soi. Ceci est l'annonce sublime de la mort. Quelle angoisse, et en même temps quel ravissement! Adhérer à l'infini, être amené par cette adhérence à s'attribuer à soi-même une immortalité nécessaire, qui sait? une éternité possible, sentir dans le prodigieux flot de ce déluge de vie universelle l'opiniâtreté insubmersible du moi! regarder les autres et dire : je suis une âme comme vous! regarder l'obscurité et dire : je suis un abîme comme toi! Ces énormités c'est la Nuit[1]. »

Ce sentiment profond de l'inconnu, de l'*immanence*, du mystère de l'après, dominant chez lui la notion du juste, qu'il avait pourtant si puissante, est, avec la pitié, avec l'horreur esthétique pour le matériel du supplice, la guillotine et la potence, avec la répugnance pour cette cruauté du *mal* qui se fait au nom du bien, du mal inhérent à la punition après l'avoir été au crime, ce sentiment est le mobile principal de la guerre de soixante ans que Victor Hugo a faite à l'échafaud.

Cette pitié et cette répugnance doivent sans doute être combattues, pour autant qu'elles s'attacheraient d'une manière générale à l'infliction d'une *peine*, sans tenir compte ni du sentiment de la vindicte, ni de la nécessité sociale de la-loi de crainte ; mais elles reprennent toute leur force en s'appliquant à la nature du châtiment, s'il se trouve que le châtiment, tel qu'il est légalement institué, ne réponde pas réellement au principal objet que la justice humaine se propose, ou le dépasse, ou produise même, en qualité de spectacle, des effets de démoralisation. La répugnance absolue pour le mal infligé volontairement cesse

---

1. *Les Travailleurs de la mer*, II⁰ partie, ɪɪ, 5 : « *Sub umbra* ».

elle-même d'être déraisonnable, et se justifie, quand elle se rapporte à des parties de la peine qui sont odieuses et ne sont pas nécessaires. Les raisons *de sentiment* que Victor Hugo a fait valoir contre l'échafaud nous paraissent les plus sérieuses et les seules vraiment profondes, autant qu'éloquentes, malgré l'apparence plus logique de certaines autres. Ce sont celles-là qui se rapprochent, au fond, de l'argument essentiellement invoqué par ceux des criminalistes rationnels, adversaires de la peine de mort, qui objectent que cette peine manque son but d'intimidation, est de mauvais exemple, et tend à confirmer dans leurs passions de haine et de mépris, ou dans leur indifférence brutale, les criminels qu'elle vise à contenir.

En écrivant la préface du *Dernier jour d'un condamné*, le poète s'est flatté, et c'était bien naturel, d'ajouter à son ouvrage la force du raisonnement, et d'augmenter par là l'impression qu'il en attendait. Mais, au contraire, il n'a pu ainsi que l'affaiblir. Le livre lui-même, par sa composition pittoresque, ses qualités d'expression et de coloris, a quelque chose de saisissant, que l'on peut comparer aux effets que recherche aujourd'hui l'école *impressioniste*, à cela près qu'on n'y trouve pas ces phrases désarticulées et ces formes tourmentées par lesquelles des romanciers de beaucoup de talent essaient de communiquer au lecteur leurs propres états érectiles et leurs troubles nerveux. Mais la préface fait valoir des motifs mêlés, fort inégaux, quelques-uns qui sont faibles, d'autres, meilleurs, qui ne laissent pas d'appeler la controverse. Résumons-les, et laissons le lecteur faire le partage.

La vengeance est au-dessous de la société; le châtiment est au-dessus, il est à Dieu. La sûreté sociale est assez garantie par les prisons. L'exemple, qu'on dit utile, est inefficace et produit l'endurcissement; d'ailleurs on a renoncé à ce qui passait pour en faire surtout la force : l'échafaud est réduit par le sentiment public à se cacher. La peine sévit sur le criminel, sur lui seul, qui cependant a trouvé dans la société les conditions de sa culpabilité; et elle s'étend indirectement à sa famille, s'il en a une, dont les membres sont innocents. Le supplice a perdu de sa moralité depuis que la foi dans la vie future et dans le jugement de Dieu est affaiblie chez le condamné et chez le juge; et, en même temps que cette foi baisse, l'adoucissement des mœurs du à l'influence du christianisme appelle la réforme de la pénalité : « La douce loi du Christ pénétrera enfin le code et rayonnera à travers. On regardera le crime comme une maladie, et cette maladie aura ses médecins qui remplaceront vos juges, ses hôpitaux qui remplaceront vos bagnes. La liberté et la santé se ressembleront. On versera le baume et l'huile où l'on appliquait le fer et le feu. On traitera par la charité ce mal qu'on traitait par la colère. Ce sera simple et sublime. La croix substituée au gibet. Voilà tout [1]. »

N'est-il pas curieux que Victor Hugo soit arrivé, il y a soixante-dix ans, à une conclusion dans laquelle il se rencontre avec les juristes et les médecins de l'école antijuridique et positiviste la plus récente : assimiler le criminel au malade, vouloir remplacer les tribunaux et les juges par des maisons de santé et des aliénistes. Planter la croix sur cette réforme, il n'y a qu'en ce dernier point que le criminalisme soi-disant scientifique ne relève pas précisément des mêmes idées. Et pourtant la charité, s'ils allaient au fond de leurs propres sentiments, se trouverait encore être le véritable mobile de ces adversaires du jugement et de la peine; car quel autre principe invoquer, à moins que ce ne soit le principe contraire? Il est vrai qu'ils ont le choix : ils peuvent, aussi bien que

---

[1]. *Le Dernier jour d'un condamné*, fin de la préface. L'ouvrage, paru en 1829, eut plusieurs éditions avant celle de 1832 à laquelle l'auteur, qui avait d'abord gardé l'anonyme, ajouta cette préface afin de « dire toute sa pensée ».

sur la pitié, — peut-être en prétendant transporter leur bienveillance de l'individu au corps entier de l'humanité, — s'appuyer simplement sur le fait et la force, et vouloir aider la loi de l'évolution dans son œuvre. Remarquons que, dans ce cas, la peine de mort devrait logiquement reparaître, en échangeant seulement son caractère juridique contre celui d'une opération qui supprimerait, dans l'intérêt de l'espèce, les malades que nul traitement médical ne peut ramener à la santé.

Ce dernier ordre d'idées n'aurait pu que répugner profondément à Victor Hugo. Bons ou mauvais que soient en eux-mêmes les arguments qu'il tire du mystère de la destinée, et cet autre, où il met en doute le droit de combattre le mal par cela qui, considéré absolument, est un mal aussi, ils sont tout l'opposé du dogmatisme évolutioniste; ils sont individualistes et mystiques; et ce sont bien ceux qu'il a développés d'une manière originale et avec la plus grande éloquence, en plusieurs endroits, surtout dans ces beaux vers du poème du *Pape* [1] :

> Ainsi vous maniez la mort sans la connaître!...
> Vous n'avez pas construit et vous osez détruire!...
> Dieu fait la mort divine et vous la mort humaine!
> Sombre usurpation dont frémit le penseur...
> De quel droit mettez-vous une âme toute nue,

---

[1]. Dans la section de ce poème intitulée : *Un échafaud.*

Et faites-vous subir à cette nudité
L'effrayant face à face avec l'éternité ?
Ce dépouillement brusque est interdit au juge..
Dieu nous a mis à tous sur la face la nuit ;
Il ne nous a point faits transparents ; il nous couvre
D'un suaire de chair et d'ombre qui s'entr'ouvre
Quand il veut, au moment indiqué par lui seul ;...
Malheur, si nous faisons soudainement des morts !...
Je m'ignore, je suis pour moi-même voilé,
Dieu seul sait qui je suis et comment je me nomme.
L'arrachement du masque est-il permis à l'homme ?
Frémissez. Savez-vous le possible d'une âme ?...
Soyons prudents devant ce que nous ignorons.
La terre est un point sombre avec des environs
Illimités de brume et d'espace farouche.
Tout l'infini frémit d'un atome qu'on touche...
L'homme tue au hasard. L'homme, en proie au délire,
A dans de l'inconnu jeté de l'ignoré.
Ah ! c'est un attentat triste et demesuré
De jeter quelque chose à la noirceur muette,
Sans savoir où l'on jette et savoir ce qu'on jette,
D'accroître la stupeur du gouffre avec ce bruit,
La hache, et d'envoyer de l'ombre à de la nuit.

Les mêmes pensées se retrouvent dans la satire intitulée *l'Échafaud* [1], avec la même tendance, peut-être encore plus marquée, à nier tout droit de punir, à remettre à Dieu — ou à la destinée qu'il a instituée — tout jugement et toute suite naturelle de nos actions, quelles qu'elles soient. Cette espèce de quiétisme est un corollaire très logique de la morale de la pitié et de l'amour absolu, ainsi qu'on peut le voir clairement dans

1. *Les Quatre Vents de l'esprit*, I, 17.

les œuvres philosophiques du comte Tolstoï, par exemple. Dans *Ma religion*, et encore ailleurs, ce pur moraliste chrétien demande que les préceptes évangéliques de *ne juger point et ne résister point* soient pris à la rigueur de la lettre et réellement observés. Son principe est que la *vraie vie*, c'est de vivre pour autrui, mais que la société ne doit pas être une institution juridique de contrainte ; qu'il faut donc laisser toutes choses aller, sans recours à la force, sans tribunaux et sans autre intervention, quoi qu'il puisse arriver, que celle de l'exhortation et du dévouement. Victor Hugo, nous l'avons déjà remarqué, n'est pas moins porté, selon que souffle chez lui l'esprit, du côté du principe de justice que de celui du principe de charité absolue, mais la méthode poétique qui lui est naturelle et comme incarnée ne lui permet pas de penser que ses sentiments, quand il en éprouve d'opposés, aient besoin d'être conciliés. Au surplus, on a vu à notre époque des auteurs d'un mérite très reconnu et très vanté, dont les études, les sujets qu'ils ont traités exigeaient de la logique, une conclusion ferme, la mise en accord des vues et des opinions variées par lesquelles ils passaient, ne point viser à plus de cohérence, et n'avoir pas des exigences d'esprit plus rationnelles que notre poète. Nous citerons l'illustre auteur des *Origines du christianisme*; il a dû à cette facilité, on le montrerait sans peine si c'était le lieu, ses éminentes qualités littéraires.

Victor Hugo, emporté par la haine de l'échafaud, arrive sans s'en apercevoir à des pensées presque semblables à celles du grand romancier russe, et qui, si on les pressait un peu, en passant de la question de la peine capitale à celle du jugement et de la peine en général, pourraient aboutir à la négation de la loi de crainte comme lien social :

> Le vieux glaive du juge a la nuit pour fourreau.
> Le tribunal ne peut de ce fourreau livide
> Tirer que la douleur, l'anxiété, le vide,
> Le néant, le remords, l'ignorance et l'effroi,
> Qu'il frappe au nom du peuple ou venge au nom du roi.

> Justice ! dites-vous. Qu'appelez-vous justice ?
> Qu'on s'entr'aide, qu'on soit des frères, qu'on vêtisse
> Ceux qui sont nus, qu'on donne à tous le pain sacré,
> Qu'on brise l'affreux bagne où le pauvre est muré,
> Mais qu'on ne touche point à la balance sombre !
> Le sépulcre où, pensif, l'homme naufrage et sombre,
> Au delà d'aujourd'hui, de demain, des saisons,
> Des jours, du flamboiement de nos vains horizons,
> Et des chimères, proie et fruit de notre étude,
> A son ciel plein d'aurore et fait de certitude ;
> La justice en est l'astre immobile et lointain.
> Notre justice à nous, comme notre destin,
> Est tâtonnement, trouble, erreur, nuage, doute ;
> Martyr, je m'applaudis ; juge, je me redoute...

> Quel pas aurez-vous fait pour avoir ajouté
> A votre obscur destin, ombre et fatalité,
> Cette autre obscurité que vous nommez justice ?...

O vivants, c'est démence ; et qu'aurez-vous gagné
Quand, d'un culte de mort lamentables ministres,
Vous aurez marié ces infirmes sinistres,
La justice boiteuse et l'aveugle Anankè¹?

1. *Les Quatre Vents de l'esprit,* loc. cit. — Pour la discussion, souvent éloquente, des arguments d'ordre plus commun contre la peine de mort, il faut citer le discours pour la défense de Charles Hugo en cour d'assises (11 juin 1851); — la lettre écrite en 1862, à propos d'un projet de Constitution pour Genève; et divers actes d'intervention en faveur de condamnés à mort : Tapner, à Guernesey (1854), John Brown (1859), Bradley, à Jersey (1868). N'oublions pas de nombreuses apostilles de recours en grâce, non plus que les quatre vers adressés au roi Louis-Philippe après la condamnation à mort de Barbès, le 12 juillet 1839.

CHAPITRE X

La morale des romans.

Est-ce une contradiction encore à signaler, dans les pensées de Victor Hugo, que celle qu'on croirait trouver entre cette devise de ses romans, depuis *Notre-Dame de Paris* jusqu'à *Quatre-vingt-treize* : *Ananké*, et la conviction forte, partout écrite dans sa prose et dans ses vers, qui se résume en ces mots : conscience, devoir, liberté? Nous ne le pensons pas. Le cas serait plus grave, et motiverait mieux un reproche, même s'adressant à un poète, qu'alors qu'il s'agissait des sentiments opposés de la justice et de la pitié; car on s'explique bien que ces derniers l'aient inspiré tour à tour selon la pente donnée à son esprit par les circonstances; mais on comprendrait plus difficilement qu'il eût constamment professé le déterminisme, et si souvent, si fortement montré combien il était pénétré de la croyance au libre arbitre, si c'eussent été là pour lui des thèses philosophiques. Mais ce ne sont point des thèses; ce sont des vérités qui éclatent l'une et l'autre au spectacle du monde et s'opposent sans se contredire. La première est mal nommée nécessité, ou déterminisme. Elle a pour vrais noms la fatalité des passions déchaînées, la logique des caractères, l'action des solidarités, la force des circonstances. L'autre vérité ressort de la conviction, pratiquement invincible, qu'a tout agent moral de la possibilité soit d'un acte futur, soit du contraire de cet acte, à l'issue d'une délibération. La réalité du libre arbitre n'empêche pas que des enchaînements nécessaires de faits n'enveloppent des masses de phénomènes de tout ordre, dont l'étendue et la gravité ne peuvent guère s'exagérer, à moins de dire que rien n'y échappe. Mais c'est ce que ne fait point l'*Ananké* de Victor Hugo. Les philosophes qui ont pris une idée plus adoucie des choses n'ont eu la vue exacte ni de ce côté de la vérité, ni du côté opposé, ni bien approfondi les notions correspondantes.

Les trente ans d'intervalle qui séparent de la publication de *Notre-Dame de Paris* celle des *Misérables* répondent à un progrès immense dans les conceptions morales de l'auteur. L'*Ananké*, dans le second de ces ouvrages, œuvre admirable dont plusieurs parties atteignent le sublime, n'est plus, comme dans le premier, appliquée à des effets de pure imagination, avec des couleurs crues et voyantes, en des passions de caractère exceptionnel, chez des personnages qui sont moins des types que des monstres ou des fantoches, et le tout vu à la lumière toujours un peu suspecte du reculement historique; elle est prise dans le réel et l'actuel, dans un ennemi présent à combattre : « la damnation sociale, créant artificiellement, par le fait des mœurs et des lois, des enfers, et compliquant d'une fatalité humaine la destinée qui est divine »; d'où le triple problème que nous posent « la dégradation de l'homme par le prolétariat, la déchéance de la femme par la faim, l'atrophie de l'enfant par la nuit » [1]. Ce roman est le développement des sentiments qui avaient inspiré la poignante analyse du *Dernier jour d'un condamné*, et le récit presque tout réaliste de la vie de *Claude Gueux* : généreuses protestations de la jeunesse de l'auteur contre le système pénal et le régime pénitentiaire des sociétés civilisées. On y trouve un rare et bel assemblage des qualités

---

1. *Les Misérables*, Préface de l'auteur.

opposées d'observation et d'analyse, et de généralisation, d'idéalisation des caractères; ils sont à la fois très vivants et élevés à la hauteur de types. La psychologie morale qui se montre dans les portraits et dans les pensées d'un Jean Valjean [1], d'un Monseigneur Bienvenu [2], d'un Thénardier [3], d'une sœur Simplice [4], d'un Javert, quoique si étonnamment idéalisé [5], et de quelques autres encore, est à la fois fine et profonde. Mais l'histoire d'une conscience, à partir du moment où Valjean reçoit la nouvelle de l'affaire Champmathieu; le récit de son rêve, une merveille; son voyage, ses sensations à l'audience, la péripétie de la révélation ne sauraient être assez admirés. La suite et la fin de cette vie si curieusement imaginée sont à la hauteur du commencement. L'invention des événements au travers desquels elle se déroule est intéressante et puissante, les moindres caractères sont pleins de vie et de naturel, et les épisodes de l'histoire politique empreints du véritable esprit du temps (dans les premières années après 1830).

Recueillons quelques traits et quelques pensées

---

1. *Les Misérables*, première partie, liv. VII et VIII.
2. *Ibid.*, liv. I, 13 et 14.
3. *Ibid.*, liv. IV.
4. *Ibid.*, liv. VII, 1.
5. *Ibid.*, liv. V, 5.

saillantes de cette belle œuvre qui s'élève si fort au-dessus de tous les autres romans français ou anglais d'une époque cependant si féconde. On ne pourrait en rapprocher pour l'élévation morale que les romans de George Eliot, dont l'infériorité à d'autres égards est marquée, si l'on songe au génie d'invention, à la grandeur et à la complexité du sujet, dans *les Misérables*.

Une pensée à relever la première, parce qu'elle est au cœur même de l'œuvre et nous la fait le mieux comprendre, est ainsi formulée dans un passage de l'admirable étude de l'âme de Marius amoureux et abandonné [1] : « Heureux, même dans les angoisses, celui à qui Dieu a donné une âme digne de l'amour et du malheur. Qui n'a pas vu les choses du monde et le cœur des hommes à cette double lumière n'a rien vu de vrai et ne sait rien. L'âme qui aime et qui souffre est à l'état sublime. » Des hommes incapables de voir sous ce jour les choses du monde sont caractérisés dans un autre passage, encore bien que regardés comme au-dessus de la sphère si peuplée des médiocres, dans la catégorie des penseurs et des esthètes [2]. « Ces penseurs oublient d'aimer... Dieu

---

1. *Les Misérables*, IV⁰ partie, II, 1.
2. *Ibid.*, V⁰ partie, I, 16.

leur éclipse l'âme. C'est là une famille d'esprits à la fois petits et grands. Horace en était, Gœthe en était, La Fontaine peut-être ; magnifiques égoïstes de l'infini, spectateurs tranquilles de la douleur, qui ne voient pas Néron s'il fait beau, auxquels le soleil cache le bûcher, qui regarderaient guillotiner en y cherchant un effet de lumière, qui n'entendent ni le cri, ni le sanglot, ni le râle, ni le tocsin, pour qui tout est bien, puisqu'il y a le mois de mai, qui, tant qu'il y aura des nuages de pourpre et d'or au-dessus de leur tête, se déclarent contents... L'indifférence de ces penseurs, c'est là, selon quelques-uns, une philosophie supérieure. Soit, mais dans cette supériorité, il y a de l'infirmité. » Sans vouloir discuter l'âme de La Fontaine ou de Gœthe, on peut au moins reconnaître ici tels poètes ou romanciers nos contemporains qui ont professé cette belle indifférence. Ils ont fait école en France et en Angleterre [1].

Les tableaux de la misère et de la dégradation morale, dans *les Misérables*, sont vivants et poignants, avec un caractère d'émotion réelle qui est

---

[1]. Voir la correspondance de G. Flaubert, qui s'est rendu le martyr de sa religion, ayant fait son dieu de l'art d'écrire. Et voir un roman anglais récent : *Miss Brown*, dont l'auteur a pris pour sujet la forme esthétique de la corruption du cœur.

loin de se rencontrer chez tous les romanciers qui ont traité de semblables sujets. Les tirades de déclamation pittoresque, chez un Thénardier, une fille Éponine, et autres personnages des bas-fonds sociaux, ont, dans leur *réalisme*, une tournure poétique, par où le style relève singulièrement le fond. Le détail des sensations éprouvées par un malheureux, dans le dénûment, ressemble si peu à des *choses imaginées*, qu'il nous rappelle plutôt l'observateur pénétrant, exact quand il a voulu l'être, si fidèle en ses récits de faits et de paroles, notés comme « choses vues » ou entendues ; par exemple, dans les comptes rendus que Victor Hugo avait écrits pour lui-même, et qu'il nous a laissés, d'une conversation familière avec Villemain, atteint de folie, ou du procès Teste et Cubières, à la Chambre des pairs, ou de l'affaire de l'espion Hubert à Jersey, etc. [1].

Il faut citer, à l'appui d'un talent d'analyse qui étonne chez ce grand imaginatif, la description des états d'âme chez les insurgés, dans le bel épisode de la guerre des barricades ; de leurs mobiles d'action, divers comme leurs tempéraments et comme leurs humeurs ; et de leurs illusions ; et de

---

[1]. Voir, pour exemple de traits observés et soigneusement recueillis, « l'Origine de Fantine », dans *Choses vues*, année 1841.

cet effet, profondément observé, de l'espèce d'exaltation qui meut et détermine l'homme comme dans un rêve, et l'emporte à des actes qui, rendu à la réflexion, le surprennent comme s'ils eussent été inconscients [1]. Le même genre de mérite est très remarquable dans toute la partie descriptive des sentiments complexes des personnages, dans les crises successives de leur vie, encore bien que les événements dépassent souvent les proportions du vraisemblable. Mais, c'est un grossissement qui ne déforme pas.

Le point de vue pris par le romancier, en son appréciation de l'état social au moment des insurrections républicaines contre le gouvernement de Louis-Philippe, ne manque ni de généralité ni d'élévation. « Il y a sous la construction sociale des excavations de toutes sortes. Il y a la mine religieuse, la mine philosophique, la mine politique, la mine économique, la mine révolutionnaire. Tel pioche avec l'idée, tel pioche avec le chiffre, tel pioche avec la colère. On s'appelle et on se répond d'une catacombe à l'autre. Les utopies cheminent sous terre dans les conduits... Quelquefois elles s'y combattent... Mais rien n'arrête ni interrompt la tension de toutes ces énergies vers le but et la

---

[1]. *Les Misérables*, IV° partie, XIV, 1-5.

vaste activité simultanée, qui va et vient, monte, descend et remonte dans ces obscurités, et qui transforme lentement le dessus par le dessous et le dehors par le dedans ; immense fourmillement inconnu. La société se doute à peine de ce creusement qui lui laisse sa surface et lui change les entrailles. Autant d'étages souterrains, autant de travaux différents, autant d'extractions diverses. Que sort-il de toutes ces fouilles profondes ? L'avenir...

« Au-dessous de toutes ces mines que nous venons d'indiquer, au-dessous de toutes ces galeries, de tout cet immense système veineux souterrain du progrès et de l'utopie... plus bas, beaucoup plus bas, et sans relation aucune avec les étages supérieurs, il y a la dernière sape. Lieu formidable... C'est la fosse des ténèbres, c'est la cave des aveugles. *Inferi*. Ceci communique aux abîmes.

« Là le désintéressement s'évanouit. Le démon s'ébauche vaguement ; chacun pour soi. Le moi sans yeux hurle, cherche, tâtonne et ronge. Les silhouettes farouches qui rôdent dans cette fosse, presque bêtes, presque fantômes, ne s'occupent pas du progrès universel, elles ignorent l'idée et le mot, elles n'ont d'autre souci que l'assouvissement individuel... Cette cave est au-dessous de toutes et est l'ennemie de toutes... Cette cave a pour but l'effondrement de tout. Elle ne mine pas seulement l'ordre social actuel; elle mine la philosophie, elle mine la science, elle mine le droit, elle mine la pensée humaine, elle mine la civilisation, elle mine la révolution, elle mine le progrès. Elle s'appelle tout simplement vol, prostitution, meurtre et assassinat. Elle est ténèbres, et elle veut le chaos. Sa voûte est faite d'ignorance. Toutes les autres, celles d'en haut, n'ont qu'un but, la supprimer. C'est là que tendent, par tous leurs organes à la fois, par l'amélioration du réel, comme par la contemplation de l'absolu, la philosophie et le progrès. Détruisez la cave Ignorance, vous détruisez la taupe Crime[1]. »

Nous avons relevé, dans un autre endroit, l'erreur qui se mêle à cette description du « troisième dessous » de l'édifice social : Prendre la cause de la corruption humaine, essentiellement, dans l'ignorance et dans la misère, — dans la misère, sans remonter à ses sources chez le misérable lui-même, et sans songer aux vices du cœur, que nous voyons se développer dans tous les milieux moraux, et qui donnent à l'entière perversion toutes ses ouvertures. Victor Hugo observateur et romancier en a su plus long sur la répartition des

---

1. *Les Misérables*, IIIe partie, vii, 1 et 2.

bons et des mauvais sentiments moraux entre les classes sociales, que Victor Hugo philosophe, asservi aux lieux communs de la philosophie du progrès. Il nous a montré, comme parangons de méchanceté native et consommée, des gens de la même classe, ou plutôt supérieure, et d'un degré d'instruction plus élevé que d'autres, qui sont ignorants, pauvres et foncièrement honnêtes. Gilliatt, des *Travailleurs de la mer*, est un modèle de pureté morale et de dévouement; et voici le portrait de Sieur Clubin : « L'hypocrisie avait pesé trente ans sur cet homme. Il était le mal et s'était accouplé à la probité. Il haïssait la vertu d'une haine de mal marié. Il avait toujours eu une préméditation scélérate; depuis qu'il avait l'âge d'homme, il portait cette armure rigide, l'apparence. Il était monstre en dessous. Il vivait dans une peau d'homme de bien avec un cœur de bandit [1]. » Remarquons aussi, dans *l'Homme qui rit*, le contraste de la perversité savante de l'homme de cour, ou de la dépravation raffinée de la grande dame, avec les vertus de ces deux misérables, Ursus, le saltimbanque philosophe, et Gwynplaine, l'enfant perdu; puis l'innocence angélique de Déa, leur créature. Remarquons, en opposition

---

1. *Les Travailleurs de la mer*, première partie, VI, 6.

avec les personnages instinctifs et tout de sentiment, ceux qui ont le devoir pour ainsi dire dans le sang ; par exemple, ce caractère de chef militaire : « Homme de second plan, honnête, intrépide, médiocre, meilleur soldat que chef, rigoureusement intelligent, jusqu'au point où c'est le devoir de ne plus comprendre, jamais attendri, inaccessible à la corruption quelle qu'elle fût, aussi bien à la vénalité qui corrompt la conscience qu'à la pitié qui corrompt la justice »[1]. Et ce type fameux de l'homme de police, Javert, et, avant tout, le forçat évadé Valjean, son grand adversaire, deux ignorants dont les consciences vivent de justice, quoique si diversement ! Quel rapport imaginable y a-t-il entre leur être moral et ce qu'ils possèdent, ou plutôt qui leur manque, de garanties d'existence et de lumières ? Javert, lui, est à tel point un caractère, et le produit d'une pensée indépendante des accidents, que, dans le beau récit de sa crise mentale, avant son suicide, nous le voyons arriver avec effroi à cette idée, pour lui nouvelle : qu'il existe peut-être au monde quelque autre chose que le devoir rectiligne sous l'autorité qui commande et qui fait l'ordre social. « En me laissant la vie, en me fai-

---

[1]. *Quatre-vingt-treize*, IIIe partie, II, 12.

LA MORALE DES ROMANS 225

it grâce, qu'a-t-il fait? » se demande-t-il. Qu'a
t Jean Valjean? « Son devoir? Non. Quelque
ose de plus. Et moi, en lui faisant grâce à mon
ir, qu'ai-je fait? Mon devoir? Non. Quelque
ose de plus que le devoir?

« Ici il s'effarait... [1] »

Victor Hugo, consacrant comme il l'a fait une
rtie importante de son grand roman à la lutte
roïque des républicains, en 1832, contre la
onarchie de Juillet, et traduisant en discours élo-
ents leurs sentiments exaltés, leurs vues non
ulement opposées à la volonté du pays presque
ut entier, mais encore utopiques bien souvent,
st posé la question de la légitimité des insur-
ctions. Nous n'étonnerons personne en disant
e ce terrible problème ne lui a point dû sa solu-
on. Il n'a pu, au fond, distinguer l'*insurrection*
 l'*émeute*, et la justifier, que par des caractères
ls que l'importance, le succès et le progrès, qui
 touchent pas au point de droit [2]. C'est qu'après
ut, la nécessité historique était pour lui, confor-
ément aux théories en vogue, une réponse
time aux difficultés. « Desmoulins, Danton,
arat, Grégoire, Robespierre, dit-il dans un autre

---

1. *Les Misérables*, V^e partie, iv : « Javert déraillé ».
2. *Ibid.*, IVe partie, x, 2 : « le Fond de la question ».

roman, ne sont que des greffiers. Le rédacteur énorme et sinistre de ces grandes pages a un nom : Dieu, et un masque : Destin. Robespierre croyait en Dieu. Certes ! — La révolution est une forme du phénomène immanent qui nous presse de toutes parts et que nous appelons la Nécessité[1]. » On sait que l'image de l'immanence est dans le langage de Victor Hugo l'idée d'une force obscure, irrésistible, inhérente dans tous les temps aux êtres, et les maîtrisant ; et, quant au mot *phénomène*, il faut le prendre en un sens littéraire, ou populaire, le seul avec lequel il fût familiarisé.

A ne tenir point compte des formules doctrinales, où l'artiste aisément se fourvoie, et tourne inconsciemment à la contradiction, il reste que la pensée du roman des *Misérables* est bien réellement celle de la lutte de l'homme contre la force publique considérée sous son aspect d'oppression : oppression de la loi sociale, ou de crainte, en tant qu'elle réprime brutalement et que, en ce qui concerne son action dominante, elle n'aide point et ne relève point, et souvent écrase, parce qu'elle procède par généralités, sans égard aux espèces, aux individus : c'est le sujet principal ; et oppression politique, ou des gouvernements, en ce qu'ils sont

---

1. *Quatre-vingt-treize*, IIe partie, III, 1.

rebelles aux progrès réclamés par les hommes les meilleurs, qui sont dès lors poussés à la révolte : c'est le sujet épisodique. Telle est l'idée de l'*Ananké* dans ce roman.

La même idée de lutte contre une fatalité externe reparaît dans *les Travailleurs de la mer*, avec une application différente. Victor Hugo s'en explique dans la préface de cette belle œuvre, où des pages vraiment sublimes, et qui imposent une admiration sans mélange, se détachent du milieu des virtuosités du grand artiste de la parole. Il a, dit-il, dénoncé l'*ananké des dogmes* dans *Notre-Dame de Paris*, — des dogmes! ceci ressemble fort à une vue suggérée après coup par le goût de la symétrie, — il a dénoncé l'*ananké des lois* dans *les Misérables*; il va, dans *les Travailleurs de la mer*, dénoncer l'*ananké des choses*, la fatalité des forces de la nature, et peindre la lutte de l'homme contre les éléments, contre la mer, qui devient alors pour lui le symbole achevé de l'horreur, de la brutalité et de la déraison. Il joindra « à ces trois fatalités qui enveloppent l'homme la fatalité intérieure, l'*Ananké* suprême, le cœur humain ». Il dit ailleurs qu'il a voulu, dans ce roman, glorifier le travail et le dévouement, montrer la victoire de l'homme sur la fatalité naturelle, mais aussi sa défaite dans la lutte contre la fatalité de la passion, « montrer que le plus implacable des abîmes, c'est le cœur, et que ce qui échappe à la mer n'échappe pas à la femme ». En effet, l'amour intense, mais secret, et le suicide de Gilliatt, en contraste avec l'amour idyllique d'Ebénézer et de Déruchette, êtres innocents, causes inconscientes de désespoir et de mort pour l'être à sentiments profonds, est un beau thème de fatalité passionnelle, que Victor Hugo avait déjà traité, mais avec bien moins de vérité et de délicatesse, en sa triade d'Esmeralda, Phœbus et Quasimodo, dans *Notre-Dame de Paris*. La fatalité Claude Frollo, dans ce dernier roman, s'ajoutait à la fatalité Phœbus, contre le malheureux Quasimodo, pauvre monstre qui pouvait être vaincu à moins de frais. Gilliatt, grand par le cœur, physiquement très fort, d'une intelligence insociable, toute tournée aux choses de la mer, est le monstre encore, admirablement humanisé, mais le monstre, nécessairement, pour la charmante jeune fille sans caractère, innocente production de la nature morale en sa fleur, avant l'épreuve des passions combattues. Ce type de la femme avant la formation du caractère est élevé à l'idéal de sainteté de l'amour, chez la jeune aveugle Déa de *l'Homme qui rit*. Elle rend, celle-là, son amour au grand homme de cœur, monstre physique et victime de la plus abominable inhumanité; et c'est une autre sorte de fatalité qui pousse ce dernier au suicide.

On a remarqué et blâmé ce dénouement par le suicide, comme si l'auteur avait entendu, systématiquement et par trois fois, dans ses trois derniers romans, enseigner cette issue qu'il donne à la lutte contre l'*Ananké*, et cette solution du problème de la vie malheureuse par ses trois héros, Gilliatt, Gwynplaine et, au fond, Cimourdain. Ici, la critique part de l'idée fausse que les actes mêmes que le poète fait faire aux personnages de sa création, il nous les conseille à nous pour des circonstances analogues. Il faut se garder de confondre l'histoire avec la morale. Le roman est une histoire des passions. Au reste, ce dénouement n'est point celui des *Misérables*, parce que, là, le héros arrive épuisé à la fin d'une lutte dans laquelle il a été soutenu par l'amour paternel (amour d'adoption); que ses réflexions sur la vie, mélange de sentiments chrétiens et de mœurs stoïques, de bonté et de devoir, et toute la suite des sacrifices accomplis, l'ont accoutumé à la résignation, et qu'enfin sa dernière douleur, étant de l'ordre le plus humain des choses, doit le tuer lentement, et non pas causer sa révolte finale contre la destinée, ainsi que pourrait le faire une subite catastrophe.

La vraie pensée du poète sur le suicide a été exprimée en vers; il ne faut pas dire ici trop beaux, quoiqu'ils le soient beaucoup, mais trop bien sentis, pour rester douteuse :

> Oui, Caton a mal fait; oui, Brutus avait tort.
> Le sage est mal sorti, l'intrépide est mal mort.
>   Le suicide est une fuite...
>
> Braver la destinée en s'en rassasiant,
> C'est l'honneur; le grand homme est le grand patient;
>   Attendre est la vertu sévère...
>
> Socrate et non Brutus! Jésus et non Caton!
> Vous mourrez, vous mourrez. Pourquoi se hâte-t-on?
>   Souffrez, enseignez, cœurs fidèles...
>
> Si tu n'es qu'un vivant, frêle, obscur, incertain,
> Vis et pleure; descends pas à pas ton destin;
>   Vieillis; reste l'homme ordinaire.
> De quel droit, cendre, atome, espèce d'ombre aux fers,
> Fais-tu tomber sur toi la mort aux yeux d'éclairs,
>   Et déranges-tu le tonnerre?
>
> Ou si de toi ton siècle a fait un grand témoin,
> Accepte échafaud, bagne, exil; sois au besoin
>   L'esclave auguste de l'exemple...
>
> L'homme est sombre; qu'il souffre, il brillera; Dieu bon
> Refait le diamant avec le vil charbon;
>   L'aube est sous nos brumes funèbres;
> Et la création n'est qu'un souffle d'où sort
> Le rayon qui, joyeux, dorant l'ombre et la mort,
>   S'épanouit hors des ténèbres [1].

Nous disions que le roman est une histoire des passions; mais il doit, quand le génie du conteur

---

[1]. *Les Quatre Vents de l'esprit*, III, 27 : « Pati ».

en est capable, s'élever au-dessus de l'anecdotique, viser au général, tout en paraissant ne pas sortir du particulier. Le particulier est tout d'invention alors, et c'est pour cela même qu'il remplit la fonction de l'universel, ainsi qu'Aristote comprenait cet intéressant point d'esthétique, quand il disait *la poésie plus vraie que l'histoire*. Victor Hugo touche à la même idée en d'autres termes, appelant la poésie *légende*, quand il écrit : « L'histoire a sa vérité, la légende a la sienne. La vérité légendaire est d'une autre nature que la vérité historique. La vérité légendaire, c'est *l'invention ayant pour résultat la réalité*. Du reste, l'histoire et la légende ont le même but : *peindre sous l'homme momentané l'homme éternel* [1]. »

Le poète n'a pas vu aussi clairement que le philosophe que l'*homme éternel* était plus proprement le sujet de l'*invention*, qui, en cela, peut atteindre un genre de réalité qu'exclut la vérité historique. Mais sa méthode dans le drame et dans le roman est entièrement conforme à cette vue. Ses principaux personnages sont tous légendaires, pour employer l'expression qu'il a choisie, c'est-à-dire ou représentent des passions incarnées, en lutte les unes contre les autres, ou ser-

---

1. *Quatre-vingt-treize*, III, i, 1.

vent à mettre en action des idées. Ils sont en conséquence, même quand ils sont pris dans l'histoire, élevés à une sorte d'absolu, chacun dans ce qu'il est. De là les types, et de là, si l'on veut, les monstres, les violentes antithèses, dominées par le dualisme général du bien et du mal, ou par l'association des disgrâces physiques et de la beauté morale. L'écueil de cette méthode, qu'on pourrait appeler, telle que Hugo l'a appliquée, la méthode de l'agrandissement et de la sublimité, c'est de ne pas toujours mettre dans le *légendaire*, ou universel, une part de vraisemblance *historique* et d'individualité, indispensable à l'artiste qui veut donner à l'invention « pour résultat la réalité », et non pas éveiller par elle le sentiment de l'impossible. C'est aussi de vouloir trop directement tirer la moralité de la fable, et de montrer pour cela le visage de l'auteur derrière les personnages. Et enfin il peut arriver qu'en vue de produire certaines péripéties et d'exciter de vives émotions, on manque à la logique d'un caractère.

Par exemple, un chef vendéen qu'on a dépeint comme absolument et systématiquement impitoyable, auquel on a prêté, dans une occasion terrible, des paroles sur le devoir, capables de désarmer un grossier matelot qui tient sa vengeance et qui est assuré de l'impunité¹, ce chef manquera à son propre devoir en se rendant prisonnier pour sauver des enfants dans un incendie. Mais l'effet cherché est produit : le pouvoir de la pitié sur l'âme du plus insensible. A ce trait de dévouement du chef vendéen s'ajoute celui du chef républicain son parent, autre homme de devoir, qui manque à son devoir en le faisant évader ; et, à celui-ci, un troisième, le dévouement de l'envoyé du Comité de salut public, qui, lui, fait son devoir en condamnant à mort son élève, presque son fils, et y manque l'instant d'après d'une autre manière en se livrant lui-même à l'échafaud. C'est au suicide, au fond, qu'arrive ainsi, comme conclusion pratique, le débat d'ailleurs intéressant et émouvant de la justice et de l'amour, du devoir formel et de la bonté, dans l'âme du jacobin stoïque². La logique des caractères est sacrifiée à l'émotion, et sans doute aussi à la thèse du triomphe définitif de l'amour dans les grandes âmes.

L'idée générale de la fatalité, mais prise cette fois dans le choc des passions de la guerre civile, règne dans ce dernier roman de Victor Hugo :

---

1. *Quatre-vingt-treize*, première partie, III.
2. *Ibid.*, III⁰ partie, VI, 2, et VII, 5.

Quatre-vingt-treize, comme dans les précédents. Il est cependant inférieur à ceux-ci, à ceux de la période de l'exil, malgré la beauté de certaines parties, et la grande virtuosité d'exécution de quelques autres (l'épisode de la caronade lâchée, par exemple); et cela, non point parce que l'auteur, afin d'élever l'*histoire* à la *légende*, a trouvé le moyen de forcer les effets dans un sujet déjà si terrible et si touchant par lui-même, mais au contraire, parce qu'il a voulu rester trop historique. Il y a pour le lecteur instruit et délicat quelque chose de déplaisant à se voir présenter des faits et des caractères, des portraits, des dialogues, comme différents de ce qu'il attend, alors qu'il s'agit d'hommes qu'il ne peut envisager que sous l'aspect de la réalité, avec le secours d'une imagination réglée par la mémoire. Ce défaut, commun aux romans historiques, est d'autant plus sensible que leurs sujets sont pris plus près de nous. Il est plus choquant de faire converser Danton, Marat et Robespierre sur leurs vues respectives de politique révolutionnaire, que d'inventer des conversations de Henri III ou de Louis XIV avec leurs courtisans; et pourtant ceci même n'est pas sérieux, manque de dignité en quelque sorte, et n'est admissible que dans le genre amusant créé par le charmant conteur Alexandre Dumas père.

Combien un sujet tel que celui des *Travailleurs de la mer*, ou de *l'Homme qui rit* est plus *vrai*, en étant plus inventé, plus *poétique*! Le second de ces romans, d'une originalité saisissante et d'une incomparable élévation de sentiment, n'a pas obtenu tout le succès qu'il méritait. L'étrangeté de la conception, la nouveauté des traits humoristiques, certaines bizarreries moins bien rencontrées, ont servi d'excuse à la froideur d'un public trop souvent incapable de s'élever au sublime de la création poétique, ou ne fût-ce que de suivre un romancier qui a rompu avec les lieux communs romanesques. Victor Hugo a atteint dans ce roman la perfection du genre qu'il faut bien nommer l'association du monstrueux et de l'idéal, mais il en a tiré des effets moraux saisissants. Ce ne sont plus les monstres isolés et grossiers de ses premiers romans, c'est une réunion de singularités humaines, naturelles ou factices, produits divers de la destinée dans une société mauvaise, et mis en contraste les uns avec les autres ou dans leurs propres conditions d'existence : Gwynplaine, difforme par un horrible effet de perversité sociale, moralement beau, grand par nature, demeuré pur, grâce à la rencontre d'une éducation exceptionnelle; Déa, aveugle et idéalement belle, tendre amante d'un homme affreux à voir, sur lequel se concentrent toutes les idées qu'elle peut se former de ce qui est bon et beau; Josiane, femme de cour, belle aussi, profondément dépravée; Ursus, philanthrope de fait et misanthrope de théorie, montreur de phénomènes, promenant de foire en foire sa philosophie du bonheur et sa satire amère, bien qu'à demi inconsciente, de l'ordre social; pour cadre, les deux mondes extrêmes de la corruption : les Comprachicos et la cour. Comme dans les autres romans, la pensée de la fatalité gouverne les péripéties. Le dernier chapitre : *Non là-haut*, signifie le refus opposé par la Providence à la solution heureuse du problème de deux vies idéales, dans l'abominable choc de passions dont leurs destinées ont dépendu. *Là-haut*, cela ne se veut pas, que la fille aveugle et l'homme défiguré cueillent le bonheur. Ces *misérables* resteront jusqu'au bout des damnés du destin en cette vie. Gwynplaine marche comme un halluciné à l'abîme. Déa meurt avec la vision du ciel.

Le morceau capital de l'ouvrage, la péripétie de la reconnaissance du lord criminellement dépossédé, suivie du discours de *l'homme qui rit*, à la Chambre des lords, donne lieu aux plus violentes antithèses de situation et de pensée. Ce discours, une des plus étonnantes compositions de l'auteur, tant pour l'extrême énergie des sentiments et la puissance de la forme que pour l'extravagance de la donnée, nous paraît, quoi qu'on en dise, à sa place dans l'ensemble de la conception. Sans doute, il y a danger que le lecteur rie, non pas aux larmes, comme les lords auditeurs à l'aspect et aux paroles de l'orateur, le héros au rire forcé, mais enfin sous l'impression d'un certain comique procédant de l'illogicité de la situation. Mais celle-ci ne laisse pas d'être amenée, justifiée, par l'état d'exaltation du personnage, par le bouleversement de son âme à la suite des veilles, et du jeûne, et des épreuves terribles, de plus d'un genre, auxquelles il vient d'être soumis. Ajoutons la croyance naïve, qui nous est connue aujourd'hui par tant d'exemples, la croyance de l'homme du peuple à la possibilité de remédier aux misères sociales par des résolutions subites de bonne volonté des grands de la terre, et imaginons les effets de cette naturelle utopie sur l'esprit d'un homme qui, de pauvre saltimbanque qu'il était, élevé solitairement par une sorte de philosophe spontané, puis secoué par des aventures extraordinaires, dormeur éveillé, devient tout à coup l'un de ces puissants, et se voit appelé à opiner en Parlement sur la dotation d'un prince. Quant au discours en lui-même, il faut accorder aux critiques que, parmi beaucoup de traits éloquents et dignes de la conception, il s'en trouve de mal placés, où l'on sent trop que c'est l'auteur qui parle à sa propre galerie, et non point un Anglais du xvii° siècle à ses compatriotes.

Avant cette séance des lords, admirablement décrite d'ailleurs, avec une vue si juste du caractère des hommes et des assemblées, on ne saurait trop louer, dans ce roman, l'analyse des sensations et des épreuves du héros, au moment de l'invasion de ses premières pensées d'homme riche et puissant, lord d'Angleterre : la tempête intérieure, les grands projets : je ferai, je parlerai ; « la funèbre rentrée de l'ombre dans une âme,... la surprise faite au côté faible de l'homme, toutes les choses inférieures qu'on appelle supérieures, les ambitions », et les appétits vulgaires de bonheur; « car se connaître en bonheur, ce n'est pas facile ». N'oublions pas la tentation la plus hallucinante pour un homme jusque-là nourri et extasié dans le plus chaste amour : *l'odor di femina* et le « rêve de la chair » :

« Une peau tiède et vivante, sous laquelle on sentait couler un sang passionné, des contours ayant la précision du marbre et l'ondulation de la vague, un visage hautain et impassible, mêlant le refus à l'attrait, et se résumant en un resplendissement, des cheveux colorés comme d'un reflet d'incendie, une galanterie de parure ayant et donnant le frisson des voluptés, la nudité ébauchée trahissant le souhait dédaigneux d'être possédée à distance par la foule, une coquetterie inexpugnable, l'impénétrable ayant un charme, la tentation assaisonnée de perdition entrevue, une promesse aux sens et une menace à l'esprit, double anxiété, l'une qui est le désir, l'autre qui est la crainte. Il venait de voir cela. Il venait de voir une femme. — Il venait de voir plus et moins qu'une femme, une femelle. — Et en même temps une olympienne. — Une femelle de Dieu. » Notons, entre autres traits profonds et d'expression saisissante de l'histoire d'une tentation, cette admirable formule : « Il y a une certaine fumée du mal qui précède la faute, et qui n'est pas respirable à la conscience. L'honnêteté tentée a la nausée obscure de l'enfer. Ce qui s'entr'ouvre dégage une exhalaison qui avertit les forts et étourdit les faibles, Gwynplaine avait ce mystérieux malaise [1]. »

1. *L'Homme qui rit*, IIe partie, III, 8, et IV, 1. — Comme échantillon des choses excessives, qui, dépassant, dans l'expression plus encore qu'au fond, la mesure du vraisemblable, peuvent cependant convenir à la méthode de la « légende », — on dirait plus exactement du symbole et du mythe, — telle que Hugo l'a comprise, citons des passages de la longue

Les Misérables restent l'œuvre capitale, comme observant une plus juste distance entre la construction romanesque d'imagination pure, — qui cependant répond mieux au but et à l'idée de l'art, — et les compositions qu'aujourd'hui l'on préfère, où la réalité est serrée de très près, et jusqu'au *trompe-l'œil*, en termes de peintres. La renommée ou la popularité des *Misérables* n'ont atteint, ni dans le grand public, ni auprès de la critique et des artistes, ce qu'on aurait attendu pour cette belle épopée du monde moderne. Le succès de *Notre-Dame de Paris*, en son temps, fut plus grand, et nous n'oserions pas assurer qu'il

---

tirade de déclaration d'amour de la belle duchesse Josiane : « Je me sens dégradée près de toi, quel bonheur! Être altesse, comme c'est fade! Je suis auguste, rien de plus fatigant. Déchoir repose. Je suis si saturée de respect que j'ai besoin de mépris... Je t'aime non seulement parce que tu es difforme, mais parce que tu es vil. J'aime le monstre et j'aime l'histrion. Un amant humilié, bafoué, grotesque, hideux, exposé aux rires sur ce pilori qu'on appelle un théâtre, cela a une saveur extraordinaire. C'est mordre au fruit de l'abime. Un amant infamant c'est exquis... Méprise-moi, toi qu'on méprise. L'avilissement sous l'avilissement, quelle volupté!... Tu es si au-dessous de moi que je te mets sur un autel. Mêler le haut et le bas, c'est le chaos, et le chaos me plaît. Tout commence et finit par le chaos. Qu'est-ce que le chaos? une immense souillure. Et avec cette souillure, Dieu a fait la lumière, et avec cet égout Dieu a fait le monde. Tu ne sais pas à quel point je suis perverse. Pétris un astre dans la boue, ce sera moi... Gwynplaine, nous sommes faits l'un pour l'autre. Le monstre que tu es dehors, je le suis dedans. De là mon amour... Ton

n'en survit point quelque chose de plus. D'où vient cela? Faut-il penser que les beautés morales de l'ordre le plus élevé, dans la vie légendaire de Jean Valjean, et les tendres amours idéaux de Marius et de Cosette ont décidément moins d'attrait pour les lecteurs de l'heure présente que les vulgarités d'imitation anecdotique de la vie passionnelle et les récits de débauche et de crimes que leur servent les romanciers? L'explication serait insuffisante. Mais le fait est que les écrivains distingués de la phase littéraire qui a suivi le romantisme nous ont *à quelques égards* ramenés au goût classique, en matière de style, et, d'une autre part, initiés, nous ne parlons maintenant

---

approche fait sortir l'hydre de moi déesse... Vois comme je te ressemble. Regarde dans moi comme dans un miroir. Ton visage, c'est mon âme. Je ne savais pas être à ce point terrible. Moi aussi je suis donc un monstre! O Gwynplaine, tu me désennuies... Tu n'es pas laid, toi, tu es difforme. Le laid est petit; le difforme est grand. Le difforme est l'envers du sublime. C'est l'autre côté. L'Olympe a deux versants : l'un, dans la clarté, donne Apollon; l'autre, dans la nuit, donne Polyphème. Toi tu es Titan. Tu serais Béhémoth dans la forêt, Léviathan dans l'Océan, Typhon dans le cloaque. Tu es suprême. Il y a de la foudre dans ta difformité. Ton visage a été dérangé par un coup de tonnerre. » (*L'Homme qui rit*, II° partie, VII, 4.) — La recherche des effets violents, que nous voyons ici dans les paroles, est aussi dans les actes. Josiane, cette fille vierge qui dit ces choses, apprenant, sur l'heure même, que ce monstre, ce Gwynplaine, est un grand seigneur qu'on a retrouvé, un mari pour elle, lui tourne le dos froidement avec le plus parfait mépris.

que des premiers d'entre eux, à un art nouveau, plus voisin de la science, où l'on se pique d'imiter les faits avec scrupule, et d'appliquer la froide analyse au sujet de la fiction, en donnant à ce dernier le caractère et les apparences du réel. Le point sur lequel le goût romantique est démodé, — alors que, sur d'autres, des écrivains de talent se sont adonnés aux subtilités et aux affectations d'un style de décadence, — c'est ce que nous appellerons l'enflure employée à marquer une certaine exaltation d'âme; et c'est un mode d'amplification de rhétorique qui n'abandonne une idée qu'après l'avoir développée à satiété dans toute la suite de formes et d'images dont elle est susceptible.

Ce procédé en quelque sorte *synthétique* marche en se répétant, et vise à frapper sur l'imagination et sur l'émotion des coups variés, et de plus en plus forts, s'il se peut, pour un même résultat à atteindre. Le procédé *analytique*, au contraire, creuse et fouille son sujet, sans répéter, mais en détaillant; et il ne manque pas de sobriété, si lui-même il ne pêche pas par un accès de raffinement et par des formes tourmentées et maniérées, qu'on croit plus propres à transmettre les impressions et les vibrations d'un auteur excité. Nous savons que Victor Hugo a réussi dans l'analyse exacte et dans la reproduction réfléchie et choisie, quand il se l'est proposée, des caractères du réel, et cela dans ce roman même dont nous parlons, dans *les Misérables*. Mais combien de passages, dans tous, où il s'est livré à l'intempérance des associations d'idées sur un thème donné, et à son goût immodéré du *crescendo* et du *rinforzando* des images! Et ces amplifications de quatre, six et dix pages, en phrases hachées, sur les mêmes pensées; ces tirades, jusque dans les moments et les situations où elles semblent le moins à propos, qui sont, pour une faible partie, ce que les personnages ont vraiment pu dire, et servent, pour tout le reste, de déversoir à ce que l'auteur a d'humeur ou de satire en excès à dépenser! Et cette manière, — comme dans ses drames, où il aurait dû plus soigneusement s'en garder, — cette manière d'un acteur qui s'adresserait visiblement au public pour son compte, au lieu de rester honnêtement dans la pièce qu'il joue! Et puis ces étalages d'érudition pédantesque, ces simulacres de connaissances spéciales, nautiques, par exemple, ces énumérations bizarres, ces descriptions interminables, semées de traits choquants parmi des traits magnifiques, et parfois enfin cette recherche d'esprit malheureuse, ce comique forcé, ce risible qui ne fait pas rire! Si nous réunissons tous ces défauts — et nous le pouvons, car la plupart sont affectés, et procèdent d'un système, sous la qualification commune de *manque de naturel*, nous aurons dit la cause qui s'est opposée dans une grande mesure au succès populaire de ses drames et des trois romans de la période de l'exil, ainsi qu'à la haute renommée qui est due, qui sera sans doute accordée un jour à ces œuvres de génie. Elles sont, pour la pensée comme pour le style, une création merveilleuse, entièrement à part dans toute notre littérature. Mais où trouver des auteurs sans défaut? Victor Hugo, ce sublime écrivain, n'est pas un écrivain naturel.

CHAPITRE XI

Les opinions philosophiques et religieuses du « Songeur ».

Si Victor Hugo n'a fait, comme il l'a toujours dit lui-même, que suivre le mouvement général de son siècle, en sa réaction contre les idées monarchiques et religieuses de sa jeunesse, il l'a certainement dépassé, en sa haine pour la religion de l'inquisition et des bûchers. Aucun écrivain de son temps n'a, ce semble, ressenti, ou du moins exprimé cette haine en tant de rencontres, avec tant de violence; et comme elle ne s'alliait point chez lui à la négation de Dieu et de l'âme, où ce même siècle finissant est arrivé, on ne doit l'attribuer qu'à la sincère et trop juste horreur que lui inspirait le passé du catholicisme. Seulement, une fois qu'il s'est trouvé dans cette disposition d'esprit vis-à-vis de la vieille religion, il n'a pas évité d'emprunter ses moins bonnes armes à l'arsenal du xviii° siècle. Il a dirigé la satire contre la doctrine chrétienne tout entière, il n'a pu ou voulu distinguer entre le fond et la forme des croyances, il a montré une réelle inintelligence de l'idée, il s'est complu, lui le grand mythologue, à bafouer toute la tradition judéo-chrétienne parce qu'il n'y voyait rien de plus qu'une mythologie. On sait pourtant qu'il n'a pu se défendre de l'imiter et de lui emprunter souvent ses légendes.

Son poème, *Religions et Religion*[1], entre en matière par des puérilités contre l'institution du Sabbat, le repos du Créateur au septième jour, etc., sous ce titre : *Querelles*. Cette section renferme des attaques, tantôt sérieuses, tantôt bouffonnes, avec des rimes imprévues, avec un comique cherché dans la bizarrerie, contre Dieu anthropomorphe, le diable, le péché, l'enfer, les superstitions « qui font petit tout ce que Dieu fit grand ». Un dernier paragraphe des *querelles* est cependant d'un accent différent. Dieu échappe à la sagesse comme à la démence des hommes,

---

[1]. Commencé en 1870, fini et publié en 1880, — ainsi que nous l'apprend une note préliminaire, — et extrêmement inégal d'exécution comme de pensée.

dit le poète. Dieu ne s'enseigne pas par règles et ne se tire pas d'un syllogisme. On n'apprend pas ce qu'il est, dans les écoles. Cela n'apprend rien de rire, non plus. Les rieurs sont-ils sûrs de leur rire? « Mais que veulent-ils? Faire aux croyants contrepoids, Est-ce tout? A quoi bon? Quel choix dans la nuit noire! Le hasard de nier ou le hasard de croire! Que sert, dans cette énigme où l'homme est enfoui, De balbutier Non, parce qu'on bégaie Oui?

> Donc, esprit, prends ton vol, si tu te sens des ailes.
> Mais, homme, quel que soit l'éclair de tes prunelles,
> N'espère pas, si haut que ton âme ait monté,
> T'envoler au delà de ton humanité.
> Va! mais songes-y bien, nul ne sort de sa sphère.
> L'être en qui tout se fond, mais de qui tout diffère,
> A fait les régions pour qu'on s'y renfermât;
> Et l'oiseau le plus libre a pour cage un climat [1].

La seconde partie du poème, sous ce titre : *Philosophie*, insiste sur l'incompréhensibilité de la nature divine, et, continuant la guerre aux religions de forme trop déterminée, arrive à des pensées criticistes sur la lumière qui vient du devoir. L'ombre et l'abîme n'acceptent pas les dieux que nous forgeons. L'art n'invente rien. « Tu ne peux faire un monstre et tu veux faire un dieu! »

---

1. *Religions et Religion*, I.

> Ah! noir vivant, tu veux un Dieu! Qu'en feras-tu?
> Auras-tu moins d'orgueil, homme, et plus de vertu?
> Embrasseras-tu l'homme? aimeras-tu ton frère?
> Deviendras-tu flambeau? briseras-tu la guerre,
> Ce vieux glaive éternel d'où dégoutte le sang?
> Dis, jetteras-tu moins de pierres en passant
> Aux penseurs, aux héros, aux martyrs, aux apôtres?
> Laisseras-tu, devant l'affliction des autres,
> Entrer la pitié blanche et douce dans ton cœur?
> Seras-tu plus pensif, plus grave, moins moqueur,
> Surtout pour les déchus et pour les incurables?
> Seras-tu moins hautain devant les misérables,
> Plus doux pour l'insensé qu'entraînent ses penchants,
> Moins grand pour les petits et meilleur aux méchants?
> Réponds, mêleras-tu, dis, un peu de tendresse,
> O juste, à ta justice, ô sage, à ta sagesse?

Ce passage est suivi de pages éloquentes, que nous avons citées ailleurs[1], sur le mal dans la nature et dans l'humanité, et se termine par cinq vers mis typographiquement en vedette :

> Tu dis : — Je vois le mal et je veux le remède.
> Je cherche le levier, et je suis Archimède.
> — Le remède est ceci : Fais le bien. Le levier,
> Le voici : Tout aimer et ne rien envier.
> *Homme, veux-tu trouver le vrai? cherche le juste.*

Ce qui suit est une longue diatribe contre toutes les religions et les mythologies, avec recherche d'effets bizarres et de rapprochements par rimes de toutes les sortes de dieux et de cultes. Résumé :

> Toute religion, homme, est un exemplaire
> De l'impuissance ayant pour appui la colère.

---

1. Voir ci-dessus, chap. II, p. 39-44.

> Toute religion est un avortement
> Du rêve humain devant l'être et le firmament;
> Le dogme, quel qu'il soit, juif ou grec, rapetisse
> A sa taille le vrai, l'idéal, la justice,
> La lumière, l'azur, l'abîme, l'unité;
> Il coupe l'absolu sur sa brièveté;
> Tous les cultes ne sont, à Memphis comme à Rome,
> Que des réductions de l'éternel sur l'homme,
> Fragments d'indivisible, ombres de la clarté,
> Masques de l'infini pris sur l'humanité...
>
> Montrez aux bonzes noirs, gardant le temple et l'arche,
> Quoi? la Réalité, ce prodige inouï,
> La lumière, ce vaste aspect épanoui,
> La mort créant la vie, et transformant la tombe
> En crèche où fait son nid l'âme, cette colombe,
> Le miracle des gaz, des forces, des aimants,
> L'infini ténébreux plein d'éblouissements,
> L'ombre ayant des soleils plus que la mer n'a d'ondes...
> Les univers sans fin, splendides visions,
> Et les créations et les créations;
> Montrez les profondeurs saintes; montrez aux prêtres
> Les abîmes de vie et les océans d'êtres,
> Vous les verrez crier : Cela n'est pas! horreur!
> Vous verrez se ruer les cultes en fureur,
> Payens, sur Hicétas, chrétiens sur Galilée,
> Et l'autel tressaillir sur la terre ébranlée,
> Et les pâles docteurs frémir dans le saint lieu,
> Et les religions reculer devant Dieu [1].

Le poète oublie ainsi, pour opposer la *réalité* aux *religions*, ce que lui-même a dit ailleurs du règne affreux de l'Ombre dans l'univers matériel! et c'est au christianisme tout entier qu'il

---

1. *Religions et Religion*, II : « Philosophie ». — Cf., dans *les Quatre Vents de l'esprit*, partie lyrique, 50, une merveilleuse *chanson* de 200 vers contre les religions tristes.

jette sa réprobation, au nom d'un infini obscur et désolant; il est visiblement dominé par le dégoût que lui causent le spectacle historique des méfaits des prêtres, et le spectacle actuel de la « sinistre foi dans la Rome papiste », et de l'aveuglement des infortunés « Qui respirent l'odeur de ses vomissements ».

> Et dire que la terre est tout entière en proie
> Aux affirmations de ces prêtres sans joie,
> Sans pitié, sans bonté, sans flambeau, sans raison,
> Dont l'ombre, l'ombre, l'ombre et l'ombre est l'horizon!

Mais si la négation du songeur doit s'étendre à toute religion, un auxiliaire lui vient, au sujet duquel il faut qu'il s'explique. Une voix *qui dégage de la brume en parlant* dit : « La croyance est une hydre et vous ronge le flanc ». Niez tout; pas de ciel, pas d'enfer, mais des atomes et des mondes; l'homme vain, sans droit et sans durée; « Dieu n'est pas. Nie et dors. Tu n'es pas responsable ». Et cette voix éloquente reproduit l'argument ordinaire du néant de l'individu transitoire en présence des deux infinis : l'immensité, l'éternité. Mais le songeur n'entend point cela.

> Oui, c'est vrai, plus de fourche au poing de Lucifer,
> Plus d'éternel bûcher flamboyant, plus d'enfer.
> Mais l'atome Attila, fatal, irresponsable,
> Comme l'atome feu, comme l'atome sable,

LES OPINIONS PHILOSOPHIQUES ET RELIGIEUSES 251

> Innocent, ne pouvant pas plus être accusé
> Pour un peuple aboli, pour un monde écrasé,
> Que l'un d'éboulement et l'autre d'incendie ;
> Que Job racle sa plaie, et qu'Homère mendie,
> Trimalcion les vaut, faisant un bon repas ;
> Marc-Aurèle ? A quoi bon ? Tibère ? Pourquoi pas ?
> Néron, Trajan, ce n'est qu'une forme qui flotte ;
> Ce que vous nommez czar, tyran, bourreau, despote,
> Mange de l'homme ainsi que vous mangez du pain ;
> Après ? Pour le grand tout, qui vous permet la faim,
> Un grain de blé mûr pèse autant que Caton libre ;
> Tout rentre dans l'immense et tranquille équilibre,
> Dès que le pain est mort et l'homme digéré...
>
> La cécité, tournant sans but sur elle-même,
> Engendre la lumière, imposture suprême ;
> L'être inutilement s'élève et se détruit...
> Pour s'éteindre à jamais un instant on s'allume ;
> Tout est l'horrible roue, et Rien le cabestan !...
> Rien ! — Oh ! reprends ce Rien, gouffre, et rends-nous Satan [1] !

Dans la partie suivante, le poète donne la parole à tous les sentiments qui se heurtent dans son âme entre cette négation et des dogmes qu'il persiste à repousser. Certaines voix reprennent les *querelles* du commencement et prêchent l'ignorance fatale, le doute, l'impuissance de connaître, le désespoir. Mais une autre voix s'élève et déclare qu'en dépit de toute la *nuit* émanée des cultes et des prêtres,

> Il faut que l'homme croie à quelque chose ; il faut
> Qu'à côté de la chair qui le gouverne trop,
> Le mystère lui parle et l'exhorte, et l'élève
> Du sommeil où l'on dort au sommeil où l'on rêve.

1. *Religions et Religion*, III : « Rien ».

Ah ! l'être infortuné qui ne croit pas est nu
Sous le ciel redoutable et lourd, sous l'inconnu !
O vivants ! il vous faut des prêtres, quels qu'ils soient.
A travers les plus noirs les vérités flamboient;
Il tombe encore un peu de jour sur vos chevets,
Même des plus abjects, même des plus mauvais;
Mais pour verser plus tard sur l'humanité mûre
La parole d'amour que l'avenir murmure,
Le ciel, au-dessus d'eux, sur d'éclatants degrés,
Met *les voyants directs, les sages inspirés.*
Car l'homme fait le prêtre et *Dieu seul fait le mage.*

Nous tenons ici la vraie pensée de Victor Hugo : les religions, malgré le mal qu'il en a dit et qu'il en dira, sont nécessaires et bonnes (*il faut des prêtres*), et non seulement bonnes, mais vraies en quelque chose (*un peu de jour*), au lieu qu'il n'y a qu'ombre sur le *rien*; mais, pour aller au vrai lui-même, les cultes positifs sont impuissants et dangereux; la religion de l'avenir est une sorte de prophétisme, conformément à l'idée, que nous avons exposée, du rôle des grands hommes, ou messies, dans l'histoire des idées et de l'art. Aussi, la *voix* qui nous recommande les voyants directs, les mages, comme successeurs des prêtres, conclut au progrès de l'humanité, de temple en temple, vers la lumière :

Chaque âge avance; on voit, sur chacune des marches
Du sombre esprit humain montant dans l'ombre à Dieu,
Un temple où de l'amour grandit le chaste feu;....
Sur celui qui s'élève un autre monte encore,
Et le plus haut fronton se dissout dans l'aurore.

D'autres voix reprennent le concert des lamentations sur les misères de la condition humaine, l'incompréhensibilité de l'abîme, l'horreur des « deux nuits » : l'une, « La vivante, engendrant le monstre, l'épouvante », l'autre « La morte, c'est-à-dire un vide, le néant... Le silence hideux et funèbre de Rien »; et « l'immensité du fait prodigieux » telle, et le point de départ « Si loin, que, tous étant agents, personne n'est témoin ».

La voix qui répond à ces voix, et qui est la dernière, oppose aux doutes et aux sentiments d'horreur que causent, rapprochés, l'immensité et le néant, la promesse de l'immortalité de la personne, — non pas cependant de toutes les personnes; ceux qui ne pensent point être immortels pourront en effet ne pas l'être. Les autres vivront :

> Dante écrit deux vers, puis il sort; et les deux vers
> Se parlent. Le premier dit : — Les cieux sont ouverts!
> Cieux! Je suis immortel. — Moi, je suis périssable,
> Dit l'autre. — Je suis l'astre. — Et moi le grain de sable.
> — Quoi! tu doutes étant fils d'un enfant du ciel!
> — Je me sens mort. — Et moi je me sens éternel.
> Quelqu'un rentre et relit ces vers, Dante lui-même;
> Il garde le premier et barre le deuxième.
> La rature est la haute et fatale cloison.
> L'un meurt, et l'autre vit. Tous deux avaient raison [1].

---

1. *Religions et Religion*, IV : « Des voix ». — On peut rapprocher de cet apologue admirablement versifié la version en prose vive et spirituelle que M. Paul Stapfer en rapporta de Guernesey en 1868 (douze ans auparavant), et qu'on lit avec

La conclusion du poème confirme notre interprétation de sa pensée dominante. Elle s'ouvre par le tableau de l'état contemplatif des *Mages*. Ce sont eux qui *se savent immortels*, ce sont eux, *les vers* que le poète éternel *a écrits*, et qu'il ne *raturera* pas quand il *rentrera* pour *relire* son œuvre ; eux aussi, qui peuvent le mieux, en dehors des religions, enseigner l'immortalité aux hommes. Mais, pour ce qui est de connaître Dieu, ils ne peuvent que s'abîmer dans la contemplation.

>As-tu vu méditer les ascètes terribles ?
>Ils ont tout rejeté, talmuds, korans et bibles.
>Ils n'acceptent aucun des védas, comprenant
>Que le vrai livre s'ouvre au fond du ciel tonnant,
>Et que c'est dans l'azur plein d'astres que flambloie
>Le texte éblouissant d'épouvante et de joie.

Suit une merveilleuse peinture des plus « farouches » de ces êtres dont le type est pris dans les ascètes indiens :

>Ils songent, ni vivants, ni morts, spectres pensifs,
>Entre la mort trompée et la vie impossible ;

plaisir dans les intéressantes causeries qu'il a publiées sous ce titre : *Les artistes juges et parties*. La pensée étant d'ailleurs la même, contentons-nous d'emprunter ce trait au récit de M. Stapfer, p. 75 : « Il (Victor Hugo) se tut un moment, comme suivant à part lui le cours de sa rêverie. Puis il reprit : « Je « sens que je suis immortel. Si d'autres n'ont pas le senti- « ment de leur immortalité, j'en suis fâché pour eux, mais « c'est leur affaire ; pourquoi leur contesterais-je ce qu'ils « sentent ? ils ont raison sans doute, et leur instinct ne les « trompe pas. »

L'été passe, l'hiver vide sur eux son crible ;
Ils ne regardent rien que l'obscur firmament,
Et dans des profondeurs d'anéantissement
Ces êtres, abrutis par l'idéal, s'abîment...
Ils rêvent, fixes, noirs, guettant l'inaccessible,
L'œil plein de la lueur de l'étoile invisible,

Invisible ! Ai-je dit invisible ? Pourquoi ?

Il est ! Mais nul cri d'homme ou d'ange, nul effroi,
Nul amour, nulle bouche, humble, tendre ou superbe,
Ne peut balbutier distinctement ce verbe !
Il est ! il est ! il est ! il est éperdument !
Tout, les feux, les clartés, les cieux, l'immense aimant,
Les jours, les nuits, tout est le chiffre ; il est la somme.
Plénitude pour lui, c'est l'infini pour l'homme...

Contente-toi de croire en Lui ; contente-toi
De l'espérance avec sa grande aile, la foi...
Vois au-dessus de toi le firmament vermeil ;
Regarde en toi ce ciel profond qu'on nomme l'âme ;
Dans ce gouffre, au zénith, resplendit une flamme,
Un centre de lumière inaccessible est là...
De ce flamboiement, naît le vrai, le bien, le droit...

Il est ! il est ! Regarde, âme. Il a son solstice,
La Conscience ; il a son axe, la Justice ;
Il a son équinoxe, et c'est l'Égalité ;
Il a sa vaste aurore, et c'est la Liberté.
Son rayon dore en nous ce que l'âme imagine.
Il est ! il est ! il est ! sans fin, sans origine,
Sans éclipse, sans nuit, sans repos, sans sommeil.
Renonce, ver de terre, à créer le soleil [1].

Les mêmes pensées sur Dieu, l'âme, la nature, se trouvaient déjà dans le *William Shakespeare*, avec une assimilation plus déclarée du prêtre, ou

---

[1]. *Religions et Religion*, V : « Conclusion ».

mage, à l'artiste de génie, et avec la mention expresse du *moi* divin : « Par Dieu — fixons le sens de ce mot — nous entendons l'infini vivant. *Le moi latent de l'infini patent, voilà Dieu.* Dieu est l'invisible évident[1]. Le monde dense, c'est Dieu. Dieu dilaté, c'est le monde. Nous qui parlons ici, nous ne croyons à rien hors de Dieu... Dieu crée l'art par l'homme. Il a un outil, le cerveau humain. Cet outil, c'est l'ouvrier lui-même qui se l'est fait; il n'en a pas d'autre. » Et plus haut, dans le même ouvrage : « Dieu se manifeste à nous au premier degré à travers la vie de l'univers, et au deuxième degré à travers la pensée de l'homme. La deuxième manifestation n'est pas moins sacrée que la première. La première s'appelle la Nature, la deuxième s'appelle l'Art. De là cette réalité : le poète est prêtre. Il y a ici-bas un pontife, c'est le génie. *Sacerdos magnus...* L'esprit humain a une cime. Cette cime est l'idéal. Dieu y descend, l'homme y monte. Dans chaque siècle, trois ou quatre génies entreprennent cette ascension[2]... »

Les expressions panthéistes ne doivent point se prendre au pied de la lettre chez les poètes, non

---

1. Comme la foi dans l'épître aux Hébreux : *Rerum argumentum non apparentium* (*Ep. Heb.*, XI, 1).
2. *William Shakespeare*, 1re partie, 1 et 2.

plus d'ailleurs que chez de grands théologiens, qui en ont si librement usé, — après qu'ils se sont prononcés nettement, avec réflexion, pour la doctrine de la personnalité divine. C'est ce que Victor Hugo a fait. Citons, en premier lieu, une pièce de *l'Année terrible*, où, répondant à une accusation d'athéisme, il s'emporte tout d'abord contre l'anthropomorphisme grossier, qui est celui de l'enseignement vulgaire de l'Église papale : « S'il s'agit d'un bonhomme à longue barbe blanche, d'une espèce de pape ou d'empereur,... Prêtre, oui, je suis athée à ce vieux bon Dieu-là.

> Mais s'il s'agit de l'être absolu qui condense
> Là-haut tout l'idéal dans toute l'évidence,
> Par qui, *manifestant l'unité de la loi,*
> *L'univers peut, ainsi que l'homme, dire : Moi;*
> De l'être dont je sens l'âme au fond de mon âme,
> De l'être qui me parle à voix basse et réclame
> Sans cesse pour le vrai contre le faux, parmi
> Les instincts dont le flot nous submerge à demi;
> S'il s'agit du témoin dont ma pensée obscure
> A parfois la caresse et parfois la piqûre
> Selon qu'en moi, montant au bien, tombant au mal,
> Je sens l'esprit grandir ou croître l'animal...
> S'il s'agit du principe éternel, simple, immense,
> Qui pense puisqu'il est...
> Alors tout change, alors nos esprits se retournent...
> Et c'est moi le croyant, prêtre, et c'est toi l'athée [1]. »

On ne voit pas si bien que se le figure le *Songeur* une différence sérieuse entre son éternel *qui*

---

[1]. *L'Année terrible*, Nov., IX : « A l'évêque qui m'appelle athée ».

pense puisqu'*il est*, et l'éternel des théologiens. Il ne se montre pas mieux informé, dans son débat avec les philosophes. C'est de la prose, cette fois :

« Une école métaphysique du Nord, un peu imprégnée de brouillard, a cru faire une révolution dans l'entendement humain en remplaçant le mot Force par le mot Volonté. » (Il s'agit apparemment de Schopenhauer, à qui, toutefois, ce lieu commun, le *brouillard*, est bien mal appliqué.) « Dire : la plante veut, au lieu de : la plante croît, cela serait fécond, en effet, si l'on ajoutait : l'univers veut. Pourquoi? C'est qu'il en sortirait ceci : la plante veut, donc elle a un moi; l'univers veut, donc il a un Dieu. » L'idée de Victor Hugo paraît être de n'admettre point de volonté sans conscience; aussi ajoute-t-il, ne se souvenant plus ici des révélations de la *Bouche d'ombre*, que le moi de la plante est plus difficile à admettre que le moi de l'univers. Mais, pour le moi de l'univers, il n'hésite pas : « Nier la volonté de l'infini, c'est-à-dire Dieu, cela ne se peut qu'à la condition de nier l'infini. Nous l'avons démontré. — La négation de l'infini mène droit au nihilisme. Tout devient « une conception de l'esprit ». — « Avec le nihilisme pas de discussion possible. Car le nihiliste logique doute que son interlocuteur existe, et n'est pas bien sûr d'exister lui-même. — A son point de vue, il est possible qu'il ne soit lui-même pour lui-même qu'une « conception de son esprit ». — Seulement, il ne s'aperçoit point que tout ce qu'il a nié, il l'admet en bloc, rien qu'en prononçant ce mot : « Esprit »[1].

Cet échantillon de philosophie *raisonnée* est curieux. Heureusement, le *Songeur* n'en a pas beaucoup fait de ce genre. Il n'y a pas à se préoccuper de l'idée que peut se former de l'*idéalisme* et du *nihilisme* un poète ou un peintre; en général, elle ne va pas plus loin que la réponse de Diogène de Sinope à Zénon d'Elée, « qui niait le mouvement ». Mais nous avons encore à voir cette démonstration que le poète dit avoir donnée de la volonté de l'infini, parce qu'elle peut nous éclairer sur le fond réel de sa pensée, sur son sentiment, qui est ce qui nous intéresse.

« Y a-t-il un infini hors de nous? Cet infini est-il un, immanent, permanent; nécessairement substantiel, puisqu'il est infini, et que, si la matière lui manquait, il serait borné là; nécessairement intelligent, puisqu'il est infini, et que si l'intelligence lui manquait, il serait fini là? Cet infini éveille-t-il en nous l'idée d'essence, tandis que

---

[1]. *Les Misérables*, IIe partie, VII, 6.

nous ne pouvons nous attribuer à nous-mêmes que l'idée d'existence? En d'autres termes, n'est-il pas l'absolu dont nous sommes le relatif? En même temps qu'il y a un infini hors de nous, n'y a-t-il pas un infini en nous? Ces deux infinis (quel pluriel effrayant!) ne se superposent-ils pas l'un à l'autre? Le second infini n'est-il pas pour ainsi dire sous-jacent au premier? n'en est-il pas le miroir, le reflet, l'écho, abîme concentrique à un autre abîme? Ce second infini est-il intelligent lui aussi? Pense-il? aime-t-il? veut-il? Si les deux infinis sont intelligents, chacun d'eux a un principe voulant, et il y a un moi dans l'infini d'en haut comme il y a un moi dans l'infini d'en bas. Le moi d'en bas, c'est l'âme; le moi d'en haut, c'est Dieu[1]. »

Il n'est pas trop difficile de démêler une pensée réelle dans l'embarras de ces notions confuses sur l'infini, la substance, l'essence et l'immanence; c'est qu'il y a un être à qui rien ne fait défaut, dont nous sommes nous-mêmes des sortes d'imitations imparfaites, et auquel ne peuvent manquer la conscience et la volonté, qui sont nos propres attributs à l'état borné, mais que nous sommes capables de concevoir à l'état non borné.

---

1. *Les Misérables*, IIe partie, VII, 5.

C'est donc simplement l'idée cartésienne de *perfection*, et l'idée spinoziste de *substance*, en conservant dans cette dernière l'unité de conscience universelle, que Spinoza supprima. Victor Hugo, avec sa vue pessimiste des conditions du monde, si opposée au froid optimisme de Spinoza, et avec son appétit de bonheur, que n'aurait pu satisfaire l'abstraite béatitude de l'amour intellectuel d'un dieu sans amour, Victor Hugo éprouvait le besoin de sentir une conscience au fond de l'univers. De là sa *foi*, que lui-même a nommée de ce nom :

> Je sais que Dieu semble incertain,
> Vu par la claire-voie affreuse du destin.
> Ce dieu, je le redis, a souvent dans les âges
> Subi le hochement de tête des vieux sages.
> Je sais que l'Inconnu ne répond à l'appel
> Ni du calcul morose et lourd, ni du scalpel;
> Soit. Mais j'ai foi. La foi, c'est la lumière haute.
> Ma conscience en moi, c'est Dieu que j'ai pour hôte...
> Je suis le créancier tranquille de l'abîme...
> La nature s'engage envers la destinée;
> L'aube est une parole éternelle donnée...
> Et je vais devant moi, sachant que rien ne ment,
> Sûr de l'honnêteté du profond firmament!...
> J'affirme que celui qui ne meurt ni ne passe,
> Qui fit le monde, un livre où le prêtre a mal lu,
> Qui donne la beauté pour forme à l'absolu,
> Réel malgré le doute et vrai malgré la fable,
> L'éternel, l'infini, Dieu n'est pas insolvable [1].

Rapprochons ces beaux vers de quelques autres

---

1. *L'Année terrible*, Juillet, XII.

où le *mage* met bien en relief la raison de sa croyance fondée sur le témoignage de la *lumière* :

> L'immensité dit : Mort ! L'éternité dit : Nuit !...
> Tout est l'ombre ; pareil au reflet d'une lampe,
> Au fond, une lueur imperceptible rampe ;
> C'est à peine un coin blanc, pas même une rougeur.
> Un seul homme debout, qu'ils nomment le Songeur,
> Regarde la clarté du haut de la colline ;...
> Toute la foule éclate en rires ténébreux
> Quand ce vivant, qui n'a d'autre signe lui-même
> Parmi tous ces fronts noirs que d'être le front blême,
> Dit en montrant ce point vague et lointain qui luit :
> *Cette blancheur est plus que toute cette nuit* [1] *!*

Une pièce des *Contemplations*, dont nous avons rapporté d'admirables morceaux sur l'instabilité réelle et les spectables terribles de l'univers physique, vu en grand dans l'espace et dans le temps [2], est intitulée : *Magnitudo parvi*, et justifie son titre par l'opposition de deux mondes : le monde moral, dont le poète prend pour le représentant un pâtre idéal, dans la solitude ; et l'effrayant monde physique, problème posé au songeur. C'est le soir. Il parle à sa fille :

> Vois donc, là-bas, où l'ombre aux flancs des coteaux rampe,
> Ces feux jumeaux briller comme une double lampe
>   Qui remuerait au vent !
> Quels sont ces deux foyers qu'au loin la brume voile ?
> L'un est un feu de pâtre et l'autre est une étoile ;
>   Deux mondes, mon enfant !

---

1. *Les Contemplations*, VI, 21 : « Spes ».
2. Voir ci-dessus, chap. II, p. 28.

Suit le vaste tableau déroulé des immensités brutales où se jouent, sous des apparences vues d'ici très douces, les lois fatales de la gravitation et de la chaleur. Après les grandes strophes de cette peinture, viennent, par contraste, de charmants quatrains octosyllabiques, pour la description à la fois pittoresque et mystique du pauvre pâtre, qui est une âme de songeur aussi. Passons la première partie du merveilleux couplet, et voyons l'idée du pâtre grandir et s'étendre. Son horizon est borné, ses pensées sont utilitaires.

> Pourtant, il sait que l'homme souffre ;
> Mais il sonde l'éther profond.
> Toute solitude est un gouffre,
> Toute solitude est un mont.
>
> Dès qu'il est debout sur ce faîte,
> Le ciel reprend cet étranger ;
> La Judée avait le prophète,
> La Chaldée avait le berger.
>
> Ils tâtaient le ciel l'un de l'autre ;
> Et plus tard, sous le feu divin,
> Du prophète naquit l'apôtre,
> Du pâtre naquit le devin.
>
> La foule raillait leur démence
> Et l'homme dut, aux jours passés,
> A ces ignorants la science,
> La sagesse à ces insensés...
>
> Dans le désert, l'esprit qui pense
> Subit par degrés sous les cieux
> La dilatation immense
> De l'infini mystérieux...

Il a des soifs inassouvies ;
Dans son passé vertigineux,
Il sent revivre d'autres vies ;
De son âme il compte les nœuds.

Il cherche au fond des sombres dômes
Sous quelles formes il a lui ;
Il entend ses propres fantômes
Qui lui parlent derrière lui.

Il sent que l'humaine aventure
N'est rien qu'une apparition ;
Il se dit : — Chaque créature
Est toute la création.

Il se dit : — Mourir, c'est connaître ;
Nous cherchons l'issue à tâtons.
J'étais, je suis, et je dois être.
L'ombre est une échelle. Montons...

Sondant l'être, la loi fatale,
L'amour, la mort, la fleur, le fruit,
Voyant l'auréole idéale
Sortir de toute cette nuit,

Il sent, faisant passer le monde
Par sa pensée à chaque instant,
Dans cette obscurité profonde
Son œil devenir éclatant ;

Et dépassant la créature,
Montant toujours, toujours accru,
Il regarde tant la nature,
Que la nature a disparu !...

Il ne voit plus Saturne pâle,
Mars écarlate, Arcturus bleu,
Sirius, couronne d'opale,
Aldébaran, turban de feu,

Ni les mondes, esquifs sans voiles,
Ni, dans le grand ciel sans milieu,
Toute cette cendre d'étoiles ;
Il voit l'astre unique ; il voit Dieu !...

LES OPINIONS PHILOSOPHIQUES ET RELIGIEUSES 265

> Que lui fait le temps, cette brume ?
> L'espace, cette illusion ?
> Que lui fait l'éternelle écume
> De l'Océan création ?...
>
> Son être, dont rien ne surnage,
> S'engloutit dans le gouffre bleu ;
> Il fait ce sublime naufrage ;
> Et, murmurant sans cesse : — Dieu, —
>
> Parmi les feuillages farouches,
> Il songe, l'âme et l'œil là-haut,
> A l'imbécillité des bouches
> Qui prononcent un autre mot !

De cette vision de l'absolu et de cette absorption en Dieu, — qui pourrait être celle du brahmane, ou de l'ascète bouddhiste, ou encore d'un Spinoza, sauf à remplacer pour ce dernier les feuillages farouches par la poussière du cabinet, — le poète passe, changeant de ton, à l'idée de dieu comme auteur de l'harmonie du monde.

> Il le voit ce soleil unique,
> Fécondant, travaillant, créant,
> Par le rayon qu'il communique,
> Égalant l'atome au géant...

Et puis à une autre idée encore : le dieu moral, réfléchi dans la conscience du juste :

> On distingue, en l'ombre où nous sommes,
> On reconnaît dans ce bas lieu,
> A sa clarté parmi les hommes,
> L'âme qui réverbère Dieu...
> Cette éblouissante lumière,
> Cette blancheur du cœur humain

> S'appelle en ce monde, où l'honnête
> Et le vrai des vents est battu,
> Innocence avant la tempête,
> Après la tempête vertu!

Vient encore une comparaison du pâtre idéal, ce mage à l'état de nature, avec le grand esprit troublé et révolté de nos temps, qui s'effraie, voyant « La terre de granit et le ciel de ténèbres, L'homme ingrat, Dieu douteux », et qui pourrait tirer du mage naturel une leçon. La pièce finit par un nouveau rapprochement poétique du feu du pâtre et de la clarté de l'étoile. L'étoile devient pour cette occasion un emblème de certitude et de salut : L'homme au berceau chancelle et trébuche au tombeau. — L'étoile répond : Certitude [1].

Revenons à l'immortalité, et voyons quelle idée nous pouvons nous former de la vie future. Une pièce déjà citée, qui a pour titre : *Ce que c'est que la mort*, se termine sur l'idée de la transfiguration subite « Du monstre qui devient dans la lumière un ange ». Mais ce monstre n'est pas seulement l'homme « noué des mille nœuds funèbres » de l'ignorance et du mal commis ; c'est, d'une manière plus générale, le prisonnier de la matière :

> La véritable vie est où n'est plus la chair.
> Ne crains pas de mourir. Créature plaintive,
> Ne sens-tu pas en toi comme une aile captive?

---

1. *Les Contemplations*, III, 30.

> Sous ton crâne, caveau muré, ne sens-tu pas
> Comme un ange enfermé qui sanglote tout bas?
> Qui meurt, grandit. Le corps, époux impur de l'âme,
> Plein des vils appétits d'où naît le vice infâme,
> Pesant, fétide, abject, malade à tous moments,
> Branlant sur sa charpente affreuse d'ossements,
> Gonflé d'humeurs, couvert d'une peau qui se ride,
> Souffrant le froid, le chaud, la faim, la soif aride,
> Traîne un ventre hideux, s'assouvit, mange et dort.
> Mais il vieillit enfin, et, lorsque vient la mort,
> L'âme, vers la lumière éclatante et dorée,
> S'envole, de ce monstre horrible délivrée [1].

La forme, sous laquelle se représentent assez ordinairement la vie future, à notre époque, ceux des croyants qui ne sont point attachés à une religion positive, c'est ce qu'on a nommé brièvement l'*immortalité dans les astres*. Cette manière de fixer ses idées sur un problème si complètement indéterminé s'est aussi présentée à Victor Hugo, et il en parle comme s'il y fût parvenu par un grand effort de méditation personnelle. « J'en suis venu, dit-il,

> A croire qu'à la mort, continuant sa route,
> L'âme se souvenant de son humanité!
> Envolée à jamais sous la céleste voûte,
> A franchir l'infini passait l'éternité,
>
> Et qu'ainsi, faits vivants par le sépulcre même,
> Nous irions tous un jour, dans l'espace vermeil,
> Lire l'œuvre infinie et l'éternel poème,
> Vers à vers, soleil à soleil!...

---

1. *Les Contemplations*, V, 26; et cf. VI, 22.

Et que chacun ferait ce voyage des âmes,
Pourvu qu'il ait souffert, pourvu qu'il ait pleuré.
Tous ! hormis les méchants, dont les esprits infâmes
    Sont comme un livre déchiré.

Ceux-là, Saturne, un globe horrible et solitaire,
Les prendra pour le temps où Dieu voudra punir,
Châtiés à la fois par le ciel et la terre,
Par l'aspiration et par le souvenir !

Saturne ! sphère énorme ! astre aux aspects funèbres !
Bagne du ciel ! prison dont le soupirail luit !
Monde en proie à la brume, aux souffles, aux ténèbres !
    Enfer fait d'hiver et de nuit !...

Les autres univers, l'entrevoyant dans l'ombre,
Se sont épouvantés de ce globe hideux.
Tremblants, ils l'ont peuplé de chimères sans nombre,
En le voyant errer formidable autour d'eux !

Il est curieux que cette planète reculée, dans laquelle les spéculations astrolatriques des anciens peuples de la Chaldée avaient envisagé quelque chose de plus profond et de plus mystérieux que dans les autres globes *errants*, ait frappé à son tour l'imagination d'un poète de notre âge. Ce ne sont certainement pas les « lunes d'or », ni les « arches monstrueuses », qui peuvent justifier la comparaison qu'il fait de cet astre à « une araignée au centre de sa toile ». C'est simplement que son esprit remonte par une sorte de sympathie géniale aux idées des vieux mages ; il se représente ces idées comme ayant été celles des patriarches, des prophètes, et même des saints de la Thébaïde, qui ont, dit-il, fait des songes comme lui, et, dans leur solitude auguste, voyaient, « Par la même fêlure aux réalités faite, S'ouvrir le monde obscur des pâles visions ». La pièce finit par une de ces images magnifiques où le poète évoque un spectacle saisissant de la nature en rapport avec ses pensées. Il nous montre ces sages qui, à la tombée de la nuit, « Mêlaient, silencieux, au morne crépuscule, Le trouble de leur sombre esprit ; Tandis que l'eau sortait des sources cristallines, Et que les grands lions, de moments en moments, Vaguement apparus au sommet des collines, Poussaient dans le désert de longs rugissements [1] ! »

Il ne semble pas que la pièce charmante et touchante intitulée *le Revenant* [2] : — « Mères en deuil, vos cris là-haut sont entendus... O mères, le berceau communique à la tombe... C'est moi, ne le dis pas... » — doive être reçue en témoignage d'une croyance au retour des mêmes âmes sur la terre. Cette hypothèse, soutenue il y a cinquante ans par Pierre Leroux, n'a guère trouvé de partisans, et Victor Hugo, s'il l'eût admise, s'en fût certainement mieux expliqué. Il est plus naturel de voir ici une idée toute poétique, et d'ailleurs

---

1. *Les Contemplations*, III, 3 : « Saturne ».
2. *Ibid.*, III, 23.

infiniment triste, à la bien prendre. On pourrait, avec plus de vraisemblance, penser que le *mage* a cru à la réapparition des grands génies d'époque en époque, et peut-être même à celle d'Eschyle et de quelques autres, en sa propre personne [1]. Il n'est pas impossible non plus qu'il ait cru à la présence actuelle des âmes des morts en certains cas; ou c'est qu'il a cédé à un entraînement d'imagination et d'émotion en racontant la mort de Jean Valjean. On demande à Jean Valjean : « Voulez-vous un prêtre ? — J'en ai un. — Et du doigt il sembla désigner un point au-dessus de sa tête, où l'on eût dit qu'il voyait quelqu'un. » Victor Hugo ajoute : « Il est probable que l'évêque (l'évêque Bienvenu), en effet, assistait à cette agonie [2]. »

Ce qui est certain, ce qui n'est plus du tout matière à interprétations, ce sont les professions de foi en Dieu et l'immortalité, dans toute une suite de discours prononcés à des obsèques, avant l'exil et après, jusqu'à une époque où la profession d'athéisme et de matérialisme eût mieux fait le compte de la plupart des auditeurs.

Aux obsèques de Balzac (1850) : « En présence

---

[1]. Voir, à ce sujet, *les Artistes juges et parties* de M. Paul Stapfer, p. 75-80.
[2]. *Les Misérables*, V^e partie, ix, 5.

de certains morts illustres, on sent plus distinctement les destinées de cette intelligence qui traverse la terre pour souffrir et pour se purifier, et qu'on appelle l'homme, et l'on dit qu'il est impossible que ceux qui ont été des génies pendant leur vie ne soient pas des âmes après leur mort. »

Sur la tombe de Jean Bousquet (Jersey, 1853) : « Que le peuple religieux et libre au milieu duquel nous vivons le comprenne bien, les hommes du progrès, les hommes de la démocratie, les hommes de la révolution savent que la destinée de l'âme est double, et l'abnégation qu'ils montrent dans cette vie prouve combien ils comptent profondément sur l'autre. » Ici l'orateur s'avançait peut-être beaucoup, parlant pour autrui. A la fin du même discours, il tirait une imprudente lettre de change sur Dieu pour les affaires terrestres des proscrits; mais alors son sentiment théiste n'en ressortait que mieux : « Amis, nos souffrances engagent Dieu. Il nous en doit le prix. Il est débiteur fidèle. Il s'acquittera. Ayons donc une foi virile, et faisons avec transport notre sacrifice. »

Sur la tombe de Félix Bony (1854) : « C'est un bon endroit pour regarder l'avenir que le bord des fosses. De cette hauteur on voit loin dans la profondeur divine, et loin dans l'horizon humain.

Aujourd'hui que la Liberté, la Vérité et la Justice ont les mains liées derrière le dos, et sont battues de verges, et sont fouettées en place publique : la Liberté par les soldats, la Vérité par les prêtres, la Justice par les juges, aujourd'hui que l'Idée venue de Dieu est suppliciée, Dieu est sur l'horizon humain, Dieu est sur la place publique où on le fouette, et l'on peut dire, oui l'on peut dire qu'il souffre et qu'il saigne avec nous... »

Sur la tombe d'Émily de Putron (1865) : « La foi en une autre existence sort de la faculté d'aimer. Ne l'oublions pas, dans cette vie inquiète et rassurée par l'amour, c'est le cœur qui croit. Le fils compte retrouver son père, la mère ne consent pas à perdre à jamais son enfant. Ce refus du néant est la grandeur de l'homme.

« Le cœur ne peut errer. La chair est un songe, elle se dissipe. Cet évanouissement, s'il était la fin de l'homme, ôterait à notre existence toute sanction. Nous ne nous contentons pas de cette fumée qui est la matière; il nous faut une certitude. Quiconque aime sait et sent qu'aucun des points d'appui de l'homme n'est sur la terre; aimer, c'est vivre au delà de la vie; sans cette foi, aucun don profond du cœur ne serait possible... La créature aimante exige la créature immortelle, le cœur a besoin de l'âme. »

Sur la tombe de Hennet de Kesler (1870) : « Adieu, mon vieux compagnon. Tu vas donc vivre de la vraie vie. Tu vas aller trouver la justice, la vérité, la fraternité, l'harmonie et l'amour dans la sérénité immense. Te voilà envolé dans la clarté. Tu vas connaître le mystère profond de ces fleurs, de ces herbes que le vent courbe, de ces vagues qu'on entend là-bas, de cette grande nature qui accepte la tombe dans sa nuit et l'âme dans sa lumière... Tu vas aller où sont les esprits lumineux qui ont éclairé et qui ont vécu, où sont les penseurs, les martyrs, les apôtres, les précurseurs, les libérateurs. Tu vas voir tous ces grands cœurs flamboyants dans la forme radieuse que leur a donnée la mort... »

Remarquons, dans une lettre écrite de l'exil à Barbès, ces mots de la fin : « A bientôt, sur cette terre ou ailleurs » [1]. Depuis l'exil, sur la tombe de Madame Paul Meurice (1873) : « Que l'âme éternelle accueille dans la haute demeure cette âme immortelle ! » Aux obsèques d'Edgar Quinet (1875) : « Devant un tel sépulcre, affirmons les hautes lois morales », et à celles de Madame Louis Blanc (1876) : « Une fécondation profonde est dans tout, la mort étant une autre naissance. »

---

1. *Actes et Paroles, Pendant l'exil*, 15 juillet 1862.

Observons seulement qu'il y a dans les derniers discours, comparés à ceux qui n'avaient point la « ville lumière » pour auditoire, ou une moindre place accordée à l'idée surnaturelle, ou, nous ne voulons pas dire des marques d'hésitation et de timidité, mais au moins des mots comme on en a quand on parle à des gens prévenus contre ce qu'on va leur dire. Par exemple, après ces paroles : « le tombeau n'est ni ténébreux ni vide. C'est là qu'est la grande lueur », l'orateur ajoute : *Qu'il soit permis* à l'homme qui parle en ce moment de se tourner vers cette clarté. Celui qui n'existe plus, pour ainsi dire, ici-bas, celui dont toutes les ambitions sont dans la mort *a le droit* de saluer au fond de l'infini, dans le sinistre et sublime éblouissement du sépulcre, l'astre immense, Dieu. » Ceci, aux obsèques de Madame Paul Meurice. A celles de Quinet, Victor Hugo, parlant des « lois morales », les définit comme devoir et sacrifice, et omet cette fois les sanctions. Il dit : « Que la réalité céleste nous guide à affirmer la réalité terrestre »; mais cette *réalité céleste*, il ne la qualifie que de *délivrance* : « Devant cette délivrance, la mort, affirmons cette autre délivrance, la Révolution »[1].

---

1. *Actes et Paroles, Depuis l'exil*, 29 mars 1875.

LES OPINIONS PHILOSOPHIQUES ET RELIGIEUSES 275

Dans un discours écrit pour être lu à Nohant, sur la tombe de George Sand, à l'endroit où se lisent ces mots : « La terre, comme le ciel, a ses éclipses, mais ici-bas, comme là-haut, la réapparition suit la disparition », les associations d'idées les plus familières devaient suggérer pour cette *réapparition* et ce *là-haut* un sens immortaliste; mais non, l'image envisagée par Victor Hugo est celle d'un *flambeau* qui s'éteint *sous la forme d'homme ou de femme*, et se rallume, inextinguible désormais, comme *idée* qui fait partie de la civilisation et entre *dans la vaste clarté humaine*. L'auditoire de Parisiens convoqués à Nohant ne pouvait peut-être pas en supporter davantage. Cependant certaine autre phrase d'une admirable tournure semble n'exclure pas ce sens que l'*idée* qui *survit* ici-bas *revit* ailleurs comme *personne* : « La forme humaine est une occultation. Elle masque le vrai visage divin, qui est l'idée. George Sand était une idée : elle est hors de la chair, la voilà libre; elle est morte, la voilà vivante. *Patuit dea* [1]. » Cette brillante équivoque a pu déplaire à quelques-uns.

Il importe de dire, pour achever ce sujet, que le poète, sur la fin de sa vie, au rapport des

---

[1]. *Actes et Paroles, Depuis l'exil,* 10 juin 1876.

témoins les plus autorisés, montrait de l'émotion, éprouvait une souffrance visible, s'il arrivait que, chez lui, dans les soirées de l'avenue Victor-Hugo, quelqu'un, peu au courant sans doute du ton de la maison, se permît un de ces traits plus ou moins artistement décochés auxquels l'idée de Dieu sert habituellement de cible [1]. Il est donc certain qu'il avait renoncé à suivre les plus *avancés* de son siècle. Mais nous dirons quelque chose de plus. Si l'on excepte un point, à la vérité capital, sur lequel il fut toute sa vie en désaccord avec la doctrine chrétienne, il a été et il est resté toujours plus près, beaucoup plus près du christianisme que de la négation en matière de religion, et en tout temps éloigné de cet antithéisme dont il a vu autour de lui les progrès si rapides, dans la seconde moitié de son siècle. Son grand point de dissidence avec la tradition de l'Église était cette opinion de l'innocence native de l'homme, de l'enfant (qui cependant ne l'a pas empêché d'admettre la chute originelle de l'espèce), à laquelle on a dû tant de vers aimables, en opposition avec

[1]. On a même parlé d'une larme vue dans l'œil du vieillard, en une de ces occasions (M. Anatole France, dans le *Temps*, n° du 23 septembre 1888). — Peut-être pensait-il que c'était lui manquer personnellement de respect que de parler dans son salon comme Leconte de Lisle lui-même ne se le serait certainement pas permis.

les *horreurs* sorties de la *Bouche d'ombre*. Comment son illusion n'était-elle pas dissipée par la facile observation des instincts du bas âge, observation en cela d'accord avec la doctrine de l'évolution, dont l'hérédité psychologique est l'un des grands principes? Mais autant ce pur pélagien est indulgent ou aveugle pour les petits méfaits de l'enfance, autant, par contre, est-il terrible pour les crimes de l'homme, *puer robustus*, quand il ne peut pas en rendre responsables l'ignorance ou la misère. Nous savons que l'immortalité n'est pas pour lui une opinion de pur déiste; il y joint l'expiation. Il est en cela pleinement sur le terrain religieux, aussi bien que sur le terrain le plus étranger à l'école positiviste et antijuridique. Ses idées de forme gnostique ou manichéenne peuvent se dire chrétiennes en un certain sens, comme hérésies du christianisme, et sont entièrement étrangères à tout ce qu'on appelle de nos jours philosophie. Victor Hugo, d'abord chrétien d'habitude, ensuite chrétien de langage, plutôt que de sentiment vrai, à l'époque de ses recueils lyriques d'après 1830, est devenu spontanément chrétien, encore bien qu'hérétique, à partir des *Contemplations*, et ne s'est point douté de la nature réelle de ses nouvelles opinions. Elles lui ont semblé toutes nées de ses méditations propres, soit parce qu'il ne savait que peu de chose de l'histoire des idées et des religions, soit parce que, de plus en plus hostile au catholicisme, il ne prenait pas la peine de distinguer entre le papisme et les croyances chrétiennes des deux premiers siècles de l'Église, ou des temps qui ont suivi la Réforme, croyances qu'il pouvait partager. Et de là ses invectives contre *toutes les religions,* comme si lui-même n'avait pas dû *aux religions* les idées religieuses dont il s'est inspiré pendant les trente dernières années de sa vie.

CHAPITRE XII

Victor Hugo critique et criticiste.

Si les contemporains de Victor Hugo avaient eu dans la tête la moindre partie des croyances, ou ne fût-ce que des rêves et des velléités de croire en matière surnaturelle, qui abondent en plusieurs livres de ses *Contemplations*, et se retrouvent plus ou moins dans ses poèmes, et jusque dans ses romans à partir de ce moment, ils auraient été plus près en esprit des Albigeois du XIII° siècle que des Parisiens du XIX°; ou des adversaires d'Innocent III que de ceux de Pie IX. Et, dans ce cas, pourquoi pas probablement aussi intolérants et fanatiques, en leur foi de manichéens et de cathares, que nos ancêtres ont pu l'être en la superstition papiste, quand elle a été dominante? Mais parce que le gnosticisme du poète lui était personnel, et d'ailleurs si peu compris du public qu'on a cru qu'il n'y voyait lui-même que des sujets de vers, — et regretté qu'il n'en eût pas choisi de moins désagréables, — il a exempté naïvement sa propre croyance d'être une forme de religion, c'est-à-dire selon lui une *forme du mal*. Il n'a seulement pas songé que cela pût être. La répudiation de tous dogmes, professée dans le poème de *Religions et Religion*, il ne l'a appliquée aux croyances que parce qu'elles ont *régné* en exerçant la violence sur les incroyants; il les a rendues responsables des méfaits dont elles ont été l'occasion ou le prétexte pour la méchanceté humaine, pour l'incapacité humaine de respecter la liberté.

Son erreur a été plus lourde encore. Accuser la foi, les choses crues, des crimes de ceux qui croient, c'est fausser entièrement la responsabilité, c'est la faire porter sur quelque chose d'inoffensif en soi, un état du cœur et de l'esprit relativement aux affirmations qui dépassent l'ordre de l'expérience, au lieu d'accuser les passions de la domination et de la servitude. Mais comme on ne peut cependant faire autrement que de reconnaître la présence de ces passions et de ces volontés mauvaises dans les actes criminels qui prennent l'*intérêt de la foi* pour prétexte, il reste une autre faute à commettre, c'est d'innocenter l'humanité, et de prendre pour de particuliers suppôts du mal les rois, les prêtres, les législateurs, les juges, tous ces agents qui ne sont que les produits d'organisation de la puissance que l'Homme *se fait exercer* sur lui-même, et qu'il subit, comme s'il n'en était pas la source, selon les idées par lesquelles il se gouverne. Les peuples, a-t-on dit, n'ont que les gouvernements qu'ils méritent; cette vérité demande à être généralisée. Les peuples sont toujours au fond les auteurs de leurs institutions. Individuellement, il y a de bons et de mauvais rois, de même aussi qu'il y a des sujets soumis ou rebelles, à droit ou à tort, et c'est là qu'est le théâtre de la simple responsabilité; mais le roi comme roi, le prêtre comme prêtre ne font que participer à une responsabilité commune. Les jugements de Victor Hugo sur l'histoire et la société incriminent trop souvent les pouvoirs, comme s'ils pesaient extérieurement sur l'espèce humaine, au lieu qu'ils sont les suites des œuvres de l'humanité, et des sortes de traductions de ses mœurs et de ses idées morales.

Dans *le Pape*, poème du même esprit que *Religions et Religion*, et du même temps, Victor Hugo raconte le songe d'un pape qui (dans son rêve) croirait à l'immoralité des dogmes et professerait la charité absolue ; il le met successivement en présence des grands faits et des spectacles dans lesquels se peignent les mœurs humaines. Ce pontife parle « aux rois », et leur dénie tout droit divin ; il ne consent pas à être un roi lui-même. Il converse avec un patriarche d'Orient, et le scandalise en lui remontrant qu'il ne faut plus de prêtres. Il contemple un champ de bataille ; il assiste à une guerre civile, à l'exécution d'un condamné à mort ; il voit construire une église ; il est témoin de la misère d'une famille ; il donne sur les scènes diverses de la vie sa double sentence de bénédiction sur l'homme et de malédiction pour les œuvres ; il s'adresse aux foules et tient des discours de pur amour et de bonté inconditionnelle ; il se rend à Jérusalem, quittant la maison de César pour la ville de Christ, le Capitole pour le Calvaire, et dit, entrant dans ce « vénérable lieu » : « Le droit des bons, c'est d'être aux méchants fraternel... Aimez, aimez, aimez, aimez, soyez des frères... Soyez purs, soyez doux, soyez vrais, soyez bons... Peuples, aimez-vous. Paix à tous. » — « Sois béni, père », répondent les hommes. — « Fils, sois béni », dit la voix de Dieu. Et le pape, se réveillant dans sa chambre, au Vatican, le matin : « Quel rêve affreux je viens de faire ! »

La morale chrétienne pure, prise dans le sens

littéral de la *Religion* du comte Tolstoï, a inspiré ce poème. Mais comme l'auteur n'a pas l'esprit assez logique pour donner à l'utopie de l'universelle bonté la sanction dont chacun peut croire qu'il dispose : à savoir la résolution personnelle du plein renoncement, l'abandon du droit de juger et du droit de se défendre; comme il ne parle de rien de semblable, et qu'il fait porter sur quelques-uns tout le poids du péché universel dont ils ne représentent que des cas particuliers, il reste que l'œuvre est une double et contradictoire expression de sentiments sur les choses humaines : naïve en tant que vision d'avenir et enchantement d'espérance, satirique à l'égard des faits réels, et des chefs de nations et de religions, que le poète accuse de la misère du peuple, des horreurs de la guerre, de la dureté de la loi, de l'antichristianisme de l'Église.

Et pourtant il n'ignore pas, quand il lui arrive d'y penser, que la *faute* est de l'*Homme*, et non de quelques puissants qui pousseraient l'*Homme* au mal, du dehors, en quelque sorte, et qui ne seraient pas *Lui*, pris de *Lui*, produits et reproduits par *Lui*. Ils sont du même poème ces beaux vers :

> Tout ce qui pense, vit, marche, respire, passe,
> Va, vient, palpite, naît et meurt, demande grâce.

Il n'est pas sur la terre un homme qui n'ait fait
Une faute; et le sort des neveux de Japhet,
C'est de souffrir, chacun verse une larme amère,
La mère sur l'enfant et l'enfant sur la mère.
Pourquoi tant de détresse et de calamité?...
Pourquoi le côté noir du dogme et de la Bible?
Parce que nous péchons. De là l'ombre terrible,
Et les religions toutes pleines d'enfers...
Terreur! dit Éleusis. Damnation! dit Rome.
De la bête de proie à la bête de somme,
Du soldat au forçat, du serf à l'empereur,
Tout est vengeance, effroi, haine, morsure, horreur.
L'être créé n'a droit qu'à des destins funèbres [1]...

La faute est dans Je hais! La faute est dans Je t'aime!
Tout est la chute. Hélas! que faire? Hommes damnés!
Responsables de vivre et punis d'être nés!
Je médite éperdu dans la nuit formidable...

Soudain il me sembla, comme, dans leur souffrance,
Pensif, je regardais les peuples douloureux,
Voir l'ombre d'une main bénissante sur eux;
Il me sembla sentir quelqu'un de secourable,
Et je vis un rayon sur l'homme misérable.
Et je levai mes yeux au ciel, et j'aperçus,
Là-haut, le grand passant mystérieux, Jésus [2].

Frappé du contraste que l'atroce religion romaine nous offre avec la pure prédication de Jésus, que, d'après la lettre des préceptes évangéliques, on doit regarder comme une loi d'amour sans condition, Victor Hugo a dû se demander comment des esprits pieux et sincères avaient pu jamais être conduits à une si épouvantable dévia-

---

1. *Le Pape*, p. 79.
2. *Ibid.*, p. 126.

tion. Il ne pouvait admettre que les inquisiteurs de la foi eussent allumé les bûchers par pure scélératesse. Mais c'est à son imagination et non à l'histoire qu'il a demandé l'interprétation de la pensée intime d'un Torquemada. L'étude des documents de l'époque où l'Église a commencé à pouvoir disposer du *bras séculier* pour donner une sanction politique et pénale aux anathèmes que l'intolérance spirituelle avait de tous côtés multipliés dès l'origine, cette étude et les arguments des théologiens depuis ce temps lui auraient appris que le motif principal des *peines temporelles* (en dehors de toute *pénitence ecclésiastique*) infligées aux *coupables d'hérésie*, était le salut des âmes des fidèles. On prétendait les avertir, les intimider par l'exemple, ensuite les préserver de la contagion. Les persécuteurs sacrés ont pensé de plus que les hérétiques étaient des criminels positifs, livrables à ce titre à l'autorité civile, pour être punis, après que l'Église, seule compétente, avait prononcé sur le fait d'hérésie [1]. La réprobation éternelle attendait les victimes des inquisiteurs (aux yeux de ces derniers), selon toutes probabilités et autant que se peuvent présumer

---

1. Voir la *Somme théologique* de saint Thomas, 2ᵉ section de la 2ᵉ partie, Quest. X, art. 8, et Quest. XI, art. 3 et 4.

l'état de l'âme du pécheur et le jugement de Dieu. Ils n'ont point supposé que le supplice, *par lui-même*, pût être une expiation adéquate, et devenir un moyen du bonheur céleste que la charité du bourreau aurait ainsi assuré à sa victime. Victor Hugo s'est imaginé de prêter cette dernière bonne intention à Torquemada, en y joignant la superstition de la vertu purificatrice des flammes.

Le drame de *Torquemada* fait suite et se rattache étroitement par l'idée aux poèmes du *Pape*, de *la Pitié suprême* et des *Religions*, publiés pendant les années précédentes (1878-1882). Admirable non seulement pour sa versification, que l'on pourrait presque croire du temps des *Burgraves*, mais par de nombreux couplets d'un mérite éminent, ou lyrique ou satirique, il présente au degré le plus choquant les défauts connus du poète dans la mise en scène des passions et des hommes. Nous y voyons d'abord un roi, c'est Ferdinand le Catholique, qui se dit *ses vérités* à lui-même, et qui étale complaisamment devant son ministre les plus atroces maximes d'homme sans foi, sans honneur et sans respect des plus communes apparences. Tout auprès, un moine médite sur les crimes et les vices du monde, sur les horreurs de cet enfer qui a pour voûte « Le dessous monstrueux des cimetières noirs, Piqué de points de feu comme le ciel des soirs, Plafond hideux, percé de fosses pêle-mêle, D'où tombe dans l'abîme une pluie éternelle D'âmes, roulant au fond des braises... »

Ce moine a trouvé le moyen de l'universel salut : « Pour que l'enfer se ferme et que le ciel se rouvre, Que faut-il? Le bûcher. Cautériser l'enfer. Vaincre l'éternité par l'instant. Un éclair De souffrance abolit les tortures sans nombre. » Interrogé par l'évêque d'Urgel, au bord de l'*in pace* où le bourreau se prépare à le descendre, l'inventeur maintient sa doctrine. Pour sauver l'âme, il faut, dit-il, brûler le corps, et il prend ce texte de saint Paul, ainsi interprété pour sa thèse : La foi brûle par charité !

Un jeune prince, dont l'idylle amoureuse se croise avec le sombre sujet du drame, fait sortir le moine du caveau dont la pierre a été scellée sur lui après son refus de se rétracter. « Vous me sauvez; je jure, enfants, de vous le rendre » : ce serment sera tenu, au cinquième acte, par le prisonnier délivré, quand celui-ci fera brûler les jeunes fiancés pour un crime d'hérésie! Et quel crime? Le crime précisément d'avoir ouvert le caveau, parce qu'il a fallu pour cela abattre une croix qui a servi de levier pour soulever la pierre! Tel est l'étrange prologue.

Au premier acte, Torquemada est devenu grand inquisiteur d'Espagne, institué par une bulle du pape. Au second, il a une entrevue avec François de Paule, en un certain ermitage où ce dernier finit ses jours dans la contemplation de la mort. « Fils, toujours pardonner et toujours espérer, Ne rien frapper, ne point prononcer de sentence, Si l'on voit une faute en faire pénitence, Prier, croire, adorer. C'est la loi. C'est ma loi. Qui l'observe est sauvé. » A cette morale de l'ermite, l'inquisiteur objecte qu'en la suivant, un saint ne sauve que lui-même. Il expose son procédé pour le salut d'autrui à François de Paule, qui ne comprend pas. Survient un troisième personnage, un chasseur dont on entendait la meute aboyer dans le lointain. C'est le pape Alexandre VI, Borgia, qui apporte aux deux autres sa profession de foi, son système :

> Fils, vous vous demandiez pourquoi l'homme est sur terre.
> Moi, je vais en deux mots le dire. A quoi bon taire
> La vérité? Jouir, c'est vivre. Amis, je voi
> Hors de ce monde rien, et dans ce monde moi...
> Le hasard a pétri la cendre avec l'instant;
> Cet amalgame est l'homme. Or, moi-même n'étant
> Comme vous que matière, ah! je serais stupide
> D'être hésitant et lourd quand la joie est rapide...
> Avant tout, être heureux. Je prends à mon service
> Ce qu'on appelle crime et ce qu'on nomme vice.
> L'inceste, préjugé. Le meurtre, expédient...
> Servez-moi mon festin. S'il exige aujourd'hui
> Un assaisonnement de poison pour autrui

Soit. Qu'importe la mort des autres! J'ai la vie.
Je suis une faim vaste, ardente, inassouvie.
Mort, je veux t'oublier; Dieu, je veux t'ignorer.
Oui, le monde est pour moi le fruit à dévorer.
Vivant, je suis en hâte heureux; mort, je m'échappe!

— « Qu'est-ce que ce bandit? » demande François de Paule à Torquemada. — « Mon père, c'est le Pape. »

Le pape, dans cet acte, et le roi dans tout le cours du drame se font pendant par l'impudence avec laquelle ils professent, pour qui veut les entendre, n'être que de francs scélérats. Nulle part peut-être Victor Hugo n'a accusé en traits plus durs son mépris pour la vraisemblance, et son parti pris, si destructeur de tout intérêt dramatique, de peindre non des caractères et la vie des hommes, idées et mœurs, mais des personnifications faites pour représenter et traduire en actes et paroles ce que le poète pense lui-même, ou ce qu'il désire que le spectateur pense des hommes réels, placés dans certaines conditions sociales. Ce système est surtout choquant, lorsque le personnage ainsi composé contredit sa qualité de type moral par l'usurpation d'un nom, d'une existence historiques. Il est le plus grossier possible, — car le type lui-même est alors faux comme tel, c'est-à-dire contraire à la vérité psychologique, — quand le prétendu roi ou pape s'étale dans la plus monstrueuse exhibition publique de scélératesse achevée. Ici, nous n'avons pas seulement un pape professant l'athéisme devant ceux-là mêmes auxquels sa fonction est d'imposer, et un roi se vantant d'être entièrement dépourvu de sentiments humains; il n'y a pas jusqu'au bouffon de cour qui, dans ses apartés ou ses monologues, ne se fasse fort inutilement part à lui-même de sa vilenie, de sa bassesse de cœur. A ces sortes d'effets, cherchés dans le grossier relief des passions et des vices, d'autres effets se joignent, qui sont mieux entendus et plus esthétiques : d'abord le contraste que forment avec l'égoïsme et la férocité des puissants, l'innocence et l'amour de deux pauvres êtres, victimes de la politique royale et de l'inquisition de la foi; puis des péripéties, des coups de théâtre, rattachés, il est vrai, à des causes accidentelles, plutôt que tirés du fond du sujet; enfin, des pompes de procession et de décor, qui ne tiennent pas la place d'un drame vrai dans des situations vraies, mais qui en peuvent couvrir l'absence pour le spectateur.

Le drame de *Torquemada* se termine par une de ces péripéties à grand effet matériel, qui montre bien la constante préoccupation du *spectacle*, chez le poète, qui ne destinait cependant pas sa pièce à la représentation. Torquemada, de retour d'Italie avec tous les pouvoirs qu'il a demandés au pape, et que le pape lui a accordés en riant, a promis aux pauvres enfants de les *sauver*; mais il entend par là de les *brûler*, depuis qu'il sait qu'ils ne l'ont sauvé lui-même qu'au prix d'un crime contre la foi. Ne se représente-t-il pas, en effet, les âmes de « *ses* bien-aimés », ses plus ordinaires victimes, les juifs, envoyées directement au ciel à travers les flammes ? « Hosanna ! la blessure éternelle guérit. Plus d'enfer... Un court tourment vous paye un bonheur infini... Quelle extase ! entrer droit au ciel ! ne pas languir [1]. » Il ne sera pas moins secourable aux jeunes fiancés chrétiens, hérétiques sans le savoir. Mais eux se croient sauvés. Victor Hugo a trouvé dans la réunion de ces deux êtres charmants, au moment où, secrètement voués aux flammes, ils échangent des promesses de bonheur, la place de quelques-uns des plus jolis vers d'amour qu'il ait écrits. Il met la scène en contraste avec la fantasmagorie théâtrale de la préparation de l'autodafé qui doit y mettre fin.

> Oh ! comprends-tu ce mot céleste, mariés !
> Beauté, pudeur, ton corps sacré, ta chair bénie.
> — Oh ! les rêves du cloître ! oh ! l'ardente insomnie ! —
> Être l'époux ! saisir l'ange éperdu qui fuit !
> Te voir à chaque instant, te parler jour et nuit

[1]. *Torquemada*, acte III.

> Tous les mots du bonheur, t'entendre me les dire
> Tremblante, et les venir baiser sur ton sourire!
> Avoir le paradis pour joug et pour devoir!
> Et, qui sait? bientôt, Rose, oh! ne rougis pas! voir
> Entre ses petits doigts adorés un doux être
> Presser ton sein charmant, moi l'amant, lui le maître!
> L'entendre bégayer de ses lèvres de miel :
> Mère!...

Mais l'extase des amants finit par le coup de théâtre qui fait apparaître et monter lentement, du fond de la scène, la bannière noire portant au centre une tête de mort avec deux os en croix, blancs sur le fond noir :

« DONA ROSE, *avec adoration* : Il te dira : Père, ô mon bien-aimé! — DON SANCHE (*à la vue de la bannière qui s'élève*) : Ciel! »

La critique de Victor Hugo en matière religieuse a été dominée par le sentiment, d'ailleurs très juste, de la triste contradiction de la loi d'amour et de vie, dont se pare le papisme, et de son esprit historique de persécution et de mort. Il a rejeté sur *le dogme*, c'est-à-dire sur l'effort, quoique inoffensif, de s'affirmer à soi-même des vérités transcendantes, la responsabilité d'une aberration dont il serait plus logique d'accuser le mépris et la violation de la liberté d'autrui, puisque la passion d'imposer nos croyances n'est au fond que cela. Cette erreur, qui ne lui a point été particulière, mais qui est et reste très commune, dépend du même faux principe qu'elle prétend combattre ; car elle suppose que la certitude qu'on croit avoir d'une vérité de foi est la mesure d'un droit qu'on aurait de forcer tout le monde d'y croire. Alors, les uns se croient obligés de détruire *le dogme* pour mettre fin à son droit prétendu de s'imposer, et les autres, qui le soutiennent, pensent faire une œuvre charitable en contraignant le prochain, *dans son propre intérêt*, comme cela se dit couramment. Des deux côtés, la racine immorale de l'erreur est le mépris de la justice sous le prétexte de l'amour, et c'est de plus un affront fait à la doctrine même suivant laquelle l'amour est le principe souverain de la morale.

Victor Hugo, qui s'est inspiré de cette doctrine, dans *le Pape* et ailleurs, a-t-il été empêché par le préjugé *catholique*, au fond, d'imputer la grande et lamentable aberration de la charité, la persécution, l'inquisition, les supplices pour cause de religion, à leur vraie cause, c'est-à-dire au principe du socialisme spirituel et du gouvernement absolu des âmes au nom de la *vérité certaine*? C'est possible, encore bien que contradictoire à la satire des dogmes, et on comprend mieux alors qu'il ait imaginé une autre et plus bizarre espèce de déviation de la passion du salut d'autrui dans une tête, pour s'expliquer les autodafés. Mais la disproportion est grande entre ce cas supposé de démence individuelle, et une folie qui s'est étendue monstrueusement sur un peuple entier pendant plusieurs siècles, jusqu'à tarir chez lui les sources vives de la pensée, et dont les autres peuples avaient également en eux le principe, et ne laissaient pas de fournir de très considérables applications dans leurs institutions.

Victor Hugo n'a pas été plus heureux dans la critique des philosophies que dans celle des religions. Écrire une longue diatribe, du genre humoristique, contre l'*ignorance* des érudits, des philosophes et des savants, dont les explications redoublent les obscurités, quand elles ne restent pas à la surface des choses, et prendre pour plastron le métaphysicien qui a mis la métaphysique en ruines, le philosophe qui a inauguré le criticisme et déclaré la primauté de la morale, c'est vraiment jouer de malheur; c'est pourtant le sujet du poème de *l'Ane*: discours adressé à Kant par un âne savant, qui gémit sous le poids de ses lectures, et de toutes les sciences, qu'il a approfondies. Toutefois il est visible que le poète a cru traiter favorablement le philosophe dont il connaissait la réputation, très particulière parmi toutes celles de notre âge; car il l'a choisi comme le plus digne et le plus capable de comprendre les

objurgations du baudet; il nous l'a montré à la
fin attristé par les vérités qu'il vient d'entendre de
cette humble bouche. Lui-même, à son tour, il a
pris la parole pour lui signifier l'arrêt sans appel
du songeur :

> Un âne descendait au galop la science.
> Quel est ton nom? dit Kant. — Mon nom est Patience,
> Dit l'âne. Oui, c'est mon nom et je l'ai mérité,
> Car je viens de ce faîte où l'homme est seul monté
> Et qu'il nomme savoir, calcul, raison, doctrine...
> A travers le fatras, le tourbillon, le bruit,
> J'ai sondé du savoir la vacuité morne;
> J'ai vu le bout, j'ai vu le fond, j'ai vu la borne...
> Oh! comme vous m'avez obscurci, moi la nuit!
> Oh! comme vous m'avez embêté, moi la bête!

Après un premier grand morceau où la « colère
de la bête » s'exhale contre l'érudition et les
livres, à travers de bizarres énumérations, plusieurs fois recommencées, de noms de toutes
sortes qui amusent l'oreille, l'âne donne un « coup
d'œil général » aux grands problèmes que la
science n'éclaircit point. Il se montre là un peu
arriéré dans ses études, car il s'en prend, selon
l'usage de 1840, à la « science officielle », qui eut
Cuvier pour représentant. — « Cuvier, traître
au vrai pour être pair de France », — oh! la
vilaine accusation! — et il oppose à cette science
la « sainte évolution », dont il fait un tableau

ravissant, et qu'il ne sait pas être appelée par la mode à passer science officielle à son tour.

Dans une troisième partie, l'âne Patience « entre dans le détail », c'est-à-dire qu'il se remet à rabâcher sa guerre aux bibliothèques et sa chasse aux noms propres. Les parties suivantes, plus sérieuses, quoique avec un étonnant mélange de puérilités, transportent la satire, de la science et des livres, à l'homme lui-même : à la conduite de l'homme *vis-à-vis des enfants*, dont les pédagogues obscurcissent et déforment les intelligences; *vis-à-vis des génies* : les penseurs persécutés, les vérités bafouées; *vis-à-vis de la création* : l'inintelligence ou la négligence des lois de la nature; *vis-à-vis de la société* : les problèmes non résolus, la perpétuité des querelles entre les doctrines opposées, mutuellement invincibles; enfin *vis-à-vis de lui-même*, dernier reproche qui pourrait renfermer la plupart des autres :

> L'argent, le lit, la table, autant de précipices.
> Le vin est un écueil, la femme est un récif.
> La conscience, bas, à Salomon pensif
> Disait plus de dix fois par jour : Vieille canaille!
> L'expérience austère, ô Kant, est la trouvaille
> Qu'on ramasse en sortant du vice; on se flétrit,
> On se forme; chacun des sept péchés écrit
> Une lettre du mot composite : Sagesse.

Cette partie, et surtout la suite des couplets contre l'esprit de haine et de guerre dans l'humanité, font saillie par de nombreuses beautés sur la masse des déblatérations de l'âne. On n'*admire*, dans presque tout le reste du poème, que les jeux de l'imagination suscitant de vers en vers, par les rimes les plus inattendues, les rapprochements les plus extraordinaires, et les moins sensés bien souvent. C'est de toutes les œuvres de Victor Hugo certainement la plus gâtée par l'excès de sa faculté maîtresse. Cela tient, nous n'en doutons pas, à ce qu'il s'est fait cette fois de sa méthode ordinaire un amusement, en se livrant plus complètement à elle, dans une intention humoristique; mais la fatigue et l'ennui, quand se prolonge sans mesure l'exercice abusif des associations d'idées par la rime, rendent insupportables à la fin les divagations, les répétitions, et tout ce qui se mêle de trop humaine déraison à la raison du savant animal qui fait la satire de l'homme.

Si l'on ne cède pas à l'irritation causée par l'excès de l'amplification et par la prodigalité des images, on trouvera de bien beaux passages encore dans la partie qui suit, assez mal intitulée : *Réaction de la création sur l'homme*, dans laquelle l'âne finit par trouver l'homme excusable à cause des obscurités, des énigmes profondes de la nature, et des contradictions où l'esprit est poussé par le spectacle des choses. Et lui-même, l'âne, ne se se prive pas, quoiqu'il s'en défende, d'imiter la nature en ce chapitre des contradictions :

> Se contredire un peu, Kant, c'est le droit des gloses;
> Quand on veut tout peser, on rencontre des choses
> Qui semblent l'opposé de ce qu'on avait dit;
> Non aux basques de Oui toujours se suspendit,
> Riant de la logique et narguant les méthodes.
> Qui tourne autour d'un monde arrive aux antipodes;
> Kant, je n'userai point de ce droit; seulement,
> Après t'avoir montré les hommes blasphémant,
> Niant, méconnaissant et méprisant la Chose,
> Cet océan où l'Être insondable repose,
> Il faut bien te montrer la Chose enveloppant
> Les hommes submergés dans Dieu qui se répand
> Et qui sur eux se verse et qui se verse encore,
> Tantôt en flots de nuit, tantôt en flots d'aurore.
> Après t'avoir montré l'atome outrageant Tout,
> Il faut bien te montrer la grande ombre debout.

Gardons-nous d'une équivoque à laquelle se prêtent les mots, et remarquons que l'*atome* désigne ici l'homme, à qui le reproche a été fait de s'éloigner des voies de la nature; et la Chose (expression intéressante en elle-même, intéressante doublement chez Victor Hugo), la Chose, malgré les *flots d'aurore* qui se mêlent aux *flots de nuit* dans *Dieu qui se répand,* est cette nature même, désolante d'obscurité, grande ouvrière de nos maux.

> Sur tes religions, dieux, enfers, paradis,
> Sur ce que tu bénis, sur ce que tu maudis,

Tu sens la pression du monde formidable ;
Ton âme, atome d'ombre, et ta chair, grain de sable,
Ont sur elles les blocs, les abîmes, les nœuds,
Les énigmes du Tout lugubre et lumineux,
Et sentent, feuilletant vainement quelque bible,
Rouler sur leur néant l'immensité terrible...

Ce monde est un brouillard, presque un rêve ; et comment
Trouver la certitude en ce gouffre où tout ment ?
Oui, Kant, après un long acharnement d'étude,
Quand vous avez enfin un peu de plénitude,
Un résultat quelconque à grand'peine obtenu,
Vous vous sentez vider par quelqu'un d'inconnu.
Le mystère, l'énigme, aucune chose sûre,
Voilà ce qui vous boit la pensée, à mesure
Que la science y verse un élément nouveau...
O vain travail ! science, ignorance, conflit !
Noir spectacle ! un chaos auquel l'aurore assiste !
L'effort toujours sans but, et l'homme toujours triste
De ce qu'est le sommet auquel il est monté,
Comparant sa chimère à la réalité,
Fier de ce qu'il rêvait, pâle de ce qu'il trouve !

De là la *Tristesse finale* de l'âne, qui pourtant se résigne sans peine et reprend le chemin du pré, retournant tout heureux, « De l'idéal aux fleurs, du réel aux chardons ». Et de là la *Tristesse du philosophe* : — « Et l'âne disparut, et Kant resta lugubre ». Kant prend la parole, en cette dernière partie, pour ne rien dire d'intéressant, ni de bien juste, ni de si peu que ce soit qui ressemble à sa philosophie, de laquelle il eût été bien à propos que le poète s'informât. Son monologue se résume à confesser que, tant que les choses iront comme elles vont, la protestation de l'âne sera juste : « Les oreilles de l'âne auront raison dans l'ombre » ; et les choses iront comme elles vont, jusqu'au jour « Où la science aura pour but l'immense amour » ! A la fin le poète intervient pour apporter la consolation, faire luire l'espérance finale : « *Sécurité du penseur* » :

> O Kant, l'âne est un âne et Kant n'est qu'un esprit.
> Nul n'a, jusqu'à présent, hors Socrate et le Christ,
> Dans l'abîme où le fait infini se consomme,
> Compris l'ascension ténébreuse de l'homme.
> A force de songer, ton œil s'est éclairci ;
> Plane plus haut encore et tu verras ceci...

Que verra-t-il, le philosophe ? il verra les plus pauvres et banales idées de philosophie optimiste de l'histoire, — dont le poète paraît se croire l'inventeur, — après Socrate et le Christ, à ce qu'il suppose ! — lui venir de cette bouche inspirée. Comme si Kant ne se fût jamais douté de pareille chose, lui, l'un des premiers inventeurs de la doctrine du progrès de l'humanité ! Et, grâce au triste écho de cette doctrine, juridique chez lui, étroitement liée à la morale, et que ses disciples panthéistes ont gâtée, Kant s'entendra dire que, « Par les fausses leçons, par l'horreur et le deuil... Nous avançons » ; que « L'homme fait son progrès de ce qui fut son vice » ; que « Le mal, transfiguré par degrés, fait le bien » ; d'où, pour conclusion, ce précepte, au moins bien logique : « Ne désespère pas et *ne condamne rien.* »

Si Victor Hugo était né plus tard dans son siècle, il aurait évité la contagion de ces fatales théories de progrès nécessaire et d'utilité du mal. Peut-être aurait-il appris que le philosophe à qui il fait si singulièrement la leçon avait, il y a cent ans, cherché une loi du développement de l'humanité, mais non point en séparant l'avenir de paix et de bonheur des hommes de leur constante bonne volonté, et de la fidèle observation de la justice. Il eût connu la source kantienne de certaines inspirations, bien différentes de celles qui lui sont venues de la philosophie dominante de son temps, et qui font saillie dans ses ouvrages, à quelques endroits, sans qu'il s'y arrête et qu'il y fasse jamais son siège définitif. Car Victor Hugo est aussi, quand il y pense, un *criticiste* : quand il y pense, nous voulons dire quand la croyance à l'immortalité de la personne, à la personnalité divine, à une loi providentielle autre que le développement des vertus immanentes de la Chose, l'oblige à revenir aux idées de liberté et de devoir. Cette croyance, nous avons reconnu qu'elle était bien réellement la sienne, quoiqu'il n'en sentît pas la fondamentale opposition aux théories du genre panthéiste. Mais lorsqu'elle venait à le toucher vivement par ceux de ses points où la liberté humaine est le plus intéressée, il prenait conscience des obscurités du monde et de la destinée, des ignorances de la Science, sur cela que précisément et avant tout il nous importerait de connaître : Sommes-nous des êtres éphémères, ou des êtres durables, ayant leur place marquée dans l'ordre universel des choses? Il était alors frappé de l'essentielle idée du criticisme : le devoir, comme la plus sûre lumière de l'esprit et le vrai guide de la vie. Et il écrivait :

> Homme, ne te crois pas plongé dans l'inconnu;
> *Tu connais tout, sachant que tu dois être juste;*
> Le sort est l'antre noir, l'âme est la lampe auguste;
> Dieu par la conscience inextinguible unit
> L'innocence de l'homme aux blancheurs du zénith.

Et puis, ce qui est expressément le contraire de la doctrine qui prétend *avancer par l'horreur et ne condamner rien* :

> Le progrès n'a plus rien de providentiel
> S'il ne peut, sans creuser l'enfer, monter au ciel;
> Nul soleil n'a l'ampleur horrible de l'abîme;
> Si grand que soit un droit, il est moins grand qu'un crime;
> Jamais, non, même ayant la justice pour soi,
> On ne peut la servir par le deuil et l'effroi.

Dans un autre endroit du même poème, où cependant la pensée dominante est, nous l'avons vu, l'amour, non la justice :

> Le savant dit : Comment? le penseur dit : Pourquoi?
> La réponse d'en haut se perd dans les vertiges.
> L'ombre est une descente obscure de prodiges.
> Sans cesse l'inconnu passe devant nos yeux.
> Mais, ombre, qu'est-il donc de stable sous les cieux?
> La justice, dit l'ombre. Aucun vent ne l'emporte [1].

On se tromperait, si l'on prenait pour une note isolée, quoique revenant de temps à autre dans l'œuvre entière du poète, ce recours à la notion du Juste, comme attitude suprême devant le problème du mal et fondement définitif, unique, des croyances transcendantes. Le plus poussé au noir des passages inspirés par un sombre pessimisme, et cela dans le poème des *Religions*, et, précisément, dans la partie de ce poème qui porte ce sous-titre : *Philosophie* [2], a pour conclusion ces cinq vers, placés typographiquement en grand relief :

> Tu dis : « Je vois le mal, et je veux le remède.
> Je cherche le levier, et je suis Archimède. »
> — Le remède est ceci : Fais le bien. Le levier
> Le voici : Tout aimer et ne rien envier.
> *Homme, veux-tu trouver le vrai? Cherche le juste.*

Dans le poème intitulé *Dieu*, dans celle de ses parties où se trouvent les plus dures formules d'absolutisme divin, poussées jusqu'à la négation de l'attribut de justice, on lit un passage où la

---

1. *Le Pape*, p. 8, 119, 150.
2. Passage déjà cité, ci-dessus, chap. x.

Lumière, après avoir remontré à l'homme à quel état d'abaissement il tomberait en reniant la foi en Dieu, conclut à l'obligation morale de conserver « au centre de l'être insondable », en Dieu même, les perfections de l'idéal humain :

> Devant les profondeurs dans tout être entr'ouvertes,
> Hommes, on peut nier, mais l'inconvénient
> C'est que l'esprit décroît et noircit en niant.
> L'être fait pour l'extase et la soif infinie
> Devient sarcasme, rire, ignorance, ironie ;
> Il n'a plus rien de saint, il n'a plus rien de cher,
> Et sa tête de mort apparaît sous sa chair...
> Oui, du centre de l'être insondable ôte Dieu,
> Ote l'idée avec tous ses aspects, puissance,
> Vérité, liberté, paix, justice, innocence,
> Ote aux êtres le droit, ôte aux forces l'aimant,
> Ote la clé de voûte, et vois l'écroulement [1] !

Mais ceci dit, et de suite après : « Je t'ai parlé ta langue, homme que je rencontre », reprend la Lumière, et de nouveau, dans son effort, qu'il croit merveilleux, pour parler une langue plus élevée, le Songeur ramène les *rayons* de l'être qu'il appelle l'« informe effrayant », dont « l'idée à peine éclôt que les mots la défont » ; et il ne renonce pas pour cela au sentiment d'anthropomorphisme moral étroitement lié à la croyance en l'être central qui dit « Moi », suivant une de ses propres formules. N'oublions pas, en notant la

---

1. *Dieu : la Lumière*, p. 248.

contradiction, de remarquer qu'elle est commune à beaucoup de penseurs théistes et à de grands théologiens de l'orthodoxie romaine la moins contestée. Victor Hugo, qui prend volontiers le ton du prophète, en paraissant tirer de son inspiration propre des thèses si connues, a du moins l'excuse de ne pas se contredire autrement ou davantage que ne l'ont fait tant de philosophes, et des plus illustres.

Une idée qui se montre en plusieurs de ses œuvres, et de différentes époques, et dont la liaison est visible avec la notion du devoir, est celle de la douleur comme « fonction divine ».

>O mon âme, en cherchant l'azur ton vol dévie;
>Restons dans le devoir; le devoir, c'est la vie.
>Rentrons au noir foyer des hommes; essayons
>La chaîne des captifs; fais-toi, dans ce lieu sombre,
>   La servante de l'ombre,
>   O fille des rayons!
>
>Reprenons le labeur des saintes délivrances;
>Faisons la fonction divine des souffrances;
>Remettons notre lèvre à l'éponge de fiel;
>Continuons les pleurs, les deuils, la lutte austère;
>   Revenons à la terre
>   Pour retourner au ciel [1].
>
>Sans fléchir dans ta confiance,
>Sans te rebuter dans ta foi,
>Sainte servante, conscience,
>Tu vas dans l'ombre devant moi.

1. *Les Quatre Vents de l'esprit*, III, 38.

Tu vas devant moi, toujours prête,
Et tu me montres le chemin;
Le voile du sort sur ta tête,
La lampe de Dieu dans ta main!

Tu me dis : Ta croix te réclame.
Debout! c'est ailleurs qu'on s'assied.
Tu me dis : Cache ici ton âme.
Tu me dis : Mets ici ton pied.

Tu dis : La tristesse est meilleure.
L'ombre et le deuil sont nos amis.
Et tu souris lorsque je pleure,
Et tu chantes quand je gémis,

Tu m'éclaires, calme et ravie,
Marche à marche, avec ton flambeau,
Toutes les douleurs de la vie,
Sombre descente du tombeau [1].

Il est à peine utile d'observer que ces sentiments sur la vie, la mort et la douleur, qui sont exprimés partout dans l'œuvre lyrique de Victor Hugo, depuis les *Feuilles d'automne* jusqu'aux *Quatre Vents de l'esprit*, — et, nous pouvons ajouter, sur l'expiation, dont l'idée est dominante dans *les Contemplations*, dans *la Légende des siècles*, dans le poème intitulé *Dieu*, et dans *la Fin de Satan*, — sont incompatibles avec les doctrines du genre évolutioniste dont il a pu paraître atteint sous l'influence de l'air du siècle. Mais ils sont conciliables avec les trois grandes thèses de la

---

Les Quatre Vents de l'esprit, III, 36.

raison pratique, qu'il a, nous l'avons vu, constamment maintenues en dépit de ces mêmes doctrines : immortalité, liberté, personnalité divine. C'était chez lui le vrai fond; le reste, à fleur de peau, mal compris, non suivi dans les rapports et les conséquences. On peut hardiment donner comme le résumé vrai et complet de son âme, de son émotion devant l'univers, de sa terreur, de sa croyance et de son espérance, une pièce qu'on nous permettra de citer pour finir, après celles dont nous avons sans doute trop multiplié les citations. Elle est assez caractéristique de sa plus grande manière, à la fois dans les beautés sensibles à tous, et dans les étrangetés que beaucoup de gens d'esprit ne peuvent encore supporter, mais qui seront pour la postérité un fait considérable de haut sentiment et de grande et originale poésie [1].

> Un spectre m'attendait dans un grand angle d'ombre,
> Et m'a dit : Le muet habite dans le sombre.
> L'infini rêve, avec un visage irrité.
> L'homme parle et dispute avec l'obscurité,
> Et la larme de l'œil rit du bruit de la bouche.
> Tout ce qui vous emporte est rapide et farouche.
> Sais-tu pourquoi tu vis? sais-tu pourquoi tu meurs?
> Les vivants orageux passent dans les rumeurs,
> Chiffres tumultueux, flots de l'Océan Nombre.
> Vous n'avez rien à vous qu'un souffle dans de l'ombre;

---

1. *Les Contemplations*, VI, 3.

L'homme est à peine né qu'il est déjà passé,
E c'est avoir fini que d'avoir commencé.
Derrière le mur blanc, parmi les herbes vertes,
La fosse obscure attend l'homme, lèvres ouvertes.
La mort est le baiser de la bouche tombeau.
Tâche de faire un peu de bien, coupe un lambeau
D'une bonne action, dans cette nuit qui gronde;
Ce sera ton linceul dans la terre profonde.
Beaucoup s'en sont allés qui ne reviendront plus
Qu'à l'heure de l'immense et lugubre reflux;
Alors on entendra des cris. Tâche de vivre;
Crois. Tant que l'homme vit, Dieu pensif lit son livre.
L'homme meurt quand Dieu fait au coin du livre un pli.
L'espace sait, regarde, écoute. Il est rempli
D'oreilles sous la tombe, et d'yeux dans les ténèbres.
Les morts, ne marchant plus, dressent leurs pieds funèbres;
Les feuilles sèches vont et roulent sous les cieux.
Ne sens-tu pas souffler le vent mystérieux?

CHAPITRE XIII

Le poème qui a pour titre « Dieu »[1].

Les idées éparses dans les petits poèmes de la dernière période de la vie de l'auteur, — *le Pape, la Pitié, Religion, l'Ane, Torquemada,* — se retrouvent toutes à l'état plus systématique dans cet ouvrage qu'il n'a pas publié lui-même, et dont les caractères, tant de forme que de fond, nous autorisent à reporter la composition à une époque de vingt ou vingt-cinq ans antérieure, c'est-à-dire au moment même auquel appartiennent les parties philosophiques des *Contemplations*, telles que la

---

1. Afin de mettre plus fortement en relief, dans ce chapitre, ce qui est pensée précise ou argument, nous donnons la forme typographique de la prose à de plus nombreux et à d'assez longs morceaux. Ils prennent sous cet aspect, ce nous semble, plus de relief philosophique, et une physionomie nouvelle.

pièce de la *Bouche d'ombre*[1]. Il est difficile de s'expliquer pourquoi Victor Hugo a ainsi gardé sans le publier, jusqu'à la fin de sa vie, un poème terminé, qu'il ne laissait pas d'annoncer sur les couvertures de ses livres, avec ce titre, qu'on trouvait prétentieux, et dans lequel ses vues sur la nature, l'humanité et la religion étaient exposées d'une manière suivie et complète. Craignait-il l'opinion du parti républicain qu'il savait être devenue très irréligieuse? Mais le sujet de l'ouvrage est *l'Idée de Dieu*, plutôt que *Dieu* même. Le titre ainsi modifié eût été suffisamment exact, et plus modeste. Et on ne peut pas dire que les sujets traités dans *Religions et Religion*, dans *la Pitié*, *le Pape*, etc., fussent davantage dans le goût du jour. Il est vrai que ces derniers ouvrages font une part considérable à la satire des doctrines théologiques, mais la satire ne manque pas non plus dans le poème : *Dieu*, et le christianisme n'y est point ménagé. La supposition la plus invraisemblable serait que le poète eût voulu garder

---

[1]. La date de cette pièce dans le recueil (Jersey, 1855) est aussi celle qu'on lit à la fin de la seule partie qui soit datée (c'est la dernière) du poème : *Dieu*, publié sans préface et sans explication des éditeurs, six ans après la mort de Victor Hugo. On ne dit pas si les points des pages 257 et 261 marquent réticence ou lacune, mais l'unité et l'intégrité du poème ne laissent rien à désirer.

son œuvre à correction; non que la revision y eût été de trop, et qu'il ne s'y trouve mêlés aux grands morceaux qui ne craignent pas la comparaison avec ses plus belles œuvres, à peu près autant qu'ailleurs, des traits d'une imagination précipitée sur les premières rimes venues, et un extraordinaire abandon aux rapprochements les moins sensés; mais on sait qu'il avait pour système de ne se jamais corriger. Peut-être est-ce pour sa foi dans les métempsycoses qu'il redoutait la critique et les faciles plaisanteries du monde; il est certain que cette croyance occupe, dans l'ouvrage, la place principale, qu'elle s'y montre aussi soutenue et aussi loin poussée que possible, et que le sérieux du sujet et le titre du livre ne permettent plus de la prendre pour une pure fiction poétique, ainsi qu'on l'avait pu jusque-là. C'était décidément une doctrine! Une doctrine, c'est la conclusion que nous devons tirer, nous aussi, de l'interprétation que nous donnons, si elle est la bonne, de l'hésitation que l'auteur mettait à se séparer de son œuvre.

Les points dans lesquels se résume le système des idées développées dans le poème sont les suivants :

1° La vue la plus pessimiste de l'ensemble de l'univers, à raison des maux cruels que souffre l'animalité, et du désordre, et du caractère souvent destructif des éléments ;

2° L'explication des formes des êtres et de leur condition actuelle par l'hypothèse des âmes et de leurs métensomatoses, sans exception pour aucune sorte d'existence, sans aucun privilège d'immortalité pour la personne humaine ;

3° La cause du mal envisagée dans une chute originelle, et néanmoins l'éternité supposée du Créateur et de la création, ce qui fait perdre de sa réalité à la création, et ce qui supprime tout éclaircissement sur l'état premier de la créature ;

4° L'idéal du retour des êtres au bien, la promesse du bonheur à la fin de la carrière des expiations ;

5° L'affirmation de l'harmonie universelle sous l'aspect de l'absolu, aspect sous lequel s'évanouissent les idées purement humaines, et l'idée même de la justice, qui ne sont *que des relations* ;

6° L'incrimination de toutes les religions et de toutes les philosophies, touchant la définition de Dieu ;

7° La révélation réelle de Dieu et de la vérité, attendue pour chacun à l'heure de la mort seulement. Ce dernier trait n'est que de quelques vers, et termine le poème, où il n'y en a pas de plus éloquent ni de mieux rendu. Il aurait pu dispenser l'auteur de ses affirmations superbes et banales sur l'absolu divin. Mais ce n'est pas ici le lieu de faire ressortir les contradictions impliquées entre les différentes parties d'un tel système. Elles ne sont point, nous l'avons dit, particulières à Victor Hugo.

Le plan du poème se compose d'une suite de révélations faites à l'homme par des animaux symboliques, qui lui apportent des vues erronées ou incomplètes sur Dieu et sur la création, avec des interprétations de la nature, correspondantes aux principaux moments des religions humaines. Puis vient la révélation d'un ange, et puis celle d'une lumière ailée; mais le jour ne se lèvera complètement pour l'âme avide de savoir qu'à l'instant où un être mystérieux, ironique et cruel, sorti de la Nuit, donnera la mort au corps.

Les apparitions des animaux symboliques sont précédées d'un long prologue en deux parties : *l'Esprit humain*; *les Voix*. L'Esprit humain est une personnification de la vaine recherche de la cause première, une vision du poète, une étrange figure on ne sait si radieuse ou lugubre, volant avec bruit, faisant de la lumière et faisant des ténèbres.

« Mon nom est légion. Je suis l'essaim des

bruits et la contagion. Des mots vivants allant et venant d'âme en âme... Homme, toujours en moi la contradiction Tourne sa roue obscure, et j'en suis l'Ixion. Démos, c'est moi. C'est moi ce qui marche, attend, roule, Pleure et rit, nie et croit; je suis le démon Foule. »

Après une pittoresque énumération des qualités contradictoires et des puissances de cet être multiple et mondial, — car « tout globe qui tourne autour d'une clarté Est planète de loin, de près humanité », — vient l'offre que l'Esprit humain fait au poète de lui dévoiler de brillants phénomènes naturels. Mais ce n'est point ce qu'attend celui-ci :

« Non, rien de tout cela. — Que demandes-tu? — Lui. — Hein? dit l'esprit. Et tout disparut, et l'espèce De jour qui blêmissait dans la nuée épaisse Sombra dans l'air plus noir qu'un ciel cimmérien. J'entendis un éclat de rire et ne vis rien. »

L'éclat de rire se renouvelle et roule comme un tonnerre dans les cieux, quand le poète adresse une invocation à tout ce qui lui paraît : êtres, lieux, choses ou hommes, avoir une réponse possible et disposer d'un peu de jour. Un monstre lui apparaît : « Un sourd fourmillement d'hydres, d'hommes, de bêtes... Et des formes sortant du monstre me parlèrent. »

Une voix rappelle les recherches vaines et les efforts perdus des penseurs et des incroyants : « Chercheur, trouveras-tu ce qu'ils n'ont pas trouvé? Songeur, rêveras-tu plus loin qu'ils n'ont rêvé? »

Une autre voix, pleine de fortes et curieuses images, réclame du chercheur le calme et l'imperturbabilité des monts, ces vieillards de la nature, qui ont reçu sans branler les assauts des vents et des nuées, dans la suite inimaginable des âges. Une autre rappelle les dires désespérés des douteurs et des négateurs, dont elle accumule au hasard — mais le hasard sert souvent plutôt mal que bien le poète — les noms avec des qualifications pittoresques : « Et le ciel, le destin... Retentissent encor de ces coups de cognée ». Une autre parle des penseurs partis pour la conquête du ciel et revenus hagards de « cette aventure étrange... Tous ont dans le regard comme un songe qui fuit, Tous ont l'air monstrueux en sortant de la nuit. »

Une autre voix demande de quel dieu l'on veut parler, et fait l'énumération satirique des dieux des religions. Une autre met le poète au défi de trouver le nom mystérieux, fût-il, ce poète, l'homme sacré, le mage, le contemplateur des anciens âges, qui vivait « en familiarité Avec le jour, la nuit, l'ombre et l'éternité ». Que ne peut-il pas en effet ce poète? « Il peut tout! — hors ceci : nommer Dieu. »

Une autre voix proclame la dissémination, dans la nature, du nom vainement cherché : « Ce nom ineffable est coupé En autant de tronçons qu'il est de créatures... Et tout l'univers n'a qu'un objet : nommer l'être... Et les êtres confus tombent l'un après l'autre... Et toujours à jamais, sans qu'il cesse un moment D'emplir le jour, la nuit, l'éther, le firmament,... Le nom infini sort de la bouche éternelle. » Une autre fait le tableau, saisissant en sa bizarre poésie, de ce que devrait être le Songeur, mais de ce qu'il ne suffirait pas qu'il fût, pour achever le voyage de l'ombre : « Car tu ne pourras pas, dit cette voix, quelle que soit ta course, Aborder l'inconnu, l'origine, la source, Le lieu suprême où tout s'explique et se rejoint,

>   Quand même tu serais un de ces mages fiers
>   Que nous voyons parfois, blêmes passants des airs,
>   Se ruer dans le gouffre où, comme eux, tu te plonges,
>   Pâles, les poings crispés aux rênes de leurs songes,
>   Se penchant, se dressant, lâchant et retenant
>   On ne sait quoi d'obscur, d'envolé, de tonnant,
>   Regardant, dispersant leurs prunelles livides,
>   Comme s'ils conduisaient dans l'ombre, à grandes guides,
>   A travers l'éther vague et le tourbillon fou,
>   Dans la brume, au hasard, devant eux, n'importe où,
>   Peut-être vers la nuit, peut-être vers la cime,
>   Un char que traîneraient avec un bruit d'abîme,
>   Croupes sombres, fuyant, s'abaissant, s'élevant,
>   Six cents chevaux d'éclair, de nuée et de vent!

Une autre voix : « Quelle idée, ô songeur du songe humanité, As-tu de ton cerveau pour croire, en vérité, qu'il peut prendre ou laisser une empreinte à l'abîme...? Et qu'on retrouve, après ta disparition, Quelque chose de toi, ton cadavre ou ton ombre, aux noirs filets flottants de l'éternité sombre? »

Une autre se fait l'interprète du matérialisme, et, montrant dans un long et présomptueux discours, les merveilles que peut produire la chute répétée d'une goutte d'eau du sommet d'une montagne, demande si le monde ne saurait aller tout seul, sans un auteur ou sans un arrangeur : « L'auteur, je te l'ai dit, c'est l'atome... Je n'accepterais pas pour faire des prodiges L'échange de ton Dieu contre ma goutte d'eau : — La voix se tut. Alors je relevai la tête : — Mais cette goutte d'eau, criai-je, qui l'a faite? »

La dernière voix qui sort de l'ombre se complaît dans cette infatigable et bizarre énumération des noms de docteurs et de doctrines où s'est plus d'une fois amusé l'auteur de *l'Ane*, et conclut que tous les efforts des savants et des penseurs réunis ne sauraient construire sur Dieu que de la fumée. Le poète proteste, persiste, veut savoir. Les voix de l'ombre répondent par la dérision : « Une troisième fois, dans l'effrayant ciel noir, On éclata de rire. — Et morne, sans pouvoir Deviner d'où venait cette gaîté terrible, je regardai, lutteur palpitant, l'ombre horrible. »

Le premier des animaux symboliques que le poète atteint en s'élevant au-dessus de l'éther, et donnant l'essor aux ailes de sa pensée, est un triste habitant de la nuit, la Chauve-souris. Elle interroge l'homme et, sans attendre de réponse, lui fait part de son désespoir. Elle ne trouve que crime ou néant dans la nature : « Que veux-tu de moi, passant rapide?... Homme! quel est le sens de l'affreuse aventure Qu'on appelle univers? Je le cherche et j'ai peur... O passant, comprends-tu ce mot : Rien? Ce qu'on nomme le mal est peut-être le bien. Quand un gouffre se comble, un autre puits se creuse. Tourments, volupté, rire et clameur douloureuse, Flux et reflux, le juste et l'injuste, le bon, Le mauvais, blanc et noir, diamant et charbon, Vrai, faux, pourpre et haillon, le carcan, l'auréole, Jour et nuit, vie et mort, oui, non; navette folle Que pousse le hasard, tisserand de la nuit... Je suis allé, dit l'oiseau, Jusqu'au fond de cette ombre, et je n'ai vu personne... Dans cette obscurité personne ne dit : Moi! Noire ébauche de rien que personne n'achève, L'univers est un monstre et le ciel est un rêve, Ni volonté, ni loi, ni pôles, ni milieu; Un chaos composé de néants; — pas de Dieu.

« Dieu, pourquoi? L'idéal est absent. Dans ce monde, La naissance est obscène et l'amour est immonde. D'ailleurs, est-ce qu'on naît? Est-ce qu'on vit? Quel est Le vivant, le réel, le certain, le complet?... L'eau coule, l'arbre croît, l'âne brait, l'oiseau pond, Le loup hurle, le ver mange. Rien ne répond... La profondeur sans but, triste, idiote et blême, Quelque chose d'affreux qui s'ignore soi-même... Le monde est à tâtons dans son propre néant. »

Le Hibou, autre oiseau de l'ombre, autre contemplateur de l'abîme, met à la place de la négation le doute, mais un doute terrible accusant Dieu, si Dieu est, et lui jetant son monde à la face. L'existence du mal est l'éternel argument : les forces de la nature « Font et défont sans fin l'œuvre incompréhensible. »

Toutes les forces sont les chevaux de l'abîme;
Chevaux prodigieux dont le pied toujours fuit,
Et qui tirent le monde à travers l'âpre nuit.
Et jamais de sommeil à leur fauve prunelle!
Et jamais d'écurie à leur course éternelle!
Ils vont, ils vont, ils vont, fatals alérions,
Franchissant les zéniths et les septentrions,
Traînant tous les soleils dans toutes les ténèbres.

L'homme sent la terreur lui glacer les vertèbres,
Quand, d'en bas, il entend leur pas mystérieux.
Il dit : — Comme l'orage est profond dans les cieux!
Comme les vents d'ouest soufflent là-bas au large!
Comme les bâtiments doivent jeter leur charge,
Et comme l'océan doit être affreux à voir!
Comme il pleut cette nuit! comme il tonne ce soir!

O vivants fils du temps, de l'espace et du nombre,
Ce sont les noirs chevaux du chariot de l'ombre.
Écoutez-les passer. L'ouragan tortueux,
La foudre, tout ce bruit difforme et monstrueux
Des souffles dans les monts, des vagues sur la plage,
Sont les hennissements du farouche attelage...

Oh! pourquoi ces chaos, si tout vient d'un génie?
Oh! si c'est le néant, pourquoi cette harmonie?

« J'ai lu ceci, qu'Hermès écrivit sur sa table : — Pyrrhon d'Élée était un mage redoutable. L'abîme en le voyant se mettait à hennir. Il vint un jour au ciel; Dieu le laissa venir. Il vit la vérité, Dieu la lui laissa prendre. Comme il redescendait, — car il faut redescendre, L'idéal met dehors les sages enivrés, — Comme il redescendait de degrés en degrés, De parvis en parvis, de pilastre en pilastre, Portant la vérité, tenant dans sa main l'astre, Soudain, sombre, il tourna vers les grands cieux brûlants Son poing terrible et plein de rayons aveuglants, Et, laissant de ses doigts jaillir l'astre, le sage Dit : je te jette, ô dieu, ton étoile au visage! Et la clarté plongea jusqu'au fond de la nuit; On vit un instant Dieu, puis tout s'évanouit.

« Hermès contait encore avoir vu dans un songe Un esprit qui lui dit : — Homme, un doute me ronge. Je ne me souviens point d'avoir été créé. J'étais, je flottais, seul, pensif, pas effrayé ; Forme au vent agrandie, au vent diminuée, J'étais dans la nuée et j'étais la nuée ; Je nageais dans le rêve et dans la profondeur. Tout à coup l'univers naquit ; cette rondeur Entra dans l'horizon qui devint formidable ; Je ne supposais pas le vide fécondable, J'eus un moment d'effroi ; depuis, avec stupeur, J'examine ce monde inquiétant ; j'ai peur.

« Hermès s'en est allé les deux mains étendues. Il cherchait, il sondait les profondeurs perdues ; Et comme lui je cherche et dans ce que je fais J'étouffe, comme, avant de chercher, j'étouffais. »

Après ces étranges et magnifiques morceaux, et d'autres semblables, d'un grand mouvement, d'un impressionisme puissant, vient l'image du heurt de l'animal symbolique contre l'insensible mystère qui refuse toute réponse à l'interrogatoire du doute :

« Et rien ne répondit ; et l'oiseau curieux Et funèbre, crispant son ongle furieux, Frémit ; et, se ruant sur l'espèce de face Qui toujours dans la brume apparaît et s'efface, Poursuivant l'éternel évanouissement, Tâchant de retenir le vide, le moment, L'éclair, le phénomène informe, le problème Et tout ce rien fuyant qu'il ne voyait pas même, Cherchant un pli, cherchant un nœud, faisant effort Pour prendre l'impalpable et l'obscur par le bord, Et pour saisir, dans l'ombre où tout essor avorte, La nuit par le trou noir de quelque étoile morte, Las, rauque, haletant dans l'insondable exil : — Mais, spectre, arrache donc ce masque ! cria-t-il.

« Et je ne le vis plus. L'ombre avait saisi l'être Qui voulait saisir l'ombre. Et tout doit disparaître, Et tout doit s'effacer... et cet oiseau passa.

« Seulement, comme un souffle à peine saisissable, Comme un bruit de fourmi traînant un grain de sable, Dans le gouffre où venait d'entrer l'oiseau d'Hermès, J'entendis murmurer tout bas ce mot : Jamais ! »

Après la négation et le doute, quand ils sont motivés par l'existence du désordre et de la douleur, si une doctrine peut se proposer et sembler la plus naturelle de toutes, c'est bien celle qui partage la création entre deux forces ennemies. L'oiseau symbolique, chargé de cette interprétation du monde est le Corbeau, que le poète rencontre en continuant de s'élever, de l'abîme d'en bas à l'abîme d'en haut.

« Il disait : ils sont deux. Demande à Zoroastre... Ils sont deux combattants, le combat, c'est le monde...

« Sous l'univers hagard, lié d'un triple nœud, Un être qui ne sait s'il existe, se meut; c'est l'idiot, le sombre enchaîné de la cave, Chaos, s'il est permis de nommer cet esclave. »

Ici, la passion mythologique emporte d'une étrange façon le poète loin du dogme consacré des deux principes éternels, source de toute existence. Il se peint une sorte de dessous du monde, où la création pourrait tomber un jour, sous l'effort du mauvais génie, et qui est lui-même une personnification, mais aveugle, du mal : ignorance et terreur.

« Il rampe dans un trou, fondrière du monde; Sans yeux, sans pieds, sans voix, mordant et dévoré... Espèce d'affreux tronc ayant pour gaine horrible La coque de l'œuf noir d'où l'univers sortit; Son crâne sous le poids du néant s'aplatit; Et l'on voit vaguement tâtonner dans l'informe, Au fond de l'infini ce cul-de-jatte énorme. Il n'entend même pas le bruit que font en haut, Les deux principes dieux ébranlant son cachot, Et leurs trépignements sur sa morne demeure. Le méchant veut qu'il règne, et le bon veut qu'il meure.

« Ainsi luttent, hélas! ces deux égaux puissants; L'un, roi de l'esprit, l'autre, empoisonneur des sens; Les choses à leur souffle expirent ou végètent. Rien n'est au-dessus d'eux. Ils sont seuls. Ils se jettent L'hiver et le printemps, l'éclair et le rayon; Ils sont l'effrayant duel de la création...

> Et dans les profondeurs cette lutte s'étale;
> Et l'oscillation est heureuse ou fatale,
> Et le large roulis nous berce, ou son reflux
> N'emporte que clameurs et sanglots superflus...
> Ou l'océan sourit, et l'abîme et l'étoile
> S'unissent pour sauver une petite voile,...
> La mère, en qui l'orgueil à l'extase se mêle,
> Emplit d'elle l'enfant qui presse sa mamelle,
> Et l'homme semble un dieu de sagesse vêtu,
> Et tout grandit en grâce, en puissance, en vertu;
> Ou dans le flot du mal tout naufrage et tout sombre,
> Selon que le hasard, roi de la lutte sombre,
> Précipite Arimane ou voile Ormuz terni,
> Et fait pencher, au fond du livide infini,
> L'un ou l'autre plateau de la balance énorme.
>
> Arimane aux yeux d'ombre attend qu'Ormuz s'endorme.
> Ce jour-là le chaos et le mal le verront
> Saisir dans ses bras noirs le ciel au vaste front,
> Et, fouillant tout orbite et perçant tous les voiles,
> De ce crâne éternel arracher les étoiles.
> Ormuz, tout en dormant, frémira de terreur.
> L'immensité, pareille au bœuf qu'un laboureur
> A laissé dans un champ ténébreux, et qui beugle,
> O nuit, s'éveillera, le lendemain, aveugle,
> Et, dans l'espace affreux sous la brume enfoui,
> L'astre éteint cherchera le monde évanoui!
>
> Et le Corbeau rentra dans l'ombre formidable.

Après le dualisme vient, dans l'ordre du poème, la multiplicité des dieux, la mythologie de l'antiquité classique, dont le vautour est pris pour organe. C'est lui, cet oiseau, qui jadis rongea le foie de Prométhée, et qui, charmé par les chants d'Orphée, lâcha sa proie et reçut les leçons de ce grand éducateur des hommes : « Il est des dieux. Ils sont les dieux, mais non les causes », dit le vautour.

Trois déesses surtout règnent sur l'univers : Vénus, la grande nymphe nue; la stryge Hécate, divinité d'en bas, et l'ombre Fatalité; trois aveugles terribles, trois nuits, trois chaînes pour la terre, l'enfer et les cieux. Vénus a deux filles, la Mort et la Volupté pâle, qui font chacune sous la vie un abîme sans fond.

Les noms et les attributs des dieux olympiens, leurs orgies, leurs « brigandages » fournissent une suite de tableaux analogues à la pièce du *Satyre* (dans *la Légende des siècles*), et qui ne renferment pas de moins éclatantes beautés. Le plus remarquable pour l'intensité de pensée, non moins peut-être que pour l'étourdissante image, est celui qui représente la prostitution de la Nature aux êtres, sous le nom d'une déesse, Géo. Elle se donne, l'universelle prostituée, à tout un monde d'amants, à Épicure, esprit, comme à Silène, ventre, au pâle Orphée lui-même, comme à l'hyène et à l'ours, et, tour à tour,

Les fait rugir de haine et se tordre d'amour,
Les étreint, les ravit, les baise et les dévore.
A ses cils ténébreux elle mêle l'aurore.
L'homme la voit qui guette au milieu des roseaux.
Laissant ses cheveux d'herbe ondoyer dans les eaux,
Elle chante, appuyant à sa hanche écaillée
Ses coudes de branchage et ses mains de feuillée :
— Viens ! je suis la Nature ! — Et charmés, palpitants,
Vaincus, de tous les points du monde en même temps,
Les bergers, les songeurs, les voyeurs, les colosses,
Les mornes dieux de l'Inde aux têtes de molosses,
Les lourds typhons d'en bas, le peuple hydre et géant,
Pullulant, fécondant, multipliant, créant,
Frémissant d'approcher peut-être de leur mère,
Fixent leurs fauves yeux sur l'obscène chimère !
Et l'écume, embrassant le roc sauvage et brut,
Les baisers de l'orage et des vagues en rut
L'entourent ; et son souffle émeut la bête immonde ;
Et sans cesse, à jamais, dans l'air, la flamme et l'onde,
A travers l'éternelle et livide vapeur,
La prunelle des nuits regarde avec stupeur
Et l'ouragan flagelle et l'océan caresse
La prostitution de la sombre déesse.

La conclusion philosophique du *Satyre* semblait être le panthéisme [1]. Là, « tout le mal » était dit venir « de la forme des dieux », et le poème se terminait par la métamorphose de l'Ægypan en un dieu universel sans forme et revêtant toutes les formes, symbole de la nature. L'injure jetée à la face des Immortels olympiens, avec la prophétie de leur destitution et de leur mort, pouvait donc se prendre pour le jugement

---

1. Voir *Victor Hugo le poète*, chap. IV, p. 66.

du poète lui-même; il était d'accord avec la transformation, historiquement avérée, de l'état d'esprit qui produit le polythéisme en celui qui produit le panthéisme, quand la réflexion s'attache aux vieilles croyances anthropomorphiques spontanées pour y découvrir une doctrine purement naturaliste. Nous ne devons y voir maintenant que l'explication logique du paganisme et de sa fin nécessaire, par un lecteur du *Prométhée* d'Eschyle, écrivant *la Légende des siècles*, dont la pièce du *Satyre* fait partie. En effet, dans le poème : *Dieu*, que nous analysons, et dont la composition se rapporte à la même époque, très évidemment, nous trouvons la forme matérialiste la plus accusée, donnée par le poète au panthéisme issu des croyances païennes, et un violent anathème jeté sur la matière, en tant que substance des dieux et de l'univers, qui absorberait les essences individuelles. Ce sont les mêmes tableaux injurieux des dieux du polythéisme que dans le *Satyre*, et c'est de plus la condamnation de l'exégèse philosophique de ces dieux en tant que symboles des puissances de la Nature matérielle qui serait le Tout.

« L'œil va, dans ce monde infâme, De la substance énorme à l'esprit odieux; Les fléaux sont titans et les vices sont dieux... Et Tout, c'est toi,

Matière!... C'est toi! c'est toi, Téthys, la femme aux mains palmées; Ces dieux, c'est toi; c'est toi, ces monstres; ces pygmées et ces géants, c'est toi;... C'est toi, cette stupeur, c'est toi, ce mouvement, Matière! bloc inerte et noir fourmillement! Et, devant cette horreur, toute philosophie Pousse un cri, puis se tait, rêve et se pétrifie.

« Quant à l'homme, qu'est-il? Rien... N'ayant, sous l'obscur ciel d'où tombe la sentence, ni loi, ni liberté, ni droit, ni résistance, Il n'est que le hochet des monstres. Nu, fatal, L'homme commet le crime et les dieux font le mal. L'homme, face au vil souffle et bouche aux plaintes vaines, Sent en lui, dans ses os, dans ses nerfs, dans ses veines, Germer l'arborescence horrible du destin. Tout banquet est suspect, les dieux sont du festin; Atrée offre la coupe aux lèvres de Thyeste; Oreste est parricide et Jocaste est inceste... Le crime et la vertu sont deux néants jumeaux Que dans le même abîme emporte la même aile. Sans voir, sans regarder, sans choisir, pêle-mêle, Le dieu d'en bas, l'inepte et ténébreux Hadès, Jette vieillards, enfants, guerriers, rois sous le dais, A l'égout Styx, où pleut l'éternelle immondice...

« Être chaste, à quoi bon? vivre austère, pourquoi? Plus de vertu contient plus d'ombre et plus d'effroi. Les assassins, creuseurs de fosses à la hâte, Le voleur écoutant à la porte qu'il tâte, ne sont pas plus troublés qu'Œdipe au front pieux... Au-dessus des vivants le sort lève le doigt. Nul ne sait ce qu'il fait ; nul ne voit ce qu'il voit. Nais : la main du sort s'ouvre. Expire : elle se ferme ; Nul ne sait rien de plus. Guerres sans but, ~~guerres~~ sans terme, Sans conscience, écume aux dents, et glaive au poing ! La bouche mord l'oreille et ne lui parle point ; Le sourd étreint l'aveugle ; on lutte, on se dévore ; On se prend, on se quitte, on se reprend encore ; Et nul n'est jamais libre un instant sous les cieux...

« Veille ou dors, viens ou fuis, nie ou crois, prends ou laisse ; Sois immonde ou sois pur ; sois bon ou sois pervers ; Montre-toi, cache-toi ; va-t'en, demeure, oscille ; Ignore ou bien apprends ; pense ou sois imbécile ! Science humaine, essai de regard ! louche effort Pour faire un trou de flamme au mur brumeux du sort ! Imprécation sombre et pleine d'anathèmes ! Esprit humain ! rumeur ! passage de systèmes ! Place publique où vont et viennent, dans le soir, Les projets de penser que l'homme peut avoir !...

« Prométhée a voulu sortir de cette nuit, Finir ce que les dieux n'ont qu'à moitié produit..... Défricher la forêt monstrueuse de l'être, Et faire vivre ceux que le destin fait naître. Il a voulu sacrer la terre, ouvrir les yeux, Mettre le pied de l'homme à l'échelle des cieux, Soumettre la nature et que l'homme la mène, Diminuer les dieux de la croissance humaine..... Et fonder, dans le cœur des hommes lumineux, Afin que la raison l'achève et le bâtisse, Un temple, et remplacer Atlas par la Justice.

« Les dieux l'ont puni. Seul, vaincu, saignant, amer, Il est tombé pleuré des filles de la mer. Et moi, j'ai bu le sang de l'enchaîné terrible. »

Victor Hugo n'a rien écrit de plus éloquent que ce tableau du monde du point de vue du paganisme et de ses aboutissements matérialistes et panthéistes. Il le termine par des paroles d'espérance que l'oiseau symbolique dit avoir recueillies de la bouche d'Orphée son maître :

« Orphée en me quittant m'a dit cette parole : Être ailé, l'aile monte aux cieux. Rappelle-toi Que vouloir est la force et qu'atteindre est la loi. L'obstacle est là; sans doute il attend qu'on le brise. Ce qu'a fait Prométhée est fait; la flamme est prise. Elle est sur terre, elle est quelque part; l'homme peut La retrouver; grandir, vivre, exister, s'il veut! S'il sait penser, gravir, creuser, saisir, étreindre, S'il ne laisse jamais le saint flambeau s'éteindre, S'il se souvient qu'il peut, puisque l'idée a lui, Allumer quelque chose en lui de plus que lui, Qu'il doit lutter, que l'aube est une délivrance, Et qu'avoir le flambeau c'est avoir l'espérance... »

Mais l'espérance encourage le marcheur et ne lui montre pas le chemin : « O vautour, dans la nuit sans fond qui nous assiège, Où donc est la clarté dont tu parles? criai-je —

« J'attendais la réponse, il avait disparu. »

L'Aigle succède au Vautour, pour apporter le symbole du monothéisme hébraïque. L'air est devenu moins sombre. L'oiseau vole seul dans sa sphère, comme faisaient les précédents. Il a cependant entendu leurs voix et peut leur répondre. Il crie : « Qui donc dit : il n'est pas! qui donc dit : ils sont deux! Qui donc dit : ils sont douze, ils sont cent, ils sont mille!... » Il est, il est seul; l'Aigle l'a vu; l'Aigle était avec Moïse au pied du Sinaï, il a accompagné le prophète à la cime. Ici le morceau capital est une brillante imitation de l'apostrophe de Dieu à Job, dans le *Livre de Job.* Le Tout-Puissant écrase le mortel ignorant et gémissant, de tout le poids des merveilles de la création. L'Aigle a vu Léviathan et prétend donner de ce monstre un portrait auprès duquel pâlit l'image effroyable que Job en a tracée : « Eh bien! dans sa main, songe à cela, vil roseau, Dieu prend Léviathan comme on prend un oiseau ! »

La critique est obligée de relever, dans cette partie du poème, un contresens, une confusion injustifiable entre la doctrine monothéiste et le monisme brahmanique, entre la création et l'émanation. On aurait compris que les religions de l'Inde, de l'Égypte et de l'Assyrie, et le bouddhisme, restassent en dehors du plan de Victor Hugo. Mais que Jéhovah reçoive de son imagination les attributs de Brahma, c'est ce qui est inadmissible. La poésie la moins subordonnée à l'histoire, la moins respectueuse des œuvres de la conscience religieuse passe ici toutes les bornes.

« J'ai vu l'effrayant dieu de l'éternité sombre! Dieu! dernier jour du temps! dernier chiffre du nombre !... Avant la créature était le créateur; Le temps sans fin était avant le temps qui passe; Avant le monde immense était l'immense espace; Avant tout ce qui parle était ce qui se tait; Avant tout ce qui vit le possible existait; L'infini sans figure au fond de tout séjourne. »

Dans le ciel immobile, au-dessus du ciel du changement, c'est là que Dieu vit. Autour de lui la durée se roule et se déroule. Son œuvre est le monde. L'œuvre faite, il s'endort, et les créations flottent abandonnées. Il se réveille dans l'extase et crée un monde nouveau. « Et puis il se rendort, et ce monde s'en va. »

« Un monde évanoui, qu'importe à Jéhovah?... Il est, Cela suffit. Sa plénitude ignore. La forme fuit, le son meurt dans l'onde sonore, Ce qui s'éteint s'éteint, ce qui change est changé. Il dit : je suis. C'est tout. C'est en bas qu'on dit : J'ai! L'ombre croit posséder, d'un vain songe animée, Et tient des biens de cendre en des doigts de fumée... L'homme s'évanouit;... Ses jours n'ont pas de lendemain. Il marche quelques pas dans un obscur chemin, Puis son pied se dissipe et sa route s'efface; Il meurt et tout est mort. Quoi qu'il tente ou qu'il fasse, Il possède l'éclair, le vent, l'instant, le lieu; Il est le rêve, et vit le temps de dire adieu. »

Dans l'hypothèse du panthéisme mythologique, le poète faisait peser sur les dieux et sur le destin la responsabilité du mal; dans l'hypothèse du panthéisme monothéiste et de l'absolu divin, il l'impute à l'homme, et l'imprécation de l'Aigle contre l'humanité coupable nous ramène de l'idée des sommeils et des réveils d'un Dieu-Tout à celle d'un créateur qui surveille la conduite de ses créatures et se venge de leurs offenses. Ce morceau, éloquent par endroits, est d'une inspiration confuse. Remarquons quelques traits :

« Vos desseins sont des puits d'iniquité ; vous êtes Des antres où le vice et le crime ont leurs fêtes;... Vous tordez les haillons du pauvre misérable, Et votre pourpre est faite avec le sang qui sort... L'ignorant est le pain que mange le savant; Et l'homme vautour tient l'homme taupe en sa serre; Et l'ânier Intérêt fouette l'âne Misère..... Vous pensez, croyez-vous? Vos crânes sont des voûtes Sans lampes, d'où les pleurs suintent à larges gouttes. Vous priez. Qui? comment? pourquoi? vous ne savez. Vous aimez. O nuit sombre! ô cieux en vain rêvés! Vos sens sont un fumier dont votre amour s'arrange, Et dans votre baiser le porc se mêle à l'ange!... »

Le dernier trait de la révélation de l'Aigle regarde le dieu vengeur, celui dont la colère poursuit les générations du pécheur : « Hommes, sachez ceci,... Il est, quand il lui plaît, le dieu farouche. Il met la marque de sa foudre à tout hautain sommet; Lorsqu'il s'éveille, il est terrible; il frappe, il venge... Il poursuit, à travers les siècles effrayés, Ainsi qu'on traque un loup de repaire à repaire, Vingt générations pour le crime du père. O passants de la nuit, marcheurs des noirs sentiers, Hommes, larves sans nom, qui mourez tout entiers, Dieu montre brusquement sa face à qui l'outrage...

« Saint, saint, saint, le seigneur mon Dieu. Silence, abîmes! »

L'Aigle disparu, le poète vole plus haut et rencontre le Griffon, porte-parole du christianisme : création, immortalité de l'âme, péché du premier homme, règne terrestre du mal, damnation et rédemption, la grâce, l'âme enfin réunie à Jésus dans le sein de la trinité, c'est maintenant le sujet. L'Aigle n'a vu de Dieu que les rayons, mais le Griffon, lui, a vu la croix, Jésus saignant :

« Non, Dieu n'est pas vengeur! Non, Dieu n'est pas jaloux!... Non, l'homme ne meurt pas tout entier. » Dieu créa l'âme, privilège de l'homme dans la création. L'homme enivré voulut la science et déroba le fruit. L'homme est coupable et souffre, mais Dieu est clément : « Et songeant, pour lui-même et pour lui seul sévère, Que pour sauver un monde il suffit d'un Calvaire, Il a dit : Va, mon fils! et son fils est allé... Après le créateur, le sauveur s'est montré. Le sauveur a veillé pour tous les yeux, pleuré Pour tous les pleurs, saigné pour toutes les blessures. Les routes des vivants, hélas! ne sont pas sûres, Mais Christ, sur le poteau du fatal carrefour, Montre d'un bras la nuit et, de l'autre, le jour! »

Après le Christ sont venus les apôtres, les saints, les martyrs, les Pères, les docteurs. Ce Dieu que les sibylles (ici l'énumération des sibylles marquées de leurs traits pittoresques) n'avaient pu voir dans sa gloire, « Ce grand Dieu du pardon sur la terre levé, Sainte Thérèse, avec un soupir, l'a trouvé... Dieu serait le puni, s'il ne pardonnait point. »

L'auteur de *la Pitié suprême* n'a pas manqué de mettre en œuvre, à cet endroit, l'idée de l'efficacité souveraine du repentir du pécheur à l'instant de la mort :

« Un regard attendri vers la lueur sacrée, Vers ce qu'on insultait et ce qu'on dénigrait, Un sanglot, moins encore, un soupir, un regret De l'âme détestant sa tache originelle, Suffit pour qu'elle échappe à la peine éternelle... Pour que la peine tombe immuable et tardive, Il faut du dernier cri l'horrible récidive... Le sang du sauveur coule et toute âme y peut boire... L'âme arrive portant la croix de Jésus-Christ; L'éternel près de lui fait asseoir l'immortelle...

« O Dieu! roi! père! asile! espoir du criminel! Éternel laboureur, moissonneur éternel! Maître à la première heure et juge à la dernière! C'est lui qui fit le monde avec de la lumière. Le firmament est clair de sa sérénité.

« Par moments, dans l'azur splendide et redouté,
O mystère! il se fait des silences d'une heure;
Personne en haut ne chante et nul en bas ne pleure; L'ange abaisse, pensif, son clairon éclatant; Dieu médite; le ciel rêve; l'enfer attend. Et c'est ce mot qui sort de l'ombre : « Je pardonne ».

La rencontre des animaux symboliques, dans l'ascension de l'ombre éthérée, a pris fin. Un ange apporte maintenant la révélation vraie, celle au moins dont la nature angélique est capable. Cet être surnaturel a deux ailes, une blanche, une noire :

> Et l'aile blanche allait se fondre dans l'aurore,
> Et l'aile noire allait se perdre dans la nuit...
> Il se tenait debout sans baisser la prunelle,
> Comme s'il ne voyait qu'une chose éternelle.
> Et sentant que vers lui quelqu'un d'en bas venait,
> — Qu'es-tu? dit l'ange. . . . .
> — Je suis l'être à qui plaît la tombe dans l'exil.
> — L'ange me regarda. — Demeure, me dit-il.

La révélation de l'ange est, sur deux points principaux, le renversement de celles de l'Aigle et du Griffon qui représentaient, l'un, la loi hébraïque, et l'autre, la loi de l'évangile. L'âme et son immortalité ne sont point un privilège de l'homme. Dieu ne se venge pas; Dieu ne pardonne pas. La loi, c'est la justice. L'ange repousse en mots brefs ce qu'ont dit Hermès, Pyrrhon, ces personnifications bizarres de l'athéisme et du pessimisme, et Zoroastre, Orphée, Moïse, Jésus. Moi je dis, reprend-il, « Je dis : Dieu, c'est le vrai. Ni vengeur, ni clément; Il est juste. Venger l'affront, c'est le connaître, Et c'est le mériter. Être clément, c'est être Injuste pour tous ceux qu'on ne pardonne pas. »

Nul prophète n'est près de Dieu, ni Moïse, ni Jésus-Christ : « Nul saint. L'éternité n'a pas de voisinage. » Et Dieu n'est pas un tentateur prenant l'homme au piège et le condamnant à des tourments éternels : « Quoi, l'être aux instants courts,

Quoi, le vivant rapide enchaîné pour toujours !
Quoi, des illusions, des erreurs, des risées,
Quoi, des fautes d'un jour et d'une ombre, écrasées
Sous ce mot immobile et monstrueux : Jamais !
L'incréé, couronné de comètes et d'astres,
Tenaillant dans sa cave un moucheron puni !
La grandeur s'acharnant aux petits ! L'infini
Donnant la question à l'insecte qui pleure !...

Et comme les damnés, hier, demain, aujourd'hui,
Toujours, brûlent au feu qui ne doit pas s'éteindre,
Et comme ce serait blâmer Dieu que les plaindre
— Ce serait supposer qu'il peut être meilleur —
En outre, comme, étant larme, angoisse et douleur,
La pitié ferait tache au paradis, et, comme
Dieu ne doit rien cacher de sa justice à l'homme,

A l'âme, à l'ange, aux saints, et que l'éternel feu,
L'enfer, est un côté de la vertu de Dieu,
Comme, alors, les élus devant voir la gehenne,
Il faut qu'elle les charme, et que pour eux la peine
Se résolve en bonheur, et qu'avec son tourment
L'enfer soit pour le ciel un assaisonnement,
Et que l'ange se plaise au sanglot qui s'élève —
Le paradis n'est plus qu'un balcon de la Grève
Où l'on vient voir, avec un sourire serein,
Brûler la Brinvilliers et rouer vif Mandrin,
Où l'on vient contempler l'agonie âpre et lente,
Et voir l'effet que font l'huile et la poix bouillante
Sur Caïn, et Judas hurler, et Lucifer
Rugir à chaque coup de la barre de fer!

Après ces beaux vers, un des rares morceaux que le poète se soit plu à construire logiquement, vient la théorie à laquelle on pouvait s'attendre, la théorie du péché originel en tant que bien et progrès, du progrès poursuivi à travers le mal, par les moyens du mal. *Ève a bien fait, la science a raison, c'est elle qui sauve, — en s'aidant de la violence.* « L'enfantement du mieux a ses convulsions. Tout dans les cieux se fait par révolutions. Qu'est-ce que le progrès? un lumineux désastre... Allons, marche, esprit de l'homme! avance! Accepte des fléaux l'horrible connivence!... Va, marcheur! Mal et Bien portent à leurs deux bouts L'effroi... Ne crains pas le progrès, conquérant de ciel bleu, Sphinx qui fait vivre, archer de l'éternelle cible. Montagnard du sublime et de l'inaccessible! Suis ce monstre splendide :...

Il apparaît, mêlé d'Homère, de Newton
Et de Moïse, avec la face de Danton,
Et monte aux cieux, portant la tête échevelée
De la nuit sombre au bout de sa pique étoilée.

L'ange tourne malgré lui ses yeux de son aile blanche à son aile noire, et, dit-il : « — Oui, c'est vrai, l'ombre. — Hélas! quand donc l'Éden, l'hymen, L'aube? O noirs cauchemars du lourd sommeil humain! » Mais, au lieu d'approfondir *le noir* de sa propre théorie, qui devrait répugner à l'essence angélique qu'il fait parler, le poète se hâte de détourner ses pensées vers des questions plus faciles; il glisse dans la satire, qu'il recommence, de la doctrine du dieu victimaire, tortureur et tourmenteur des hommes. De la mythologie de l'Hadès catholique, il passe au dogme de l'immortalité, en tant que promise à l'homme seul dans la nature souffrante; il accuse la suffisance humaine qui s'arroge ce privilège, comptant sur les futures compensations du paradis pour les douleurs de la vie présente; il fait le tableau des souffrances imméritées des animaux de toute taille et de tous appétits, semés dans l'univers en multitudes innombrables, et tous sans espoir, et des traitements cruels que l'homme lui-même, créature unique admise à *passer par le crible*, inflige à la nature vivante ou brute, — on sait que le poète ne distingue pas, — dont à tort il se croit séparé.

> Quoi ! partout crocs, bouchers, égorgements, tueries !
> Quoi ! dans les noirs combats du bœuf des Asturies,
> Ivresse populaire et passe-temps royaux,
> Le cheval éperdu marche sur ses boyaux,
> Le taureau lui crevant le ventre à coups de cornes !
> Quoi ! vous jetez des cœurs saignants aux coins des bornes,
> Les pattes des oiseaux et leur pauvre duvet,
> Des entrailles, des yeux, et tout cela vivait !
> Les chênes qu'adoraient les fauves troglodytes
> Sous la hache, à grand bruit tombent ; c'est, vous le dites,
> De la nature morte et l'on peut la tuer,
> Le chien aux coups de fouet a dû s'habituer ;
> La bête doit souffrir sous le dieu qui foudroie ;
> Tout, l'arbre qu'on abat et le pavé qu'on broie
> Tout, souffre pour souffrir !...
>
> S'il en était ainsi, tout deviendrait terrible,...
> Et la création ne serait qu'un combat
> Des monstres révoltés contre Dieu, belluaire.
> S'il en était ainsi, le monde mortuaire,
> Chaos infâme en proie au furieux autan,
> Ne vaudrait même pas le crachat de Satan !
> S'il en était ainsi, créer serait un crime ;
> Une exécration sortirait de l'abîme...
>
> Fouettés, brisés, broyés, pétrifiés, puis rien !
> Se tordre, et n'être plus, pour dernière aventure !
> L'évanouissement au bout de la torture !
> Le supplice et c'est tout ! Quoi ! cet être vaincu,
> Quoi ! cette créature innocente a vécu,
> Souffert, saigné, traîné la terreur, bu la haine
> Et traversé d'un bout à l'autre la géhenne,
> Tandis que je rayonne et luis, moi Séraphin ;
> Et quand, lasse, elle tombe, agonisante enfin,
> Et pose sur la nuit sa tête exténuée,
> Dieu ne lui doit rien !...

> Quoi! la création tout entière damnée!
> Rêve affreux! pas de but; l'homme seul arrivé.
> Souffrir, et ne rien voir; la douleur, œil crevé;
> Tout injuste; une vaste et stupide spirale
> D'êtres perdus, sans jour, sans nœud, sans loi morale,
> Allant on ne sait où, venant on ne sait d'où,
> Et, tout au fond de l'ombre effroyable, Dieu fou!..
>
> Non! tous les êtres sont, et furent, et seront...
> Tout vit. Création couvre métempsychose.
>
> O dédain de la bête et mépris de la chose,
> Double faute de l'homme et son double malheur!

Suit un passage, que nous avons cité [1], sur la fraternité que l'homme aurait à se reconnaître avec tous les êtres de la nature, sur la condition actuelle des âmes plongées dans les corps, sur l'ascension universelle de l'existence vers la joie et le bonheur. Point de déshérité, point de paria; les pires scélérats peuvent devenir d'éblouissants archanges, et de la bête la plus immonde Dieu peut faire un être illuminé de toutes les gloires. Victor Hugo n'a pas senti qu'il renversait lui-même sa doctrine en la poussant à cette extrémité. On ne comprend pas pourquoi la créature monterait ainsi, nécessairement, en traversant les abîmes du châtiment; ou ce que c'est qui à la fin la justifierait, ou comment Dieu, auteur du mal matériel par sa loi, n'a pas encore usé de sa puis-

---

1. Voir ci-dessus, p. 67.

sance pour transfigurer les êtres suffisamment punis. Mais cette puissance de Dieu n'est qu'une façon de parler; la révélation de l'ange se termine par un hymne qui eût été mieux placé dans la révélation de l'Aigle. On y voit tous les êtres indistinctement ramenés au niveau de l'égalité devant Dieu absolu, devant Dieu indifférent. Il faut alors que la descente et l'ascension des êtres ne soit plus qu'une loi de la nature, et tout caractère de finalité, tout caractère moral lui deviennent inapplicables. Victor Hugo n'a point songé à cela; il a, comme toujours, suivi des pentes d'imagination exclusive en chaque direction.

> Qu'est-ce que le rayon a de plus que la bête ?
> Le tigre a sa fureur, le ciel a sa tempête;
>   Tout est égal à tout;
> L'insecte vaut le globe; et, soleils, sphères, gloires,
> Tous les géants égaux à tous les infusoires,
>   Gisent sous Dieu debout.
>
> Tout n'est qu'un tourbillon de poussière qui vole.
> La mouche et sa lueur, l'astre et son auréole,
>   Cendre! apparitions!
> Vie! être! ô précipice obscur! horreurs sacrées,
> Où Dieu laisse en rêvant tomber des empyrées
>   Et des créations!
>
> L'infiniment petit, l'infiniment grand, songes!
> Ces soleils que tu vois, ces azurs où tu plonges,
>   Ame errant sans appuis,
> Les orbites de feu des sphères vagabondes,
> Les éthers constellés, les firmaments, les mondes,
>   Cercles au fond du puits!

O citerne de l'ombre! O profondeurs livides!
Les plénitudes sont pareilles à des vides.
    Où donc est le soutien?
L'être est prodigieux à ce point, — j'en frissonne —
Qu'il ressemble au néant; et Tout par moments donne
    Le vertige de Rien!

On revient au néant par l'énormité même.
Oui, s'il n'était pas là, lui, le témoin suprême,
    Oh! comme on frémirait!
Mais ce grand front serein dans l'immensité rentre,
Et, comme un feu suffit pour éclairer un antre,
    L'univers reparaît.

Jusque-là nous ne sortons pas des communes antithèses auxquelles se prêtent les idées de Dieu et d'univers, et rien n'empêche le lecteur de penser au « témoin suprême » évoqué par le poète, comme à l'instituteur souverain de la loi de justice, et au vivant garant des fins de la vie universelle, encore bien que cette loi fonctionne dans la nature créée, comme un ordre de la création elle-même, et qui lui est inhérent; mais il en est autrement, si le *témoin* n'est pas le créateur et le législateur. L'indifférence du *témoin* bannit du monde la moralité, qui n'a plus aucun siège intelligible. Les effets physiques d'ascension ou de descente attachés à l'exercice de la liberté des êtres, deviennent inexplicables :

« Dieu laisse à tous le poids qu'ils ont. Coupable ou sainte, L'action est un pied qui marque son empreinte. Dieu laisse au mal le mal. *Dieu choisir! L'absolu n'a pas de préférence;* Le cercle ne peut rien sur la circonférence; Le parfait est fatal... En lui sont la raison et le centre imperdable; Tous les balancements de l'ordre formidable S'y règlent à la fois; Toutes les équités forment cette âme immense; Elle est le grand niveau de l'être; et la clémence Y serait un faux poids... L'action pend à l'âme. Avec tout ce qu'il sème, Chaque être à son niveau se compose lui-même Son poids mystérieux. »

La révélation de l'ange se termine ainsi à la déclaration de l'absolu divin qui n'exclut pas seulement la grâce, mais le plan providentiel, la justice en tant que théodicée, pour la réduire à une balance du destin, à une perfection réalisée par l'équilibre : « Le parfait est fatal », et « Dieu c'est l'équilibre ». La loi de raison qui dicte et prononce, est bannie de l'idée de Dieu, dans la révélation qui suit celle de l'ange, et qu'apporte la Lumière en personne. Le Songeur se jette *éperduement* dans la doctrine du noumène inconditionné.

La lumière personnifiée n'a pas deux ailes : l'une blanche et l'autre noire; ses deux ailes sont blanches. La figure de cette clarté paraît toutefois obscure en projection sur le ciel rayonnant.

« Cette clarté disait : Pas de droite et de gauche;

Pas de haut ni de bas;... Point de temps; point d'ici, point de là; point d'espace;... Pas de balance, pas de sceptre, pas de globe; Pas de Satan caché dans les plis de la robe; pas de robe; pas d'âme à la main; pas de mains; Et, *vengeance, pardon, justice, mots humains.* »

Les passages suivants sont un développement poétique de la conception panthéiste : « Qui que tu sois, écoute : Il est. — Qu'est-il? — Renonce! L'ombre est la question, le monde est la réponse. — Il est : C'est le vivant, le vaste épanoui!... Il est l'œil gouffre, ouvert au fond de la lumière,... D'où l'univers jaillit en rayons infinis... Et cet être qui voit, ayant toujours été, A toujours tout créé de toute éternité... Le tout éternel sort de l'éternel atome. De l'équation Dieu le monde est le binôme [1]... L'être sans cesse en lui se forme et se dissout; Il est la parallèle éternelle de tout. » Le poète se complaît dans ces images panthéistes, et proteste de l'impossibilité de nommer Dieu : « Le vil langage humain n'a pas d'apothéoses »; et encore : « Chaque sphère Le nomme en frissonnant du nom qu'elle profère, Mais tous les

---

[1]. Cela veut dire sans doute que l'existence universelle est représentée par une équation binôme dont les termes sont Dieu et le monde : pensée semblable à celle de cet autre vers : *Il est la parallèle éternelle de tout.*

noms sur Dieu sont des flots insensés ». Et, après l'avoir assez décrit, faute de nom, par des désignations où tout ce qu'il y a de positif au monde doit entrer, il définit Dieu par des négations qui en détruisent jusqu'à l'idée. Il ne laisse pas de l'envisager sous l'aspect de la *Bonté*. Les platoniciens disaient : le *Bien*, terme qui ne se refuse pas à l'abstraction. Mais Victor Hugo ne pense pas abstraire ; il croit pouvoir conserver l'amour comme essence de Dieu, en même temps que, de cette essence, il bannit tous les rapports et la rend inintelligible :

« Ame, être, c'est aimer. Il est. C'est l'être extrême. Dieu, c'est le jour sans borne et sans fin qui dit : j'aime. Lui, l'incommensurable, il n'a point de compas ; Il ne se venge pas, il ne pardonne pas ; Son baiser éternel ignore la morsure ; Et quand on dit justice, on suppose mesure. Il n'est point juste ; il est. Qui n'est que juste est peu. La justice, c'est vous, humanité ; mais Dieu est la bonté »... La justice est un rapport ; « mais lui, l'être absolu, qu'est-ce qu'il pourrait faire D'un rapport ? L'innombrable est-il fait pour chiffrer ? Non, tout dans sa bonté calme vient s'engouffrer. »

Il reçoit le nom de Père, ce qui devrait paraître incompatible avec l'absoluité, ou manque de rapports, aussi bien qu'avec les misères de la création; mais rien n'altère la quiétude divine : « Tout s'abîme éperdu dans cet immense cœur »... Le poète qui dans cet ouvrage, et dans bien d'autres, a multiplié les plus sombres tableaux du règne du mal dans l'homme et dans l'univers, arrive finalement[1] à tout confondre, mal et bien, dans une apothéose d'indifférence universelle et d'anéantissement divin. Il tombe en extase; du sein d'une profondeur ténébreuse, qui est une illusion, il entend la clarté s'écrier :

« O ténèbres! sachez ceci : la nuit n'est pas. — Tout est azur, aurore, aube sans crépuscule, Et fournaise d'extase où l'âme parfum brûle. Le noir, c'est non; et non c'est rien... Un ange qui dirait : La nuit, dirait : Je blâme... Tout, les immensités où se perdent les sondes, Tout, ces vagues de Dieu que vous nommez les mondes, L'apparent, le réel, le lever, le déclin, Homme, enfant, cieux et mers, espaces, tout est plein D'un resplendissement d'éternité tranquille... Ombres,

---

1. Ce n'est pas toutefois sans une sorte d'explication et de réserve, que Victor Hugo s'enfonce dans cet absolutisme divin. Il est pour lui la révélation ineffable, au-dessus de la langue de l'homme, sinon de l'extase du Songeur. Le langage humain : personnalité, liberté, justice, demeure indispensable à l'expression de la pensée morale. Attendons le dernier mot, à la fin du poème.

vous n'êtes point. Pour être, il faut qu'on voie. Ténèbres, il n'est pas, devant les firmaments, De ténèbres; il n'est que des aveuglements.

« Des aveugles! Pourquoi? — Pourquoi la loi, la règle, Le gland avant le chêne, et l'œuf sombre avant l'aigle? — L'aveugle est l'embryon du voyant; le voyant Se change en lumineux, qui devient flamboyant; c'est la loi...

« Devoir être c'est être. Oui, la fange est cristal. Chrysalide du bien qu'on appelle le mal, Ne te plains pas; un fil à Dieu même te noue. Le réel, c'est la roue, et non le tour de roue... Ceux qui sont dans la nuit ont raison quand ils disent : Rien n'existe! Car c'est dans un rêve qu'ils sont. Rien n'existe que lui, le flamboiement profond, Et les âmes... les moi mystérieux... Qui vont vers le grand moi, leur centre et leur aimant... Ainsi qu'un vêtement subissant la matière... Mourant pour s'épurer, tombant pour s'élever, Sans fin, ne se perdant que pour se retrouver... Juste éclos du pervers, bon sorti du méchant, Montant, montant, montant sans cesse, et le cherchant, Et l'approchant toujours mais sans jamais l'atteindre...

« La matière n'est pas et l'âme seule existe. Rien n'est mort, rien n'est faux, rien n'est noir, rien n'est triste, Personne n'est puni, personne n'est banni... Dieu n'a qu'un front : Lumière, et n'a qu'un nom : Amour!... »

Toutes ces formules et d'autres semblables, en vers magnifiquement construits, sont d'une métaphysique pleine de contradictions voulues, à la fois trop vieilles et trop vivaces dans les communes habitudes des philosophes pour qu'il soit utile ici de les faire ressortir autrement qu'en les rapportant dans les propres termes du poète. Ce qu'il y a de plus remarquable chez lui, il nous appartient, à nous, de le dire sans ironie, c'est que le dernier mot de la révélation qu'il prête à la Lumière elle-même, dans cette partie du poème, est que *croire qu'on sait est folie*. Il ajoute que ce qui s'offre à sa vue après cette révélation lumineuse, n'est encore et toujours que de l'obscurité.

« La clarté flamboyait, transparente et debout. Et je criai : — Lumière, ô lumière, est-ce tout? Et la clarté me dit : — Silence! Le prodige Sort éternellement du mystère, te dis-je. Aveugle qui croit lire et fou qui croit savoir!

« Et je vis au-dessus de ma tête un point noir. »

Ce point noir s'est montré au commencement et à la fin de chaque révélation; c'est vers lui que l'*être ailé* a pris son vol en s'élevant. Son apparition prend, au moment où nous sommes parvenus, une importance nouvelle, qui se marque en ce que le vers qui la rapporte forme à lui seul, avec des points de réticence à la suite, une section entière du poème. La section suivante et dernière, très brève, sous ce titre : *le Jour*, est aussi d'un caractère tout nouveau. On n'y voit pas le point noir s'y développer en une figure symbolique chargée d'une révélation. Loin de là; nouveaux points de réticence pour début. Et puis :

« Et ce point prit bientôt la forme d'un suaire. Les plis vagues jetaient une odeur d'ossuaire; Et sous le drap hideux et livide on sentait Un de ces êtres noirs sur qui la nuit se tait.

« C'était de ce linceul qu'était sorti le rire Qui m'avait par trois fois glacé jusqu'au délire. Sans que l'Être le dît, je le compris. Mon sang Se glaça; je frémis. »

Le sens de cette fantasmagorie est l'approche de la mort du Songeur. Seule la mort sera pour lui l'ouverture de la révélation réelle. La mort réunit par une antithèse terrible les affres du néant redouté, et la splendeur de la vérité vivante soudainement révélée [1].

---

[1]. La pensée de la mort comme d'un soudain réveil, un passage sans intervalle de la vie mortelle à la vie réelle, revient à plusieurs endroits chez Victor Hugo. Voir, par exemple, la pièce sublime *Ce que c'est que la mort* (*Cont.*, VI, 22).

« L'Être parla : — Passant, Écoute. — Tu n'as vu jusqu'ici que des songes, Que de vagues lueurs flottant sur des mensonges, Que des aspects confus qui passent dans les vents Ou tremblent dans la nuit pour vous autres vivants. Mais maintenant veux-tu, d'une volonté forte, Entrer dans l'infini, quelle que soit la porte?

« Ce que l'homme endormi peut savoir, tu le sais. Mais, esprit, trouves-tu que ce n'est pas assez? Ton regard, d'ombre en ombre et d'étage en étage, A vu plus d'horizon... — en veux-tu davantage?... Veux-tu planer plus haut que la sombre nature? Veux-tu dans la lumière inconcevable et pure Ouvrir tes yeux, par l'ombre affreuse appesantis? Le veux-tu? Réponds. — Oui, criai-je, — et je sentis Que la création tremblait comme une toile.

« Alors, levant un bras, et d'un pan de son voile, Couvrant tous les objets terrestres disparus, Il me toucha le front du doigt.

« Et je mourus[1]. »

---

1. Cette dernière partie : *le Jour*, est datée de *Jersey*, *1855*. La section précédente, sans titre, formée d'un seul vers que suivent des points de réticence, est également datée, avec la mention expresse du jour, cette fois : *12 avril 1855*. Les autres parties du poème ne portent point de date. Il me paraît impossible, je l'ai dit, de les rapporter à une période de la carrière poétique de Victor Hugo autre que celle à laquelle

Cette conclusion, de toutes manières très belle, et infiniment poétique, réclame l'indulgence pour ce qu'on peut trouver d'aberrant et de contradictoire dans les deux dernières révélations, celles de l'Ange et de la Lumière, que le poète admet assez clairement sous son patronage, quoiqu'il n'ait pas pris la peine, au moment de finir, de les distinguer des autres *vagues lueurs flottant sur des mensonges*, et des *aspects confus qui passent dans les vents*! Mais tel est le dédain de la rationalité chez ce grand esprit, qu'il semble n'éprouver à aucun degré le besoin d'établir l'accord entre les sentiments dont il est successivement animé. Ne peut-il pas toujours se reprendre, en éprouvant ou traduisant d'autres impressions après celles où il vient de s'abandonner? Ne reste-t-il pas le maître de sa vivante pensée? Platon, ce grand poète, quoique profondément imbu de dialectique grecque, a fait, dans son *Phèdre*, le procès à l'écriture au profit de la parole vivante et animée, qui naît dans une intelligence, passe et fructifie dans une autre, et immortalise la semence de vérité parmi les hommes. Il ne craint pas d'ajouter que, dans un discours écrit, il doit toujours entrer beaucoup

appartiennent le dernier livre des *Contemplations* et *la Légende des siècles* (première partie).

de badinage — on en trouve en effet dans ses dialogues, jusqu'à n'y pouvoir quelquefois distinguer ce qui est sérieux de ce qui ne l'est point! — et qu'enfin les seuls enfants légitimes de l'âme et sa vraie postérité sont les discours qui sont gravés en elle sur le juste et sur le beau.

On pourrait appliquer ce jugement à la poésie bien mieux qu'à la philosophie, et avec d'autant plus de raison, que le poète, qui s'est maintes fois comparé à la cloche vibrant en harmonie avec tous les ébranlements extérieurs, est excusable de nous transmettre un faisceau de pensées diverses, et quand il le faut contradictoires, dont les vibrations lui ont été transmises. Il s'agit cette fois des ondulations des doctrines philosophiques et religieuses à travers les siècles. Prenons-les, quoi qu'il ait pu en penser lui-même, et quelque terribles qu'elles soient souvent, pour cette part de badinage dont parlait Platon, et ne gardons que *le juste et le beau* qui nous serviront à corriger le reste.

Ce ne serait apprécier ni complètement ni justement ce poème : *Dieu,* que de dire, ainsi qu'on a dû tout d'abord y être porté, qu'on y retrouve et tous les grands mérites et tous les grands défauts de la dernière manière de Victor Hugo. Il faudrait au moins ajouter que les uns et les autres y atteignent leur apogée, et qu'ils dépendent d'un commun et indissoluble développement de sa méthode poétique. Et ce n'est pas tout encore ; on doit reconnaître que ce poème posthume est absolument hors de pair avec ceux qu'il a publiés lui-même dans les dernières années de sa vie ; qu'il est sérieusement et fortement composé, que les beautés dont il est semé à toute page égalent ou surpassent les beautés de tous ses ouvrages, parmi ceux qui appartiennent à la même époque, c'est-à-dire à la première moitié des années d'exil.

L'apogée dont je parle est celle du développement du génie avec les caractères que j'ai essayé de définir dans mon étude sur *Victor Hugo le poète* : génie mythologique, génie du sublime, génie de la parole rythmée et de la création linguistique. Les défauts dépendent de ce que les associations d'idées, en leurs séries, sont sous l'empire exclusif de l'imagination, organe mental poétique par excellence ; ils se rangent sous trois classes qui se tiennent, et il est impossible de ne pas voir par quel lien aussi ils tiennent aux beautés quand on se rend compte des uns et des autres :

1° L'idée adventice à l'égard de l'idée principale est suggérée au poète par la rime, et cela dans une langue où les rimes, surtout riches, n'abondent pas pour le service d'une idée donnée dont l'esprit logique voudrait continuer ou compléter l'expression. Il arrive ainsi que cette idée accessoire, ou ce développement, ne soient pas toujours ceux qui conviendraient; que souvent ils donnent à la pensée un nouveau cours, et, le cours ancien n'étant pas repris, ou ne l'étant que par après, en des répétitions, ils mettent de l'incohérence dans la suite du discours; et que, d'autres fois, ils motivent l'insertion d'un ou plusieurs vers, comme de grandes *chevilles*, entre ceux qui formeraient sans cela une suite mieux raisonnée. Il n'est pas rare, chez Victor Hugo, que ces passages intrus, dont la suggestion par la rime est visible, soient de saisissantes beautés, des illuminations aussi justes qu'inattendues du sujet principal; mais le plus grand génie imaginatif ne saurait toujours compter sur ces rencontres heureuses.

2° L'habitude d'improviser les vers, le parti pris d'obéir sans un suffisant contrôle rationnel, à la dictée de l'idée par le mot — car c'est bien là ce qui caractérise le procédé de l'improvisateur — conduisent le *rimeur*, que ce soit jeu d'esprit chez lui et pure fantaisie, ou négligence et relâchement, ou enfin, car cela se peut aussi, défi porté à la critique, à prendre pour *idées-chevilles* des images qui détonnent, qui choquent le lecteur, qui tout au moins lui rappellent mal à propos le jeu des bouts-rimés. C'est un cas de quelqu'un de ces genres, de dire, ayant besoin d'une rime à *terre*, et parlant *d'un ange* : cet être *qu'admiraient le tigre et la panthère*; ou encore, de dire aux hommes, dans une apostrophe presque partout éloquente, à leurs iniquités et à leurs vices, que leurs *murs* portent plus de forfaits qu'un cep de *raisins mûrs*; et, pour rimer à leurs *visages pensifs*, que le mal descend d'eux *comme le froid des ifs*. Nous citons au hasard ; des traits encore plus choquants se trouveraient sans peine; ils allèrent se multipliant ou s'étalant de plus en plus librement, dans les œuvres de la vieillesse du poète; mais, dans le poème que nous venons d'analyser, ils ne font que se montrer de temps à autre, au milieu de longues périodes semées de vers splendides, où le même procédé de travail et la même source d'inspiration suscitent de fortes pensées sous d'éblouissantes images. Nulle part n'abondent plus qu'ici les grandes et extraordinaires beautés de cette sorte. Beaucoup se prêteraient à de curieux commentaires si elles étaient examinées sous ce rapport.

3° L'excès de développement, l'incessante reprise d'idées qui semblaient épuisées, sont la conséquence de la même méthode, et un dernier défaut à relever dans ce système de composition poétique. La suggestion des idées par les images qu'apportent les différentes rimes possibles engendre une continuelle tendance à l'écartement de l'idée principale, pour laquelle les idées qui surviennent peuvent n'être que d'inutiles incidences ou des images rattachées au sujet par un lien léger. Ces idées en amènent d'autres à leur tour; et cela se continue, jusqu'à ce que le retour au thème se produise spontanément par instinct secret, ou bonne aventure, ou que le besoin s'en fasse sentir, grâce à une espèce de lassitude et à ce que le poète conserve d'ordre et de plan dans la marche de sa pensée. Il n'y a pas de raison pour que ces recommencements ne donnent lieu à des séries semblables aux précédentes, avec de nouvelles images pour les mêmes idées, et puis de nouveaux écarts. Le lecteur ne sait jamais où s'arrêtera une imagination si fertile; il passe de l'admiration à l'irritation, quand il voit, ce qui n'est pas rare, l'association des idées par pures images aboutir à des rapprochements inattendus, puérils, bizarres, enfin à des contradictions. Nul défaut n'est plus choquant pour les esprits ordinaires à qui la raison seule agrée, ou qui n'accordent qu'à son apparence, à l'exclusion du sentiment, le droit de les égarer.

Ce serait aller trop loin peut-être, de prétendre que ces défauts n'auraient pu être corrigés chez un poète d'un égal génie, composant avec le même procédé, mis seulement par l'éducation et l'étude sévère en état d'exercer sur sa pensée et sur ses œuvres un contrôle rationnel. Si Victor Hugo eût été ce poète, la France aurait eu en lui un éducateur puissant, au lieu qu'il n'y a point à se dissimuler, je l'ai remarqué ailleurs, que la vraie popularité, exigeant plus de bon sens, a manqué à son œuvre, et que son action, sur la partie de notre nation où elle s'est exercée, est une de celles qui ont contribué à former les habitudes d'intempérance intellectuelle et de dérèglement dont souffrent de plus en plus la littérature française et l'esprit français. Cependant il y a généralement de l'utopie à demander que les grands hommes réunissent à un très haut degré des qualités contraires. L'accord d'une riche association spontanée, d'une imagination toujours en éveil, et du culte des mots, avec le sain jugement critique et l'ordre rationnel de la pensée, ne se rencontre, dans notre expérience des hommes et de leurs dons naturels, que pour des cas où ces facultés opposées n'atteignent pas une amplitude extrême. Les bonnes organisations mentales d'un ordre moyen permettent seules cette balance, et comportent cette mesure. Là où se produit une prédominance excessive de l'un des deux côtés, l'entraînement exclusif paraît inévitable. Mais est-il bien juste de se plaindre de l'excès, quand la supériorité poétique, quand, d'une autre part, la supériorité scientifique s'obtiennent à ce prix? Les critiques trop sensibles aux défauts du poète se chagrinent, au fond, de le trouver trop exclusivement poète; mais c'est ainsi qu'il est le poète le plus grand; et il faut encore leur faire observer que le mépris — s'ils voulaient user de ce terme violent — des constructions rationnelles laisse l'ordre du sentiment intact, dans cette âme vibrante, et ne préjudicie pas à la vérité des impressions; de même que le plus ample développement de l'esprit logique n'est point pour un penseur, et ne donne pas, en philosophie, une garantie contre l'aveuglement et l'erreur.

CHAPITRE XIV

Conclusion.

La gloire de Victor Hugo n'a cessé de grandir depuis ce jour des funérailles triomphales où elle semblait atteindre son apogée. Elle se dégage des circonstances qui avaient préparé la haute manifestation populaire. Son caractère propre et durable se fixe dans une sphère de renommée qui dépasse les jugements individuels. Le public la consacre et ne saurait en donner les raisons. Une loi qui ne va pas sans quelque chose de mystérieux, dans l'histoire littéraire, et même dans l'histoire de la philosophie, fait que les gloires s'établissent, après quelques oscillations, et se trouvent un certain jour inébranlables, sans qu'on puisse dire que les mérites des auteurs soient indiscutés, ni qu'un nombre très considérable de ceux dont le consentement perpétue cette espèce de possession d'état des grands hommes d'âge en âge soient vraiment sensibles, ou le soient par eux-mêmes, à la beauté des œuvres.

Le titre d'*immortalité*, dans le panthéon des poètes, diffère beaucoup, on le sait, du renom que donne le plus éclatant succès pendant que subsiste une opposition vivante. Il s'établit sans qu'on sache comment, et se reconnaît à d'autres marques, quand le génie est une fois parvenu à imposer sa supériorité, à faire accepter une création, ou de langage ou de sentiment, qui s'éloigne des formes accoutumées. Une incertitude a régné sur le cas de Victor Hugo *le poète*, dans l'éclat même de sa renommée, et encore après que le romantisme avait triomphé par une violence faite à l'opinion; et pour Victor Hugo *le philosophe*, pendant la seconde partie de sa carrière, comme tout le monde a pu s'en apercevoir au froid succès qu'obtenaient ses poèmes philosophiques. Elle s'est prolongée après sa mort, pour ce qui touche la nature de ses inspirations, et pour tout cet ordre de beautés qui ne se laissent pas séparer de la vision des idées, dans l'œuvre du Songeur.

On peut dire que, malgré les apparences, la forme poétique nouvelle est restée incomprise, alors que s'était déjà terminé par la victoire le grand assaut donné par les romantiques aux principes de la composition classique et aux règles de la métrique française. Car on reconnaîtra, si l'on y regarde bien, que le sentiment de la grande poésie d'imagination et, par suite, le besoin de plus de liberté dans la versification et de plus d'obéissance à la rime dans l'association des idées étaient le fond sérieux du romantisme ; mais qu'en ce qui concerne spécialement la forme du vers, les adversaires de la règle étaient, comme les *décadents* de l'heure présente, avec beaucoup plus de timidité seulement, et plus de raison, de simples révoltés. Très peu sentaient assez, et nul ne savait imiter le style poétique à rythmes nouveaux que Victor Hugo a créé. Avouons d'ailleurs que les mérites très exceptionnels de cette métrique à la fois inspirée et savante dépassaient la commune aptitude à les apprécier de notre nation, où déjà les formes traditionnelles, *six et six* ou *quatre fois trois*, de la division du discours entre des rimes étaient peu familières à la plupart des lecteurs réduits à compter sur leurs doigts les syllabes pour s'assurer de la mesure d'un vers.

Encore maintenant, la mesure variée, les beautés d'expression frappées par la césure mobile, et les grandes périodes enveloppant des suites de vers ne trouvent, chez nos poètes, que d'incomplets imitateurs. Les prétentions d'une école de rimeurs où chacun construit le vers sans mesure appréciable, à sa seule fantaisie, montrent clairement, puisqu'elles ne sont pas un objet de risée, que les procédés techniques du nouvel art ne sont pas encore compris, étudiés et enseignés. Le public n'en reçoit la sensation qu'accidentellement, quand un bon récitateur de quelque pièce particulièrement goûtée de Victor Hugo, d'instinct, la lui communique.

Le rang de penseur du poète sera plus longtemps à se faire admettre, pour plusieurs grandes raisons, indépendamment du fâcheux effet produit par une sorte de tension continue, et par le dédain du bon sens, dont il a volontiers marqué sa méthode évocatrice d'images. Ces défauts déplaisent beaucoup à un peuple chez lequel ce sont d'autres formes de la déraison qui se font bien accueillir : la plaisanterie à tout propos; la recherche du ridicule et la blague. Le reproche le plus sérieux est celui qu'on peut adresser à Victor Hugo pour ses contradictions, pour la réelle incohérence des idées qui paraît en être la cause. Les contradictions, en effet, sa puissance imaginative et sa confiance de visionnaire les lui font affronter sans pudeur; tandis que le commun des philosophes, encore plus les illustres, ou savent les couvrir ou n'y tombent que successivement, d'un ouvrage à un autre, selon l'influence de l'âge ou du milieu.

On ne consent à appeler philosophes que ceux des penseurs qui procèdent ou semblent procéder logiquement et par preuves. Mais leurs preuves ne sont pas des démonstrations rationnelles valables, puisqu'ils n'en reconnaissent de telles que dans leurs propres ouvrages, et les nient dans les doctrines adverses dès qu'il y a dissidence. Et il y a, et il y a eu de tout temps dissidence entre les philosophes sur les questions capitales de la philosophie. Pourquoi dès lors refuser ce titre de poursuivants de la vérité à ceux qui prennent pour preuves des sentiments, des impressions reçues, c'est-à-dire eux aussi, des actions exercées sur leur esprit par des motifs, autres seulement que ces principes abstraits dont on dispute comme prémisses d'argumentation!

La contradiction du penseur avec lui-même serait inexcusable partout ailleurs qu'en philosophie; mais en philosophie, elle n'est point particulière au Songeur. Supposons pourtant qu'un raisonneur y soit moins exposé. Mettons alors que le Songeur qui se contredit soit assimilé, s'il faut absolument le classer, à un philosophe sceptique : en ce cas, le pour et le contre, énoncés selon que les phénomènes le touchent, et que l'état de son âme varie, sont sa méthode même et le fondement de sa doctrine; son titre en philosophie sera donc justifié! Ou mettons qu'il soit un de ces mystiques, au dire desquels des affirmations qui sont contradictoires pour l'entendement humain s'unissent et se concilient dans l'unité de l'être transcendant incompréhensible : les mystiques ont rang dans l'histoire de la philosophie. Et justement la plus importante des contradictions que l'on ait à relever dans les poèmes philosophiques de Victor Hugo est celle-là même que le logicien, s'il est de bonne foi, est obligé de constater chez les métaphysiciens de l'École, dans la théologie orthodoxe, et dans la plupart des doctrines théistes, où le Songeur a dû en prendre la tradition. C'est celle qui consiste à unir, dans l'idée de Dieu, les attributs infinis à la personnalité.

La vérité est que l'esprit de Victor Hugo tient à la fois des trois modes généraux de détermination du jugement philosophique que nous venons d'indiquer; il n'est totalement étranger qu'à la méthode synthétique des principes premiers et des déductions; mais il est sceptique, il est mystique, et il se laisse aller à développer les thèses bien connues d'un panthéisme, tantôt approché par l'emploi des grands termes abstraits, tantôt éloigné par une puissante inspiration ou naturaliste ou morale des thèses orthodoxes d'infinité et d'absoluité. Il ignore ses emprunts et croit toujours ne penser que par lui-même, parce que toujours il reçoit une impression très personnelle et très présente. L'impression porte au doute, ou même à la négation. Une autre vient de l'âme et lutte contre la première. Puis la pensée mystique affirme l'accord des choses qui semblent s'exclure. Le sentiment dominant naît de la reconnaissance d'un dualisme du bien et du mal dans la nature : c'est une horreur des réalités mauvaises, un effroi à la pensée des mystères et des sombres possibilités de la vie universelle, une espérance dans le triomphe futur du bien. Toutes les images que le sujet peut suggérer flottent dans l'âme du poète, et, s'arrêtant successivement, nous présentent les tableaux d'où naissent en nous les impressions diverses et les sentiments contraires. Et c'est bien là ce que la philosophie doit être quand elle est en même temps la poésie.

Après tout, les oscillations de la pensée n'empêchaient pas la doctrine de se fixer sur des points essentiels, et, dans sa profondeur, assez pour expliquer la répugnance réelle des critiques qui ont feint de n'y voir que des sujets d'exercices poétiques, sur des sujets désagréablement choisis. Les vues pessimistes sur la loi naturelle, les images d'un noir réalisme, l'insistance sur les côtés sombres ou criminels de la vie humaine étaient fort contraires au goût du siècle et déplaisaient universellement. Le dualisme, point de vue dominant de l'œuvre, conduisait à deux idées formellement opposées aux tendances philosophiques de l'immense majorité des penseurs rationnels de ce temps, et même des chrétiens, qui ne les ont dans leurs dogmes que privées de vie et de réalité, grâce à leur manière de les entendre. L'une est la chute antique de la créature : homme, animalité et monde. L'autre est la réintégration finale des êtres après l'expiation. Quoique Victor Hugo n'ait point précisé didactiquement les solutions, il ne peut rester douteux pour aucun lecteur sérieux de ses poèmes qu'il y ait voulu croire, et cela contre ce qu'il savait être l'esprit le plus prononcé de son siècle, dont il s'était d'ailleurs tant vanté d'avoir suivi tous les progrès depuis sa jeunesse. Il a enfin affirmé, nous l'avons vu, sa croyance dans l'immortalité de la personne et dans l'existence du Moi de Dieu, en termes assez catégoriques et assez forts pour ne pouvoir être infirmés ni par les grandes amplifications panthéistes, ni par les déclarations d'absoluité divine où il s'est complu à d'autres endroits. Ce ne sont, en effet, là tout au plus que des négations indirectes de la personnalité, et le poète n'a pas dû directement et formellement les vouloir.

Un trait tout à fait extraordinaire de son génie a dépassé et étonné, en dehors des opinions, cette fois, le goût de ses contemporains, et l'on ne saurait dire que l'étonnement ait été pour eux une admiration sans mélange. Ce trait, pourtant, est celui qui caractérise au plus haut degré, chez Victor Hugo, la forme poétique du langage, partout empruntée aux relations vivantes et personnelles, éloignée des rapports abstraits et des attributs de choses mortes. La méthode des personnifications, profondément inhérente à la parole, instrument premier et nécessaire de la constitution d'une grammaire, s'est dépouillée de ce *réalisme*, qui n'a pu n'en être pas une croyance inséparable à l'origine, et qui faisait corps avec la mythologie et avec la poésie primitive. L'habitude s'est peu à peu établie, chez l'homme antique, de n'entendre, en une multitude de cas, par le nom et le pronom, signes essentiels de la *personne*, que les signes d'une *chose*. Reprendre la méthode de personnification et la pousser aussi loin qu'on peut la rendre intelligible par des métaphores, en donnant aux substantifs de l'ordre matériel des attributs de vie, et aux adjectifs des significations ou des valeurs substantives, suivant le procédé des anciens mythologues, c'est ce que Victor Hugo a fait par un instinct merveilleux, qui s'est accru chez lui avec l'âge, et qui s'accordait avec l'application de sa pensée à des conceptions du genre de celles dont l'imagination des anciens mythographes et des premiers philosophes était possédée. Ce don l'a sacré *poète* en un sens depuis longtemps perdu de vue, et en même temps l'a investi du caractère éminent de philosophe, mais en lui imposant l'emploi d'une méthode symboliste et réaliste contraire à l'esprit sèchement analytique de son siècle.

Ce n'est pas que le réalisme — nous entendons par ce mot la méthode qui confère la réalité, avec des attributs de personne, en conséquence, aux termes génériques — ait cessé d'être en usage. Elle s'emploie, au contraire, beaucoup et donne lieu à des idées vicieuses qui ont cours en métaphysique et dans les questions politiques et sociales. Le réalisme de Victor Hugo est beaucoup plus inoffensif, parce que le caractère symbolique des réalisations et des personnifications est visible dans sa poésie, et n'y saurait tromper, tandis que les suprêmes abstractions et les termes généralissimes des philosophes usurpent le titre sérieux de l'être. Au fond c'est le symbole qu'on n'aime guère, et c'est surtout le sujet du symbole, en cette poésie dualiste et pessimiste, qui répugne au matérialisme et à l'optimisme régnants. Les mêmes qui font un continuel emploi des fictions réalistes quand il s'agit de *la matière* et de *ses propriétés* se sentent devenir de francs nominalistes quand d'autres fictions viennent à leur être proposées sur des thèses de théologie et de morale qui leur sont antipathiques. La sublimité des sujets, la force, la violence de certaines grandes images surprennent et choquent d'ailleurs les esprits médiocres; ils ont de la peine à y reconnaître l'expression de sentiments réels.

La doctrine dualiste, notamment, avec les étranges applications que Victor Hugo en demande à la mythologie des métamorphoses, jusqu'à présenter à notre imagination rebelle des âmes de scélérats enfermés dans les rochers, a pu ne paraître qu'un jeu de poésie. Elle n'est peut-être que cela, dans ses exagérations, et un moyen, quoique mal entendu, d'obtenir des effets de terreur. On peut les abandonner, sans consentir à faire de la métempsycose un simple apologue, et du dualisme une figure de rhétorique : l'antithèse transportée de la littérature au monde. Le goût de l'antithèse et son emploi continuel, infatigable et fécond, si caractéristique, est lui-même le produit d'un sentiment dualiste gouvernant la pensée. Ce n'est pas un procédé systématique d'écriture poétique qui aurait suggéré au poète tant de merveilleuses et saisissantes images tirées de l'opposition des choses.

On a pu relever comme la preuve d'un défaut de sincérité le contraste que forme avec les jugements pessimistes sur l'univers, et sur le crime endémique du genre humain, un optimisme social qui, d'accord, cette fois, avec d'aveugles attentes populaires, faisait voir à Victor Hugo l'humanité parvenant tout d'un coup à la fin de ses épreuves et constituant la société parfaite. Mais le prodige du *tout d'un coup* est justement ce qui lève la difficulté : il fait le pendant d'un autre miracle, le miracle eschatologique, le relèvement de la nature déchue, la restauration de l'ordre universel de bonté, la fin de Satan. Victor Hugo ne procédait point par arguments, ne composait pas, pour justifier ses aspirations, un système de phases historiques par où le progrès aurait à passer pour atteindre sa fin, non plus qu'un système politique, une organisation, pour la réaliser; il n'avait donc nulle raison pour ne pas croire possible, à quelque moment, une illumination subite, un accord spontané des bonnes volontés, et, après une révolution dernière anéantissant les vieux pouvoirs, l'entrée des hommes dans une ère de justice et de paix.

L'étrangeté des croyances et des fictions mêlées,

souvent indiscernables, presque aussi éloignées les unes que les autres du goût du public littéraire, et du ton de la chaire philosophique, a favorisé l'opinion, un moment très répandue, que Victor Hugo ne cherchait ainsi hors des voies communes que des sujets propres à frapper l'imagination : belle matière d'exercice pour sa merveilleuse virtuosité d'artiste. Une telle interprétation était peu vraisemblable, quand il s'agissait d'un homme qu'on disait avide de popularité, et qui aurait ainsi maladroitement choisi pour les développer pendant trente ans, dans vingt poèmes grands ou petits, des thèmes dont il ne pouvait ignorer la qualité répulsive pour les penseurs et les publicistes de son temps. C'était là, de plus, une accusation d'insensibilité, d'indifférence réelle, avec de fortes émotions feintes, et de quelque chose de pire et de tout à fait inacceptable, quand le poète mêlait dans ses vers à l'expression de ses sentiments intimes, et des souvenirs les plus douloureux de sa vie, les mêmes imaginations de vie des éléments, et de métamorphoses, qui nous paraissent des fantasmagories dans *ce que dit la bouche d'ombre*. Nous avons essayé d'expliquer ailleurs[1] la différence

---

1. Voir *Victor Hugo le poète*, p. 342-348.

entre l'émotion simple, directe, naturelle et spontanée de l'homme de sentiment, et cette autre émotion qui, chez l'artiste, est tenue de s'observer elle-même et de *se réfléchir* pour se reproduire artificiellement et s'exprimer au dehors. Cette différence est la même, en un point essentiel, qu'entre l'homme ordinaire, ou naïf, et l'artiste dramatique. Ce dernier, dont le genre ou le degré de participation qu'il doit prendre aux sentiments et aux passions des personnages qu'il joue ont été plus d'une fois mis en question et débattus à propos du *paradoxe du comédien* de Diderot, ne peut jamais être qu'un imitateur, ni son sentiment autre chose que l'effet d'une sympathie de pure imagination. L'émotion que le poète éprouve est plus personnelle, même si ce ne sont pas ses propres états qu'il traduit et qu'il expose; mais, quand ce sont bien les siens, et quelque réels et poignants qu'ils soient, encore faut-il que pour les rendre il se les extériorise en quelque sorte, et devienne imitateur de lui-même. C'est ainsi seulement qu'il peut se les témoigner à titre de sentiments humains en général, et, de là, les peindre de manière à ce que toute autre personne les reconnaisse. Le poète est donc semblable au comédien en ce point, et doit, quoique *intéressé* fortement, alors que le comédien ne l'est pas, atteindre le genre de *désintéressement* qui est une condition de l'art, et sans lequel on est, dans ce qu'on exprime, homme naturel, et non poète. Cette analyse psychologique rend compte du désaccord qu'on croit trouver souvent entre la sensibilité réelle de l'artiste (ou ce que sa vie en laisse paraître) et la nature ou la force des sentiments que ses œuvres traduisent.

Il peut en être de la vérité philosophique et des convictions que l'artiste philosophe se forme d'après les hypothèses qu'il imagine, d'après les tableaux idéaux qu'il se peint en sa vision révélatrice des mystères de la terre et du ciel, exactement comme de la sincérité de ses émotions. Il s'agit d'une croyance qui n'est ni intellectuellement dogmatique, ni passionnément absorbante, et qui permet des variantes dans un ordre général de conceptions inspirées par les images dont le poète se donne la contemplation. On pourrait dire, mais en exagérant un peu, vu la difficulté de pénétrer des arcanes psychiques, que Victor Hugo, dans ce qui touche une certaine partie de sa mythologie, imaginait à la fois et jouait avec ses imaginations, sans laisser d'en éprouver les effets sensibles, croyant sans croire à la rigueur, ou gouvernant sa croyance et la dominant par un doute supérieur. Il n'était constant que dans l'application de son esprit à des possibilités religieuses d'un genre semblable. L'accord de la sincérité réelle et profonde avec la facilité à se contredire se comprend bien ainsi, dans un esprit peu touché des rapports logiques et qu'impressionnent les aspects opposés des choses. Si Victor Hugo avait subi dans sa vie comme dans ses vers, et sans distraction ni doute, l'impression des images des possibles qu'il se peignait lugubrement dans les dessous de la nature ; si, au lieu du caractère poétique, il avait donné dans son âme à ses représentations le titre de la réalité, il serait devenu impuissant comme poète, et, pris de vertige, il aurait sans doute partagé le sort de son frère Eugène [1]. Mais « Dieu de ses mains sacre des hommes, Dans les ténèbres des berceaux [2] » ; le mystère des germes et des naissances avait doté le grand frère de la puissance rectrice des images, dans le gouvernement de l'âme, et d'une étonnante force de volonté, pour se garder l'esprit libre dans l'abondance et l'intensité des plus émouvantes, jusqu'au seuil de l'hallucination. Il fut semblable à ces mages qu'il a chantés, qui « sentent la pierre vivre », et que « Pan formi-

---

1. *Victor Hugo le poète*, p. 349, et ci-dessus, p. 117-122.
2. Victor Hugo, *les Contemplations* : « Les Mages ».

dable enivre », mais que « l'horrible précipice retient blêmissants à ses bords ».

Victor Hugo, sentant ce qu'il était, se croyait légitimement un de ces mages. C'est à son siècle que manquaient la foi et une direction de la pensée analogue à la sienne. Il n'a donc pu remplir le rôle effectif d' « esprit conducteur des êtres », ou seulement exercer sur un peuple réfractaire l'action du plus petit des prophètes ; mais le sujet de ses visions a toujours été, jusque dans les cas où elles touchaient à ses douleurs personnelles, le sujet éternel : la contemplation du monde et le soupèsement des destinées. Il a revendiqué et justifié le titre de poète en sa portée antique et dans sa grandeur ; c'est pour cela que son génie est maintenant méconnu par une école impuissante, même dans la technique de l'art, où l'on a le mépris de la pensée et l'indifférence pour le bien et le mal. Il a eu cette constante préoccupation de l'existence de la douleur, qui reste le mobile de la religion sérieuse, et l'essentielle question de la philosophie, dans un temps où la religion est devenue, pour les uns ou pour les autres, une routine, un sport, une politique de prêtres, et la philosophie une matière disputée de pures constructions intellectuelles ; et il a éprouvé le sentiment, devenu si rare, du penseur primitif, l'émerveillement au spectacle de la nature. De là les idées gnostiques germées dans son propre fonds, la révolte du cœur contre un monde de douleurs, et les sombres personnifications grâce auxquelles la philosophie et la poésie ont fait corps dans la tête de ce mage qui s'est trompé de moment pour apparaître.

TABLE DES MATIÈRES

Chapitre I. Avant l'exil. — La tristesse lyrique......... 1
— II. La vue pessimiste de la nature............. 27
— III. Le dualisme. — Ce que dit « la Bouche d'ombre »...................................... 47
— IV. Pessimisme et optimisme. — « La fin de Satan. » 65
— V. Le messianisme. — Les âmes............... 91
— VI. Les mages.................................. 123
— VII. La loi du progrès. — Optimisme. — Utopie. — Eschatologie............................ 139
— VIII. « Pitié suprême. » Indulgence et Satire..... 165
— IX. Questions morales et sociales............... 187
— X. La morale des romans...................... 213
— XI. Les opinions philosophiques et religieuses du « Songeur »............................ 245
— XII. Victor Hugo critique et criticiste........... 279
— XIII. Le poème qui a pour titre « Dieu »......... 309
— XIV. Conclusion................................ 361

www.ingramcontent.com/pod-product-compliance
Lightning Source LLC
Chambersburg PA
CBHW070442170426
43201CB00010B/1182